Lektorat Burghard König

Unsere technisierte und automatisierte Arbeitswelt steht dem Bedürfnis nach ausreichender Bewegung und ungezwungener Kommunikation oft entgegen. Um so wichtiger ist für unser Leben der Sport geworden: als gezieltes Fitnessprogramm, als Freizeitgestaltung oder als gemeinschaftsförderndes Spiel.

Die *rororo Sportbücher* zeigen Wege auf, wie man allein oder in der Gruppe zu einer sinnvollen körperlichen Betätigung kommt. Sie informieren den Anfänger und geben Anleitungen für den Freizeitsportler, enthalten Lehr- und Übungsprogramme für den Fortgeschrittenen und stellen dem Lehrer methodisch wie didaktisch erprobte Unterrichtsmaterialien bereit.

Die in regelmäßiger Folge erscheinenden Bände runden sich zu einer in sich geschlossenen Sportbibliothek ab.

Leichtathletik 2

Werfen und Mehrkampf

Training
Technik
Taktik

Ulrich Jonath/Eduard Haag/Rolf Krempel

Rowohlt

Originalausgabe

Umschlagentwurf Werner Rebhuhn (Foto Gert Stephan)
Typographie Werner Rebhuhn/Layout Angelika Weinert
Illustrationen Heinz Waldvogel
Satzdienst Niko Jessen
Bildquellennachweis siehe Seite 251
Veröffentlicht im Rowohlt Taschenbuch Verlag GmbH,
Reinbek bei Hamburg, Juli 1977
Copyright © 1977 Text und Abbildungen
by Rowohlt Taschenbuch Verlag GmbH, Reinbek bei Hamburg
Alle Rechte vorbehalten
Satz Times (Linotron 505 C)
Gesamtherstellung Clausen & Bosse, Leck
Printed in Germany
880-ISBN 3 499 17009 4

1.–18. Tausend Juli 1977
durchgesehene und aktualisierte Auflage:
19.–25. Tausend April 1978
durchgesehene und aktualisierte Auflage:
26.–35. Tausend Januar 1979

Inhalt

Einführung

Während im ersten Band «Leichtathletik» die Disziplinen der Geh-, Lauf- und Sprungwettbewerbe dargestellt wurden, beschäftigt sich der hier vorliegende zweite Band mit den Wurfdisziplinen sowie dem leichtathletischen Mehrkampf.

Mit dem Inhalt dieses Buchs verfolgen die Verfasser wiederum anspruchsvolle Ziele. Dabei lag es durchaus in ihrer Absicht, den Charakter eines Lehrbuchs zu wahren.

Der Leser soll sich über den Wurf und den Mehrkampf in der Leichtathletik grundlegend informieren können. Er erhält darüber hinaus zahlreiche Anleitungen und Anregungen über Training, Technik und Taktik in den Wurfdisziplinen sowie in allen Übungen des leichtathletischen Mehrkampfs. Dort, wo es besonders notwendig erschien – wie zum Beispiel im Kapitel «Grundlagenwissen» im Band 2 –, wurde auf die Darstellung der motorischen Grundeigenschaften ‹Schnelligkeit› und ‹Ausdauer› im Band 1 verwiesen. Band 2 enthält dagegen eine umfangreiche Darstellung der motorischen Eigenschaft ‹Kraft› sowie des Circuittrainings. Insofern baut zwar der Inhalt dieses Bands auf den ersten auf; jeder Band bildet aber ein für sich selbständiges und geschlossenes Werk.

Eine gut überschaubare Gliederung ermöglicht die schnelle und doch vielseitige Information.

- Das *Grundlagenwissen* vermittelt die für die Trainingsgestaltung notwendigen Kenntnisse der Trainingslehre. Trainingsreize und Anpassungserscheinungen des Organismus durch Training werden beschrieben. Die motorischen Grundeigenschaften Kraft, Schnelligkeit, Ausdauer und Flexibilität sowie ihre Leistungsparameter sind

aus sportmedizinischer Sicht dargestellt. Die zuständigen Trainingsformen sowie eine Beschreibung des Circuittrainings bilden Anregungen für die Gestaltung des Trainings. Eine Planung des Trainings
wird durch die Darstellung wichtiger Trainingsprinzipien erleichtert.
Anregungen zur Trainingskontrolle geben Beschreibungen zum
Führen von Trainingsbüchern.

- Jede einzelne Leichtathletikdisziplin wird nach einem Tableau bezüglich folgender Inhalte dargestellt: Kurzchronik der Disziplin –
  Technikmerkmale – Lehrbildreihe mit Technikbeschreibung – Fehler und Fehlerkorrekturen – Trainingsformen der Disziplin – Trai-
  ningsrahmenpläne für die Vorbereitungs- und Wettkampfperiode –
  Lernkontrollen – Wettkampfbestimmungen.
- In einer Übersicht sind die amtlich gültigen Rekorde aller Leichtath-
  letikdisziplinen dargestellt, die bedeutendsten nationalen und internationalen Wettkämpfe sowie die Alters- und Leistungsklassen in
  der Leichtathletik.
- Anregungen zum Training und zur Technik der Leichtathletikdiszi-
  plinen können aus einer Übersicht der entsprechenden Leichtathle-
  tik-Literatur empfangen werden.
- Ein Sachregister informiert über alle in diesem Buch erwähnten
  Fachbegriffe.

Dem vielschichtigen Inhalt entsprechend ist die *Zielgruppe* der Leser,
an welche sich das Buch richtet:

- Schüler und Jugendliche erhalten Entscheidungshilfen und konkrete
  Anleitungen.
- Athleten (Fortgeschrittene und Anfänger) im Breiten- und Lei-
  stungssport nehmen an einem Grund- und Aufbaukurs über Trai-
  ning, Technik und Taktik teil.
- Sportlehrer, Trainer und Übungsleiter erhalten Anregungen über
  Technik- und Taktikschulung, Trainingsplanung und -kontrolle ihrer Trainings- und Übungsgruppen.
- Sportstudenten werden mit notwendigen Unterrichtsmaterialien
  über die didaktischen und methodischen Probleme der Leichtathletik versorgt. Insofern erfüllen sowohl Band 1 als auch Band 2 den
  Charakter eines Lehrbuchs der Leichtathletik und der Trainingslehre.
- Laien sollen durch zahlreiche Anregungen zum Training und Üben
  zur Eigenrealisation aufgerufen werden.

Grundlagen
einer allgemeinen Trainingslehre

Die Grundlagen einer allgemeinen Trainingslehre wurden im Band «Leichtathletik 1 – Laufen und Springen» (= rororo sachbuch 7008) bereits eingehend behandelt. «Leichtathletik 2 – Werfen und Mehrkampf» beschränkt sich daher im wesentlichen auf die Darstellung der speziellen Grundlagen für das Krafttraining als wichtigste Voraussetzung für die hier behandelten Schnellkraftdisziplinen. Das Krafttraining muß aber als integrierter Bestandteil eines ganzheitlichen Trainings im Rahmen der komplexen motorischen Grundeigenschaften Schnelligkeit, Kraft, Ausdauer und Flexibilität gesehen werden. Zudem ist eine Optimierung des Trainingsprozesses ohne die Anwendung der in Band 1 beschriebenen biologischen Grundgesetze nicht denkbar. Insofern erscheint eine Zusammenfassung der biologischen Grundkenntnisse angeraten.

Reize und Anpassung

Eine Steigerung der körperlichen Leistungsfähigkeit ist nur durch eine Vermehrung der Reservekräfte im menschlichen Organismus möglich. Das Ausmaß der Leistungssteigerung hängt dabei weitgehend von der Intensität, der Dauer und dem Rhythmus – den regelmäßig sich wiederholenden *Reizen* im Training – ab. Reize können sehr verschiedenartig und von unterschiedlicher Intensität sein. Sie lösen im menschlichen Organismus *Anpassungserscheinungen* aus. Der für das sportliche Training wichtigste Anpassungsreiz ist der Bewegungsreiz. So verstehen wir unter sportlichem Training (lat. traere = ziehen, leiten) ganz allgemein den auf ein bestimmtes Leistungsziel ausgerichteten Bewegungsreiz; denn die Bewegung formt von allen Reizen das Organ am besten (nach Roux). Training ist somit die Summe aller in bestimmten Zeitabständen zum Zwecke der Leistungssteigerung durchgeführten Beanspruchungen (Reize), die zu funktionellen und morphologischen Veränderungen (Anpassungen) des Organismus führen.

Die Anpassungserscheinungen, welche durch die im Training vermittelten Reize am Organismus ausgelöst werden, erstrecken sich vor allem auf die Funktionen des Herz-/Kreislauf-/Lungen-Systems, auf das Blut, die Muskeln, das Nervensystem und auf die Funktionen des Stoffwechsels sowie der Drüsen.

Ein Trainingsreiz löst nur dann die gewünschten Anpassungserscheinungen im Organismus aus, wenn die Reizhöhe von etwa 30 bis 50 Prozent des Leistungsmaximums erreicht wird.

Trainingswirkung

- Training ist eine systematische Anwendung funktioneller Reize von ansteigendem Maß mit dem Ziel der Leistungssteigerung.
- Training bewirkt anpassende Veränderungen der Organe an erhöhte Leistungsanforderungen.
- Trainingsreize müssen mindestens 30 bis 50 Prozent des Leistungsmaximums erreichen, um eine Leistungszunahme zu bewirken.
- Die Muskeln werden im allgemeinen dicker und kräftiger, die Kapillaren nehmen zu. Der Muskelstoffwechsel wird günstig beeinflußt, die Muskelsäurebindefähigkeit verbessert sich.
- Durch Dauertraining wird das Herz größer. Der Ruhepuls wird niedriger, die Atmung ökonomischer. Eine größere O_2-Menge kann aufgenommen und eine größere Kohlendioxydmenge ausgeschieden werden. Das maximale Sauerstoffaufnahmevermögen wird größer, wodurch die Dauerleistungsfähigkeit gesteigert wird. Blutmenge und die Zahl der roten Blutkörperchen nehmen zu.
- Die Utilisation (Ausnutzung) der zugeführten Nährstoffe erhöht sich.

Trainingsabschnitte und Trainingsperioden

Die Planung des sportlichen Leistungstrainings wird nach mehrjährigen (Trainingsabschnitte) und einjährigen (Trainingsperioden) Zeiträumen unterschieden.

Die *mehrjährige Trainingsplanung* gliedert sich in Trainingsabschnitte mit den jeweils durchzuführenden Trainingsarten.

● *Erster Abschnitt:* Grundlagentraining

Aufnahme eines systematischen sportlichen Trainings; Erwerb einer allgemeinen breiten Grundlage der Haupteigenschaften Kraft – Ausdauer – Schnelligkeit

● *Zweiter Abschnitt:* Aufbautraining

Jetzt wird eine spezifische sportliche Leistungsfähigkeit angestrebt, wobei auf den allgemeinen Fähigkeiten und Fertigkeiten des Grundlagentrainings aufgebaut wird.

● *Dritter Abschnitt:* Leistungstraining

Hier soll in einer speziellen Sportart die persönliche (Höchst-)Leistung erreicht werden.

Die *einjährige Trainingsplanung* gliedert sich in Trainingsperioden. Diese ergeben sich, weil der Athlet aus biologischen Gründen nicht ständig in einer guten sportlichen Form sein kann und weil sich Trainingsstruktur und Trainingsinhalte im Hinblick auf die sportliche Entwicklung periodisch verändern müssen. In den Schnellkraftsportarten wird ein zusammenhängender Zyklus, der sich über das ganze Jahr erstreckt, in folgende Trainingsperioden gegliedert:

● *Erste Periode:* Vorbereitungsperiode (November bis April)

In dieser Trainingsperiode werden die Voraussetzung für die sportliche Form geschaffen, nämlich Erwerb und Verbesserung der allgemeinen Kondition. Trainingsumfang und Trainingsintensität nehmen allmählich zu. Der Belastungsumfang erreicht seinen Höchstwert im Februar/März, die Belastungsintensität ihren gegen Ende der Vorbereitungsperiode. Das Üben der Technik konzentriert sich auf eine allmähliche Vervollkommnung der Wettkampfübungen.

● *Zweite Periode:* Wettkampfperiode (Mai bis September)

In dieser Trainingsperiode wird die sportliche Form erhalten und in Leistungen umgesetzt. Die körperliche Ausbildung ist auf das Erreichen eines maximalen, speziellen Trainingszustands, auf dessen Erhaltung und auf die Festigung des erreichten Niveaus gerichtet. Die technische und taktische Ausbildung zielt darauf ab, die spezielle Form und Bewegungstechnik auf den Höchststand zu bringen. Wettkämpfe können bei den Schnellkraftdisziplinen ein- bis zweimal pro Woche ausgetragen werden.

Die Belastungsdynamik des Trainings orientiert sich vor allem an den Hauptwettkämpfen.

● *Dritte Periode:* Übergangsperiode (Oktober/November)

Diese Trainingsperiode dient zur aktiven Erholung im Anschluß an die Wettkampfperiode; sie ist eine Phase der physischen und psychischen Regeneration unter stark reduziertem Trainingsumfang. Wichtig ist die Erhaltung des allgemeinen Funktionszustands des Organismus durch Ausgleichssport.

Das Training in den verschiedenen Perioden kann sowohl darauf abzielen, einen einzigen Gipfel zum Zeitpunkt der wichtigsten Wettkämpfe zu erreichen, als auch darauf, einen Leistungsgipfel einmal oder sogar zweimal im Jahr zu wiederholen. Dann spricht man im Gegensatz zur einfachen Periodisierung von einer Doppelperiodisierung. Der Grundgedanke einer Doppelperiodisierung liegt darin, durch den Einschub einer Zwischenwettkampfperiode – etwa die Hallensaison in der Leichtathletik – die langfristige wettkampfarme Zeit von Übergangs- und Vorbereitungsperiode zu überbrücken.

Ein Leistungszuwachs bei Kraft- und Schnellkraftsportlern konnte durch eine Doppelperiodisierung nachgewiesen werden.

Das Jahreskalendarium einer Doppelperiodisierung erstreckt sich auf die folgenden einzelnen Trainingsperioden:

erste Vorbereitungsperiode: November bis Januar
erste Wettkampfperiode
(mit etwa 3 bis 5 Wettkämpfen):   Mitte Januar bis Februar
zweite Vorbereitungsperiode: März bis April
zweite Wettkampfperiode: Mai bis September

Die zweite Wettkampfperiode wird durch eine etwa fünftägige *Entlastungsetappe* im zweiten Drittel unterbrochen, in der sich der Athlet speziell auf die vor ihm liegenden Hauptwettkämpfe der Saison einstellt und vorbereiten soll.

Trainingsgrundsätze

● Aufwärmung als Trainings- und Wettkampfvorbereitung
Der Athlet muß sich vor dem Training und Wettkampf durch Aufwärmung auf die erhöhte Leistungsbereitschaft des Organismus vorbereiten. Die Aufwärmung kann aktiv (etwa durch Einlaufen, Gymnastik) oder passiv (etwa durch Massage) erfolgen. Durch Aufwärmung wird eine erhöhte Leistungsbereitschaft erreicht: infolge (a) verbesserter Durchblutung des Muskels; (b) günstiger Beeinflussung des Stoffwechsels; (c) besserer Einstimmung des Nervensystems sowie (d) einer Erhöhung der Elastizität der Muskulatur und einer damit verbundenen Minderung der Verletzungsgefahr.
● Das Prinzip der steigenden Belastung im Training
Kontinuierliche Leistungssteigerungen sind nur durch eine planmäßige Erhöhung der Trainingsbelastung erreichbar. Diese progressiven Veränderungen (*progressive loading*) beziehen sich sowohl auf vermehrte Trainings*häufigkeit* als auch auf erhöhten Trainings*umfang* und -*intensität*. Eine stufenweise Steigerung der Leistungsbeanspruchung ist dringend erforderlich. Mit zunehmendem Trainingszustand muß die Trai-

ningsdosierung verstärkt werden, damit die Anpassungserscheinungen weiterhin ausgelöst und erhalten bleiben. Erst nach dem Erreichen eines optimalen Trainingszustands wird das Training zur Formerhaltung mit reduzierten Belastungen weitergeführt.

● Die Bedeutung der Pause im Training

Die Pause zwischen den einzelnen Trainingsreizen dient der Wiederherstellung des Organismus von der jeweils vorausgegangenen Belastung.

In der Trainingspraxis werden zwei Arten von Pausen unterschieden:

vollständige Pause nach hohen bis Höchstbelastungen;

unvollständige Pause nach niedrigen bis submaximalen Belastungen.

Die vollständige Pause ist gekennzeichnet durch ein Absinken des Pulses bis nahe dem Ruhewert, während bei der unvollständigen Pause das Training bereits nach Erreichen einer Pulsfrequenz von 120 Schlägen pro Minute fortgesetzt werden kann.

Klingt bei wiederholten Trainingsreizen nach längerer Pause der Puls nicht mehr auf 120 Schläge pro Minute ab, muß das Training beendet werden. Der Organismus ist nun genügend belastet worden. Eine erneute Belastung bringt keinen zusätzlichen Trainingseffekt, sondern kann sich nachteilig auf die Form auswirken.

● Das Prinzip der Superkompensation

Jeder Bewegungsreiz bewirkt einen Abbau von Substanz (Energiereserven), birgt jedoch den Reiz zum Neuaufbau in sich. Dieser macht nicht vor dem ursprünglichen Gewebezustand halt, sondern entwickelt sich über den bisherigen Zustand hinaus. Es ist deshalb ein charakteristisches Merkmal der lebenden Substanz, sich erhöhten Leistungsanforderungen anzupassen.

Diese erhöhte Bereitschaft des Organismus zur Anpassung erweist sich nach einer Belastung in der darauffolgenden Pause – allerdings nicht in einem unbeschränkten Zeitraum, sondern in einem kurzen Moment der völligen Wiederherstellung des Organismus. Diese Pause muß gut abgepaßt werden, da hier der neue Trainingsreiz gesetzt wird. Sie darf also weder zu kurz bemessen sein, so daß der günstigste Zeitpunkt noch nicht erreicht ist, noch darf sie zu lange hinausgezögert werden, so daß der wichtige Moment ungenutzt verstreicht. Der neue Reiz muß ziemlich genau in die Phase der ‹Superkompensation›, des Mehrausgleichs also, gesetzt werden.

In der Trainingspraxis wird dabei wie folgt verfahren:

Pulsmessung bei weitgehender Beruhigung des Organismus.

Das *subjektive Gefühl* des Übenden ist mitbestimmend bei der zeitlichen Bemessung der Pause. Erst bei wiederkehrender Bereitschaft zur erneuten Belastung wird der neue Reiz gesetzt.

● Trainingsoptimierung durch Planung und Kontrolle
Das sportliche Training liefert nur dann optimale Ergebnisse, wenn es
als vielseitiger Erziehungsprozeß des Athleten verstanden wird. Trainingsplanung, regelmäßige Kontrollen von Trainings- und Wettkampf-
ergebnissen sowie eine sinnvolle Organisation der angestrebten Leistung bilden die Grundlagen zur Optimierung des Trainingsprozesses.
Unter den zahlreichen Maßnahmen werden hier nur die wichtigsten
herausgegriffen.

Führen des Trainingsbuchs
Der Athlet soll durch regelmäßige Eintragungen in das Trainingsbuch
die Möglichkeit erhalten, sein Training mitzuplanen und den Leistungs-
fortschritt festzuhalten. Folgende Eintragungen können ihm dabei behilflich sein:

Kalendarium zur Darstellung der Jahresperiodisierung
Eintragungen der geplanten Wettkämpfe
regelmäßige Eintragungen über das absolvierte Trainingsprogramm
Kontrolle der Trainings- und Testergebnisse
Aufzeichnungen der Wettkampfergebnisse
persönliche Notizen (wie körperliche Verfassung, Gewicht, Pulsfrequenz, Trainings- und Wettkampfbedingungen, besondere Vor-
kommnisse)
Ergebnis der sportmedizinischen Untersuchung (halbjährlich durchzuführen)

Auf der Grundlage dieser Eintragungen kann am Ende eines Wett-
kampf- und Trainingsjahrs eine Analyse erstellt werden. Aus dieser soll
hervorgehen, ob die Trainingsbemühungen in bezug auf Trainingsumfang und -intensität zu der gewünschten (und zum Jahresbeginn prog-
nostizierten) Leistungsverbesserung geführt haben. Bei einem überra-
schenden Leistungsabfall können Trainer und Athlet anhand der Eintragungen schnell die Gründe der Formverschlechterung ermitteln.

Organisation der Leistung
Die psycho-physischen Belastungen des trainierenden Athleten führen
nur dann zu den angestrebten Leistungsverbesserungen, wenn diese
durch eine Reihe flankierender Maßnahmen unterstützt werden. Die
Komplexität dieser Maßnahmen rechtfertigt den Begriff einer ‹Lei-
stungsorganisation›. In diesen Rahmen gehören Aufgaben wie: Wek-
ken und Fördern des Leistungswillens, Schulung der Intelligenz, Beeinflussung der Stimmungen und Gefühle im Sinne einer Leistungssteigerung, Erziehung zur Persönlichkeit, Pflege des Gemeinschaftssinns u. a.
Sie werden vervollständigt durch weitere Faktoren des Trainingsprozesses, von denen die wichtigsten hier aufgezählt werden (nach Paul
Schmidt):

geplantes und richtig dosiertes Training
richtige Wahl der Wettkämpfe
Schaffen optimaler Trainingsvoraussetzungen
positive Zusammenarbeit Athlet–Trainer
regelmäßige sportärztliche Untersuchungen
leistungsfördernde Ernährung
Ausschaltung von leistungshemmenden Einflüssen
Sicherung der beruflichen Existenz
Toleranz von Schule und Elternhaus

Nur ein günstiges Zusammenwirken aller vorstehenden Faktoren führt zur optimalen Leistung.

Die motorischen Grundeigenschaften

Unter motorischen Grundeigenschaften sind die komplexen Eigenschaften zu verstehen, welche die Realisierung der vielfältigen Bewegungen bei der Arbeit und im Sport ermöglichen, nämlich *Ausdauer, Schnelligkeit, Kraft* und *Flexibilität.*

Ausdauer, Schnelligkeit, Flexibilität sind im Band «Leichtathletik 1 – Laufen und Springen» anhand ihrer Leistungsparameter und der zuständigen Trainingsformen erläutert worden. Um Wiederholungen zu vermeiden, wird hier nur das Krafttraining ausführlich beschrieben.

Ausdauer

Ausdauer – auch Ermüdungswiderstandsfähigkeit genannt – ist die Fähigkeit, eine statische oder dynamische Belastung möglichst lange ausführen zu können, ohne dabei die Qualität der Arbeit zu verringern. Je nach Qualität und Quantität der Arbeit pro Zeiteinheit sowie nach dem Größenumfang der beanspruchten Muskulatur werden verschiedene Arten von Ausdauer unterschieden:

allgemeine Ausdauer unter Einsatz großer Muskelgruppen

lokale Ausdauer bei einer kleinen Muskelgruppe von $1/6$ bis $1/7$ der gesamten Skelettmuskulatur (in der Leichtathletik unerheblich)

allgemeine aerobe Ausdauer bei Ganzkörperübungen mit einer Bewegungsintensität von mehr als 50 Prozent der maximalen Kreislaufbelastungsfähigkeit (Pulshöhen von etwa 130 bis 150 Schlägen pro Minute) und einer Belastungsdauer von mindestens drei bis fünf Minuten (zum Beispiel Langstreckenlauf)

Leistungslimitierender Faktor ist das maximale Sauerstoff-Aufnahmevermögen.

Haupttrainingsformen: Dauerlauf, Fahrtspiel, Minutenläufe, Intervalldauerläufe, Hügelläufe, Circuittraining ohne Fremdbelastung

allgemeine anaerobe Ausdauer, auch Schnelligkeits- oder Tempoaus-
dauer, bedeutet das Eingehen einer Sauerstoffschuld (zum Beispiel
beim 400-Meter- bis 800-Meter-Lauf)
Leistungslimitierende Faktoren sind Qualität und Quantität der anaeroben Energiegewinnung, pH-Wert und Säurebindungsvermögen
des Bluts (vor allem Alkalireserve).
Haupttrainingsformen: Tempoläufe, Hügelläufe, *wind sprints,* Kurz-
hantelserienarbeit, Circuittraining mit submaximaler Belastungsintensität

Schnelligkeit
Physikalische Definition: (s = Weg pro Zeiteinheit) $V = \frac{s}{t}$
Physiologisch kann man Schnelligkeit als Fähigkeit verstehen, aufgrund
der Beweglichkeit der Prozesse des Nervensystems und des Muskelap-
parats Bewegungen in einer bestimmten Zeiteinheit durchzuführen. Sie
wird unterschieden in Schnelligkeit bei azyklischen (sich nicht wiederholenden) und zyklischen (sich wiederholenden) Bewegungen.
Von besonderer Bedeutung für die meisten Sportarten ist die *Grund-*
schnelligkeit, die maximal erreichbare Schnelligkeit bei zyklischen Bewegungen (zum Beispiel beim 100-Meter-Lauf).
Leistungslimitierende Faktoren sind Kraft, Viskosität der Muskeln (in-
trazellulärer Reibungswiderstand), Kontraktionsgeschwindigkeit, an-
tronometrische Merkmale, Koordination, Reaktionszeit beim Start und
die allgemeine anaerobe Ausdauer.
Haupttrainingsformen: Schnellkrafttraining, Starts, kurze Sprints,
Sprungkraftübungen, Reaktionsübungen, Spiele, Circuittraining mit
mittleren Belastungen

Flexibilität
Die Flexibilität ist eine wesentlich anatomisch bedingte Voraussetzung
für sportliche Bewegungsabläufe. Sie stellt die Fähigkeit dar, die Bewe-
gungsmöglichkeiten der Gelenke nach allen Seiten möglichst vollständig auszunutzen. Voraussetzungen für die Entwicklung der Flexibilität
sind individuelle Besonderheiten (Sehnen, Muskeln, Bänder, Gelenk-
flächen). Eine gute allgemeine Flexibilität ist erreicht, wenn alle Gelenke des Körpers gute Bewegungsfähigkeiten aufweisen. Die technischen
Besonderheiten einiger leichtathletischer Disziplinen verlangen dagegen eine spezielle Flexibilität. – Bei planvoller Leistungsschulung
kommt demnach der Flexibilität eine große Bedeutung zu.
Haupttrainingsformen: Gymnastik, insbesondere Lockerungs-, Deh-
nungs- und Schnellkraftübungen, Spiele, Partnerübungen, Circuittraining

Grundlagen des Krafttrainings

Am Beispiel der Skelettmuskulatur läßt sich am deutlichsten feststellen, in welchem Maße der Organismus Anpassungserscheinungen auf Trainingsreize zeigt. Die Veränderungen der Muskulatur bei systematischem Training werden sowohl hinsichtlich der Form als auch der Größe des Muskels offensichtlich.

Die Kraft eines Muskels hängt von der Größe des Muskelquerschnitts ab. Um einen Kraftgewinn zu erreichen, muß daher der Muskel zur Querschnittsvergrößerung gebracht werden. Diese wird mit dem Dickenwachstum (Hypertrophie) erreicht, wobei sich weniger die Muskelfasern vermehren (Hyperplasie) als vielmehr jede einzelne Faser an Masse zunimmt. Eine Dickenzunahme des Muskels wird durch hohe Belastung ausgelöst. Der Spannungsreiz, durch die hohe Belastung hervorgerufen, ist ausschlaggebend für die Hypertrophie.

Arten der Kraft

Die Kraft als eine der wesentlichen leistungsbestimmenden Grundeigenschaften der technischen Disziplinen der Leichtathletik muß stets in ihrer Wechselbeziehung zu den Eigenschaften Schnelligkeit und Ausdauer gesehen werden. Es sind daher drei Hauptarten der Kraft zu unterscheiden, nämlich die Maximalkraft, Schnellkraft und Kraftausdauer.

Die *Maximalkraft* ist die höchste Kraft, die bei einer willkürlichen Kontraktion aufgewendet werden kann. Sie wird gemessen durch ein Gewicht, das der Muskel gerade noch heben kann. Die Bedeutung der Maximalkraft ist groß, wenn der zu überwindende Widerstand groß ist (wie beim Kugelstoßen oder Hammerwerfen). Die Bedeutung der Maximalkraft für sportliche Bewegungen ist um so geringer, je kleiner der zu bewegende Widerstand ist und je mehr die Geschwindigkeit der Muskelkontraktion eine Rolle spielt (wie beim Mittelstreckenlauf).

Die *Schnellkraft* ist die Fähigkeit der Muskulatur, Widerstände mit hoher Kontraktionsgeschwindigkeit zu überwinden. Sie läßt sich als Kraftentwicklung pro Zeiteinheit definieren und ist bei den meisten leichtathletischen Disziplinen leistungsbestimmend.

Die *Kraftausdauer* ist die Ermüdungswiderstandsfähigkeit bei jenen Sportarten, die unter hohem Kraftaufwand über einen längeren Zeitraum durchgeführt werden. Da in der Leichtathletik so gut wie keine Kraftleistungsfähigkeit in Verbindung mit Ausdauervermögen gefordert wird, braucht hier nicht näher auf sie eingegangen zu werden. Ohnedies ist die Verwendung des Begriffs ‹Kraftausdauer› problematisch, da nichts über die Arbeitsart – statisch oder dynamisch – ausgesagt wird. – Aus sportmedizinischer Sicht ist es daher präziser, den Begriff Kraftausdauer durch Ausdauer – lokal/allgemein, statisch/dynamisch, aerob/anaerob – zu ersetzen. Die ‹Kraftausdauer› beim Ruderer würde somit als allgemeine aerobe dynamische Ausdauer zu bezeichnen sein.

Absolute und relative Kraft

Die Kraft eines Athleten muß in Beziehung gebracht werden zu seinem Körpergewicht. Wird zum Beispiel der eigene Körper in Bewegung gesetzt (etwa beim Sprinten oder bei Sprüngen), so kommt es auf die Kraft an, die ein Athlet im Verhältnis zu seinem Körpergewicht entwickeln kann.

Diese Kraft wird als *relative* Kraft bezeichnet. Ihr Wert – auch als Last-/Kraftverhältnis bezeichnet – läßt sich ermitteln, indem die Kraft durch das Körpergewicht dividiert wird.

In den Sportarten, in denen der Athlet einen erheblichen Fremdwiderstand überwinden muß (etwa beim Gewichtheben, Hammerwerfen oder Kugelstoßen), spielt die *absolute* Kraft eine leistungsbestimmende Rolle. Die absolute Kraft hängt offenbar vornehmlich vom Körpergewicht ab; schwerere Athleten können eine höhere absolute Kraft erreichen als leichtere. Aus diesem Grund hat man in den verschiedenen Kraftsportarten Gewichtsklassen eingeführt.

Statische und dynamische Kraft

Die Physik erklärt Kraft als ein Produkt aus Masse und Beschleunigung: $F = k \cdot b$.

Bei allen körperlichen Bewegungen ist Kraft die aufgebrachte Muskelkraft, das heißt die Fähigkeit, sich gegen einen Widerstand zusammenzuziehen bzw. gegen diesen das Ausmaß der gewollten Verkürzung zu halten. Entsprechend den verschiedenen Muskeltätigkeiten unterscheidet man die statische von der dynamischen Kraft. Eine andere gebräuchliche, aber weniger exakte Unterscheidung ist Grundkraft (engl. *strength*) und Schnellkraft (engl. *power*).

Die *statische Kraft* ist diejenige Muskelkraft, die ein Muskel oder eine Muskelgruppe gegen einen fixierten Widerstand entfalten kann.

Leistungslimitierende Faktoren sind Muskelfaserquerschnitt, -zahl, und -struktur, Länge und Angriffswinkel des Muskels, Koordination und Motivation.

Die *dynamische Kraft* ist diejenige Muskelkraft, welche eine Muskelgruppe innerhalb eines gezielten Bewegungsablaufs gegen einen Widerstand zu entfalten vermag.

Leistungslimitierende Faktoren sind die statische Kraft, Koordination, Masse und Kontraktionsgeschwindigkeit.

Methodik des Krafttrainings

Eines der wichtigsten biologischen Grundgesetze der Trainingslehre besagt, daß der Organismus nur jene Anpassungserscheinungen zeigt, die durch spezifisch zuständige Reize ausgelöst werden. Auf das Krafttraining übertragen heißt das: Es wird nur derjenige Krafttyp ausgebildet, der durch die entsprechende Trainingsweise auch trainiert wird.
Für die Trainingspraxis gilt daher der überaus wichtige Grundsatz: Im Krafttraining muß hauptsächlich diejenige Trainingsweise angewendet werden, die der Kontraktionsform der Wettkampfdisziplin entspricht. Nur so können die morphologischen und biochemischen Anpassungen ausgelöst werden. Der allgemeine Trainingsgrundsatz ‹Entferne dich im Training nicht allzu weit von den spezifischen Anforderungen des Wettkampfs!› gilt also im besonderen Maße für das Krafttraining; denn die Kraft kann in den unterschiedlichen Wettkampfdisziplinen sehr verschieden zum Einsatz gelangen. Eine genaue Kenntnis der Arten der Muskelarbeit sowie der Arten und des Charakters der Muskelspannung ist daher notwendig.

Arten der Muskelarbeit
Es werden nach mechanischen Kriterien vier Arten unterschieden:
- überwindende Muskelarbeit, zum Beispiel beim Überwinden von Gewichten ohne Widerstände wie Kugelstoßen, Hammerwerfen, Springen, Schwimmen
- nachgebende Muskelarbeit, zum Beispiel Kniebeugen mit Gewichtsbelastung
- verharrende Muskelarbeit, zum Beispiel beim Stützen (Kreuzhang) beim Turnen
- kombinierte Muskelarbeit als Kombination von überwindender und nachgebender Muskelarbeit, zum Beispiel beim Trainieren an der Kraftmaschine oder bei der Kniebeuge

Arten der Muskelspannung
Es werden nach physiologischen Gesichtspunkten drei Hauptarten unterschieden:
- Isotonische Muskelspannung, wenn bei veränderter Muskellänge die Anspannung gleich bleibt. Isotonische, auch dynamische, Muskelspannung ist bei fast allen leichtathletischen Übungen gegeben, weshalb das isotonische Krafttraining auch Hauptbestandteil des leichtathletischen Krafttrainings ist.
- Isometrische Muskelspannung, wenn bei unveränderter Muskellänge eine hohe Anspannung gegeben ist. Isometrische, auch statische,

Muskelspannung kommt als Haltearbeit in der Leichtathletik nur gelegentlich vor (zum Beispiel beim Hammerwerfen oder in der Ausgangsstellung beim Kugelstoßen).

● Auxotonische Muskelanspannung, wenn sich sowohl Muskellänge als auch Anspannung verändern.

Soll die Vielzahl sportlicher Bewegungsabläufe exakt charakterisiert werden, müssen acht weitere Merkmale der Muskelanspannung unterschieden werden, nämlich die Schnelligkeit, Dauer, Größe und Wiederholbarkeit der Anspannung. Die folgenden acht Arbeitsprofile der *Muskelanspannung* stellen die vielschichtige Grundlage eines variationsreichen Krafttrainings dar:

Schnelligkeit zyklisch, zum Beispiel beim Sprint

Schnelligkeit azyklisch, zum Beispiel beim Sprung

explosiv-reaktiv-ballistisch, zum Beispiel bei Tiefsprüngen und anschließenden Hochsprüngen auf Kästen

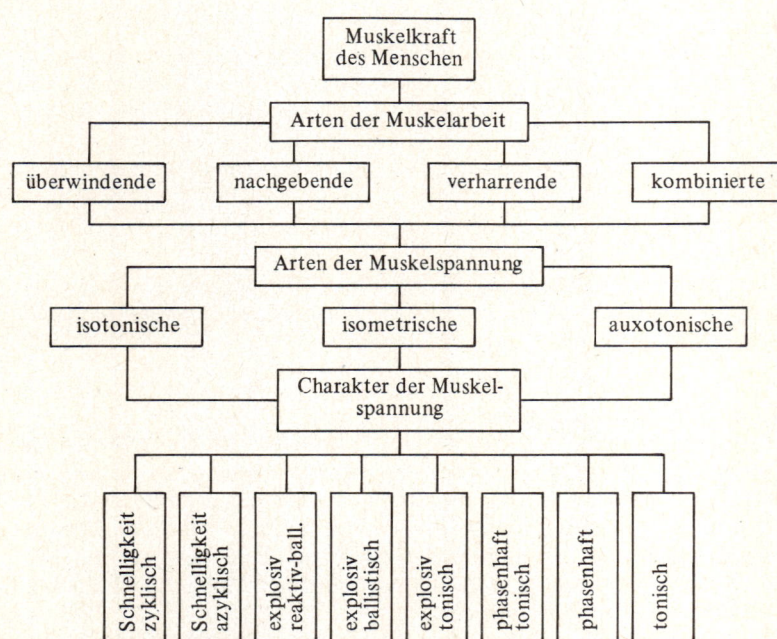

Schema 1: Strukturierung der Muskelkraft des Menschen

explosiv-ballistisch, zum Beispiel Stoßarm beim Kugelstoßen
explosiv-tonisch, zum Beispiel Schwungbeineinsatz beim Sprung
phasenhaft-tonisch, zum Beispiel linker Arm beim Kugelstoß
phasenhaft, zum Beispiel linker Arm beim Kugelstoß
tonisch, zum Beispiel linker Arm beim Kugelstoß

Eine Übersicht über die Art und Weise der Muskelanspannung zeigt *Schema 1* (nach Werschoshanskij).

Am Beispiel des Kugelstoßers wird deutlich, welche unterschiedlichen Arten der Muskelanspannung realisiert werden müssen.

Um eine hohe Effektivität der Kraftgröße in Verbindung mit der Funktion des neuromuskulären Systems zu garantieren, müssen die Belastungsarten ständig variiert werden.

Eine Möglichkeit, die Belastung unter Berücksichtigung des fortschreitenden Niveaus des sportlichen Könnens zu variieren, zeigt *Schema 2* (nach Werschoshanskij).

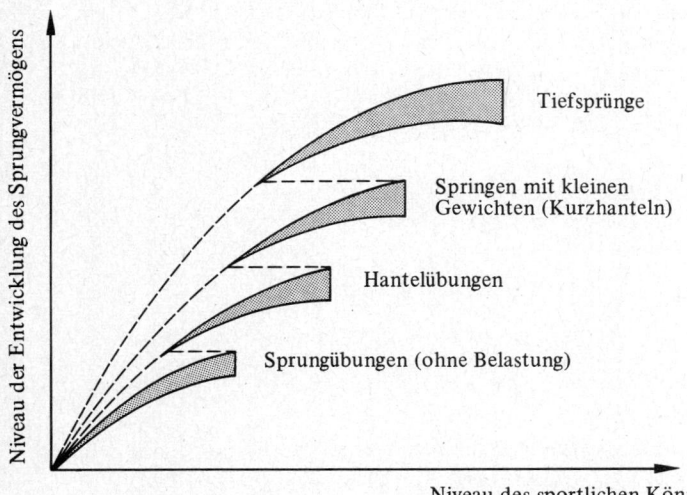

Schema 2: Prinzip der verknüpften Reihenfolge der Trainingsmittel zur Entwicklung des Sprungvermögens

Dynamisches und statisches Krafttraining

Die in der Sportpraxis der Leichtathletik verbreitetsten Krafttrainings-
arten sind das dynamische und das statische Krafttraining, unter welchen wiederum das dynamische dominiert.

Dynamisches Krafttraining

Isotonische (dynamische) Belastung mit einem beweglichen Widerstand (Kräftigungsgerät, Hantel, Gewichtsweste oder ähnliches) bringt
den gleichen maximalen Kraftzuwachs wie statisches Krafttraining,
bewirkt aber eine Verbesserung der dynamischen Kraft. Diese führt zu
einem zusätzlichen Aufbau der Muskelkoordination und zu einer Verbesserung der Grundschnelligkeit.

Je nach Belastungshöhe, Wiederholungszahl, Serienzahl und Pausen-
länge unterscheidet man zwischen *Schnellkraft-* und *Maximalkrafttraining*. Der optimale Prozentsatz der Spannung für den einzelnen Muskel
ist bei dynamischem (isotonischem) und statischem (isometrischem)
Krafttraining gleich (50 bis 70 Prozent); beim statischen benötigt man
jedoch eine längere Spannungsdauer für die gleiche Wirkung.

Alle Übungen des dynamischen Krafttrainings sollen mit der für die
jeweilige Belastung größtmöglichen Geschwindigkeit ausgeführt werden, damit eine hohe Spannung im Muskel entsteht. Bei sehr leichten
Gewichtsbelastungen wird die Anspannungszeit zu kurz. Unter diesem
Gesichtspunkt verlaufen Belastungshöhe und Wiederholungszahl umgekehrt proportional. Geübt wird am besten in Serien von je fünf bis
sechs Wiederholungen. Die Pausen zwischen den Serien sollten so lang
sein, daß sich die Muskeln vollständig erholen können.

Statisches Krafttraining

Hierbei handelt es sich um statische (isometrische) Belastung (Spannung) gegen einen fixierten Widerstand. Der maximale Trainingseffekt
(Kraftzuwachs) ist abhängig von der Höhe, der Dauer und der Häufigkeit der Muskelanspannung.

Anspannungshöhe: Das Trainingsoptimum liegt bei 50 Prozent der
maximalen statischen Kraft. Schon bei 20 bis 30 Prozent stellt sich ein
Kraftzuwachs ein; unter 20 Prozent zeigt sich eine Kraftabnahme
(Atrophie).

Anspannungsdauer: Der maximal mögliche Trainingseffekt wird bereits durch eine Anspannungsdauer erreicht, die 20 bis 30 Prozent der
bis zur Erschöpfung möglichen Zeit entspricht. Je nach Höhe der Belastung sind das sechs bis zehn Sekunden. Längere Zeiten können den
Trainingseffekt nicht verbessern; bei kürzeren Zeiten wird der Trai-

ningseffekt immer geringer. Unterhalb 10 Prozent ist ein solcher Effekt nicht mehr nachweisbar.

Die optimale Trainingshäufigkeit liegt bei drei- bis fünfmal täglich. Der Kraftzuwachs stellt sich beim statischen Krafttraining schneller ein als beim dynamischen, verliert sich allerdings nach Trainingsabbruch auch schneller. Die für die meisten Sportarten notwendige Muskelkoordination wird hierbei nicht geschult; deshalb sollte es selten angewendet werden. – Ein Vorteil des statischen Krafttrainings liegt darin, daß einzelne Muskeln oder Muskelgruppen gezielt trainiert werden können. Insofern hat es große Bedeutung bei der Rehabilitation (Wiederherstellung, zum Beispiel bei Muskelatrophie – Schwund – als Folge der Ruhigstellung eines Körperglieds), da sich der Trainingseffekt sehr rasch einstellt.

Das Pyramidensystem

Das Pyramidentraining ist eine spezielle Form des Krafttrainings. Beginnend mit fünf Wiederholungen, steigert man das Gewicht und verringert die Zahl der Wiederholungen bis zu einer Wiederholung mit Maximalleistung, um anschließend in umgekehrter Reihenfolge zur Ausgangsbasis zurückzukehren. Stellt sich nach längerem Training ein Kraftgewinn ein, so wird die Belastung, nicht die Wiederholungszahl, erhöht. Nach jeweils vollständigen Erholungspausen wird das Pyramidentraining bis zu dreimal täglich (pro Trainingseinheit) vorgenommen.

Alle Hochleistungssportler sind auf Kraftgewinn angewiesen und benutzen heute das Pyramidensystem. Es sichert größtmöglichen Kraftgewinn durch höchstmögliche Muskelanspannung bei hoher Belastung mit größtmöglicher Muskelkoordination durch schnelle Bewegungsausführung bei niedriger Belastung.

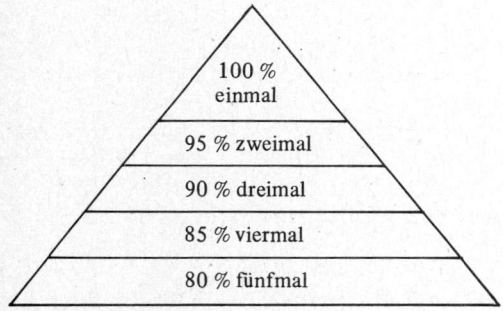

Abb. 1: Pyramidentraining

Didaktische Forderungen an das Krafttraining

Progressive Belastung

Bei zweimaligem Krafttraining wöchentlich läßt sich nach sechs bis acht
Wochen ein etwa 20prozentiger Kraftzuwachs nachweisen. Der Muskel
hat sich den Belastungsreizen angepaßt und reagiert mit der gewünschten Querschnittsvergrößerung. Die Folge davon ist, daß entweder mehr
Wiederholungen möglich sind oder daß der Kraftzuwachs die Bewälti-
gung einer (20 Prozent) höheren Belastung erlaubt. Die optimale Belastungshöhe (zum Beispiel 70 Prozent beim dynamischen Krafttraining)
ist also keine absolute Größe, sondern muß stets neu festgelegt werden.
Für die Trainingspraxis bedeutet das: ständig, etwa im Zeitraum von
zwei bis drei Wochen, die Gewichtsbelastung erhöhen. Falsch wäre
dagegen, bei gleichbleibender Belastungshöhe die Anzahl der Wiederholungen heraufzusetzen. – Das Prinzip der progressiven Belastung ist
für ein optimales Krafttraining unerläßlich. Leider wird diese Forderung aus organisatorischen und technischen Gründen in der Trainingspraxis selten verwirklicht, da eine individuelle Belastung beim Üben in
größeren Gruppen nicht einfach ist.

Prinzip der adäquaten Belastung

Die allgemein bekannten methodischen Forderungen nach der adäquaten (dem Leistungsstand des Übenden entsprechenden) Belastung
müssen im Krafttraining mit Nachdruck eingelöst werden.

Vom Gewohnten zum Ungewohnten

Anfangs sollen die gewohnten einfachen Kraftübungen den Vorrang
haben; sie dürfen keinerlei Schwierigkeitsgrade aufweisen. Erst nach
einiger Zeit können die Übungen einen technisch differenzierten Charakter annehmen. Jetzt wird zum Beispiel die Hebetechnik mit der
Scheibenhantel erlernt.

Vom Wenigen zum Vielen

Eine allmähliche Steigerung des zunächst geringen Trainingspensums
(Wiederholungen der Übungen und Serien) gipfelt schließlich in einem
großen Trainingsumfang (mehr Wiederholungen und mehr Serien).

Vom Leichten zum Schweren

Zunächst dürfen nur leichte Gewichte bewältigt werden. Erst nachdem
die Übungen beherrscht werden und sich eine gewisse Verbesserung
der Grundkraft des Übenden einstellt, sollen die Belastungen auf die
für das Krafttraining erforderliche Höhe von 70 Prozent heraufgesetzt
werden.

Von der Allgemeinkräftigung zur speziellen Kräftigung

Vor allem im Schüler- und Jugendalter machen die noch fehlenden
Leistungsdispositionen der Übenden sowie die Schädigungsmöglich-

keiten am Haltungs- und Bewegungsapparat (Knochen, Muskeln, Bänder und Sehnen) eine Allgemeinkräftigung bereits in der ersten Phase des Krafttrainings notwendig. Es werden also zunächst jene großen Muskelgruppen des Körpers gekräftigt, die Hauptträger der Bewegungen sind. Folgende Systematik ist hierbei zu beachten:

● Teilkörperübungen
  Übungen für die Arm-, Brust- und Schultermuskeln
  Übungen für die Rückenmuskeln
  Übungen für die Bauchmuskeln
  Übungen für die Bein- und Hüftmuskeln
● Gesamtkörperübungen
  Kombinierte Übungen mit allgemeinem Übungseffekt für alle Körpermuskeln

Erst allmählich kann zu speziellen Kräftigungsübungen (im Rahmen eines speziellen Krafttrainingsprogramms) im Hinblick auf die Ausbildung einer besonderen Sportart übergegangen werden (zum Beispiel auf technische Übungen zur Ausführung spezieller Bewegungstechniken einer Sportart).

● Belastungsarten
  Übungen mit dem eigenen Körpergewicht (zum Beispiel Klimmziehen)
  Übungen mit feststehendem Fremdgewicht (zum Beispiel Medizinballübungen)
  Übungen mit abstufbarem Fremdgewicht (zum Beispiel mit der Scheibenhantel oder am Kräftigungsgerät)

Organisation des Krafttrainings

Die praktische Durchführung des Krafttrainings ist weitgehend davon abhängig, welche Kraftgeräte zur Verfügung stehen.

Hier eine kleine Auswahl der gebräuchlichsten Geräte oder Belastungen:

● eigenes Körpergewicht (Klimmziehen, Armstützbeugen, Beinbeugen, Sprungübungen)
● feststehendes Fremdgewicht: Reckstange, Kugel, Balken, Partner, Rundgewichte, Kugelhantel, Sandsack
● abstufbares Fremdgewicht: Kräftigungsgerät, Scheibenhantel, Kurzhanteln, Gewichtsweste

Kraftgeräte zum Selberbasteln
Wenn kein Kraftgerät vorhanden ist, lassen sich mit wenigen Materialien Geräte basteln.

1: Verschiedene Kraftgeräte

● Scheibenhantel: Zwei alte Kunststoffeimer werden mit einem Zementgemisch gefüllt und dann mit einer Eisenstange (oder einem Leitungsrohr) verbunden. Wenn das Zementgewicht erhärtet ist, lösen wir die Plastikeimer und erhalten so eine brauchbare Hantel. Den Nachteil, daß das Gewicht nicht abstufbar ist, nehmen wir in Kauf.
● Sandsack: Wir schneiden aus einem alten Autoschlauch ein etwa 75 cm langes Stück heraus und füllen diesen mit Sand. An beiden Enden binden wir ihn nun so zu, daß zwei Griffenden überstehen.
● Gewichtsweste: An eine Weste oder einen Pullover werden einige Taschen angenäht, mit Sand gefüllt und dann zugenäht. Einen kompletten Gewichtsanzug erhalten wir, wenn wir in einen eng anliegenden Trainingsanzug einige Bleischnüre einsteppen lassen, wie sie zur Beschwerung von Gardinen Verwendung finden.
Trotz dieser Möglichkeiten wird davon ausgegangen, daß für das Krafttraining eine Scheibenhantel oder ein Kräftigungsgerät zur Verfügung steht.
Das Krafttraining wird wie folgt durchgeführt:
● Auswahl von sechs bis acht disziplinspezifischen Kraftübungen.
● Jede einzelne Übung wird sechs- bis achtmal (eine Serie) wiederholt.
● Nach jeder Serie erfolgt eine vollständige Pause.
● Einem vollständigen Rundgang (Programm) kann ein zweiter, eventuell ein dritter folgen.

Beispiel für ein Krafttrainingsprogramm eines Kugelstoßers

Übung	Wirkung	Gewichtsbelastung	Wiederholungen	Art der Pause
Bankdrücken (Drücken der Hantel in der Rückenlage)	Arm- und Brustmuskeln	75 %	6mal	vollständig – Arme und Schultern auslockern
Heben der Hantel mit Umsetzen der Hantel vor der Brust	Rückenstreckmuskel, Gesäßmuskel	75 %	6mal	vollständig
halbe Kniebeugen mit Absetzen auf einem Stuhl, Hantel auf den Schultern	Beinmuskeln, besonders Streckmuskel der Unterschenkel	90 %	6mal	vollständig – Aushängen an der Sprossenwand
Hochstoßen der Hantel	Arm- und Brustmuskeln	75 %	6–8mal	vollständig – Schultern auslockern, Armmuskeln dehnen
Rumpfdrehen mit Hantel auf den Schultern	Rumpfmuskeln	90 %	10–12 mal	vollständig – Aushängen an der Sprossenwand
Reißen der Hantel zur Hochstrecke	Gesamte Körpermuskulatur	75 %	6mal	lange Pause – Dehnungs- und Lockerungsgymnastik

Grundübungen des Gewichthebens

● Beidarmiges Stoßen

Griffbreite etwa schulterbreit. Ausholen durch mäßiges Beugen der Knie. Die Beine stoßen die Hantel an. Die Arme drücken den Körper von der Hantel weg so tief in den Ausfallschritt hinein, bis sie gerade sind. Aufrichten durch den Wechsel Schrittstellung–Grundstellung. Ablegen in zwei Etappen: Brust, Boden.

● Beidarmiges Drücken

Griffbreite etwa schulterbreit. Bei fixierter Bein- und Fußhaltung Hantel aus der Schulter anstoßen, Arme unter dem nachgebenden Kreuz strecken, Hantel aus dem Kreuz vollends hochstoßen. Ablegen der Hantel wie beim Stoßen.

● Beidarmiges Reißen

Aus der Ausgangsstellung (Kniebeuge) anreißen unter vollem Einsatz der Beine, des Oberkörpers und der Arme. Hantelstange direkt am Körper hochführen, dann mit Ausfallschritt so tief unter das Gerät springen, daß die Arme sofort gestreckt sind. Ausfallschritt und Aufrichten wie beim Umsetzen.

Um Verletzungen zu vermeiden, ist beim Anheben zu beachten (Kriterien der Hebetechnik siehe Foto 2):

● breiter Griff an der Stange
● Kopf hoch, Blick nach vorn
● flacher Rücken
● tiefes Gesäß

Die Grundübungen können natürlich auch in anderen Körperhaltungen durchgeführt werden (zum Beispiel Bankdrücken aus der Rückenlage).

2

Training am Kräftigungsgerät
In der Trainingspraxis der Leichtathletik ist man allmählich von der Scheibenhantel auf neuzeitliche Kräftigungsgeräte übergegangen. Die Vorteile liegen auf der Hand:

● Eine Verletzungsgefahr beim Üben am Kräftigungsgerät ist so gut wie ausgeschlossen, eine Hilfestellung nicht erforderlich.

● Die Übungen am Kräftigungsgerät sind einfach, eine Hebetechnik wie beim Hanteln nicht erforderlich.

● Die Arbeitsweise an den neuzeitlichen Geräten ist multifunktional; bezüglich des Übungseffekts können Maximalkraft, Schnellkraft und Kraftausdauer gleichzeitig verbessert, die zu trainierenden Muskeln selektiv trainiert werden.

● Es können gleichzeitig mehrere Übende (11 bis 22) trainieren, weshalb die Kräftigungsgeräte verstärkt Eingang in den Schulsport finden.

● Die Bewegungsabläufe der meisten Sportarten können vorgeübt werden.

● Der Kraftaufwand wird nicht durch Gewichte, sondern durch Federsysteme oder Hebelarme erzielt, die alle Belastungen ausbalancieren.

Geräte der hier beschriebenen Art sind in den meisten Leistungszentren des Deutschen Leichtathletik-Verbandes (Stuttgart, Mainz, Dortmund, Köln, Hannover) aufgestellt. Darüber hinaus sind sie bereits fester Bestandteil von Sportvereinen und gehören zur Geräteausstattung vieler deutscher Schulsportanlagen.

In einer Testreihe mit Schülerinnen und Schülern eines Gymnasiums in Rüsselsheim sind nach einem Trainingsaufwand von insgesamt nur 22 Tagen folgende Durchschnittswerte an Leistungszuwachs ermittelt worden:

Schulterdrücken aus dem Stand	+ 18,9 kg
Beindrücken aus dem Sitzen	+ 11,1 kg
Armdrücken aus dem Liegen	+ 4,0 kg
beidarmiges Drücken aus dem Stand	+ 20,6 kg
Klimmziehen aus dem Streckhang	+ 2,8 Klimmzüge

Das in Foto 3 dargestellte Kräftigungsgerät zeigt den «Clubtrainer 2» mit elf Stationen und über 30 Übungsmöglichkeiten (mit freundlicher Genehmigung der Firma Athletik-Power-Center). Foto 4 zeigt einen modernen Krafttrainingsraum.

Clubtrainer 2

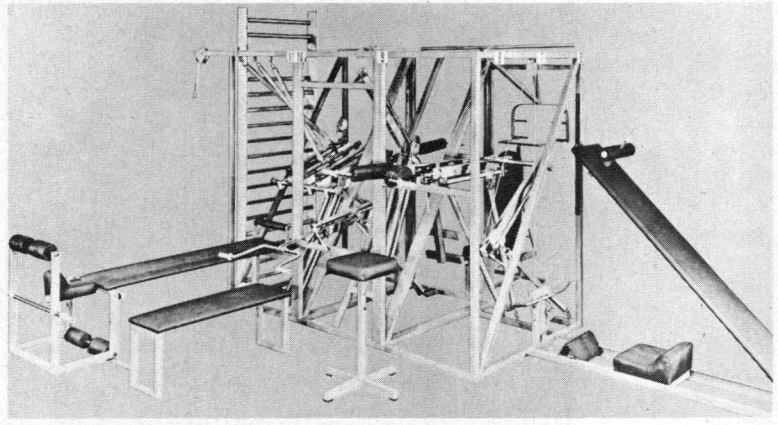

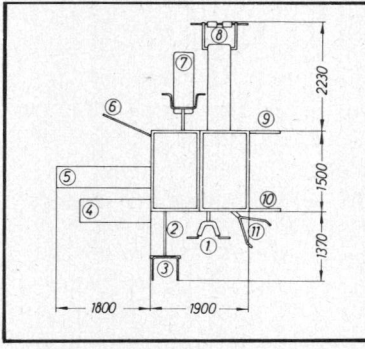

3: Kräftigungsgerät

1 Schulterdrücken aus der Kniebeuge: Drücken aus dem Sitz (20
  bis 300 kg)
2 Beindrücken aus dem Sitz (oberes
  Fußbrett ca. 50prozentige Steigerung) (20 bis 380 kg)
3 Armbeugen und -strecken aus dem
  Stütz
4 Klappmesser: Bauchmuskulatur
  und Rückenmuskulatur aus der
  Bauchlage
5 Armzuggerät. Rudern aus dem Sitz
  (20 bis 125 kg)
6 Stab: Kippe, Lockerung, Klimmzüge
7 Drücken aus der Bank (20 bis 120
  kg)
8 Armziehen im Liegen; Beinziehen
  im Liegen und Sitzen (20 bis 100
  kg)
9 Armziehen ein- und beidarmig (20
  bis 100 kg)
10 Armziehen ein- und beidarmig,
  umstellbar auf Armstoßen (20 bis
  100 kg)
11 Entspannungsstation
  auf besonderen Wunsch: Sprossenwand und/oder Stab für Stabhochsprung

4: Moderner Krafttrainingsraum

Die Belastbarkeit im Krafttraining

Die Hauptursachen für das Auftreten von Sportschäden und -verletzungen beim Training liegen in einem Mißverhältnis zwischen Belastung einerseits und Belastbarkeit andererseits. Namentlich das Krafttraining mit Schülern und Jugendlichen erfordert vom Übungsleiter genaue Kenntnisse von der Leistungsdisposition der Übenden, um deren Belastbarkeit richtig beurteilen zu können. Ein risikoloses Krafttraining kann daher nur derjenige aufbauen, der die Eigentümlichkeiten der Organe und deren Gewebe kennt, ihre Reaktion auf Reize voraussehen kann und um die echten Schädigungsmöglichkeiten weiß. Die allgemeinen Vorbehalte gegen ein intensives Ausdauertraining konnten inzwischen durch die Erkenntnisse der Sportmedizin weitgehend abgebaut werden, nicht aber die Vorurteile gegen ein regelmäßiges Krafttraining, vor allem der Jugendlichen und Frauen. Die Gründe liegen vor allem darin, daß man unter Krafttraining vorwiegend das Hanteltraining versteht. Mangelnde Technik und unsachgemäßes Üben führen dort häufig zu Verletzungen.
Frauen können im Krafttraining genauso ihren ‹Mann› stehen wie in anderen Bereichen des Lebens. Allerdings verbietet sich eine übermäßige Belastung durch ihre biologischen Besonderheiten. Diese sind besonders gegeben durch eine dem Mann gegenüber rund 30 Prozent geringere Muskelmasse, durch die weniger günstige Bereitschaft ihrer Muskulatur zur schnellkräftigen Zuckung und nicht zuletzt durch einen

für große Belastungen ungünstigen statischen Haltungsaufbau des
weiblichen Skelettsystems, der noch unterstrichen wird durch ein labi-
les Bindegewebesystem. Dagegen sind die sich hartnäckig behaupten-
den ästhetischen Bedenken gegen ein Krafttraining der Frau rasch
auszuräumen: Infolge des starken Unterhautfettgewebes der Frau tritt
ein Muskelzuwachs äußerlich sichtbar nicht zutage. Von einer Ver-
männlichung der Frau durch ein gemäßigtes Krafttraining kann also
überhaupt keine Rede sein. Dagegen bewährt sich ein Krafttraining
besonders dort, wo zum Beispiel ein erschlaffter Busen die Kräftigung
der Brustmuskulatur nötig macht oder wo eine schlechte Körperhaltung einen kraftbedingten Haltungsaufbau erfordert.
Für das Krafttraining der Schüler und Jugendlichen wird im folgenden
eine stichwortartige Charakterisierung der altersspezifischen Gegebenheiten des jugendlichen Organismus gegeben.
Erste puberale Phase. Biologisches Alter: ♂ 11 bis 15 Jahre, ♀ 10 bis
13 Jahre. Disharmonie der Körperproportionen durch verstärktes Län-
genwachstum. Rasches Erlahmen bei körperlicher Anstrengung. Infolge der noch nicht knöchern durchgebauten Wachstumsfugen sind diese
gegen Überbelastung besonders empfindlich. Vorsicht bei Schmerzen
in Gelenknähe. Infolge zentral-nervöser und vegetativer Erregbarkeit
treten Koordinationsstörungen auf. Die muskuläre Disposition ist am
Anfang dieser Phase (etwa 11 bis 13 Jahre bei Jungen und 10 bis 11
Jahre bei Mädchen) sowie in der vorpuberalen Phase (6,5 bis 11,5
Jahre) schlecht.
Schwerpunkt liegt in beiden Phasen auf Erhaltung und vorsichtige
Steigerung der Kraft. Vorsicht bei Übungen, die mit großem Kraftaufwand durchgeführt und abrupt abgebrochen werden, etwa Wurfübun-
gen mit schweren Gewichten oder Zugübungen am Zugapparat. Das
Weichgewebe und das Skelett können geschädigt werden.
Zweite puberale Phase. Biologisches Alter. ♂ 16 bis 18 Jahre, ♀ 14 bis
16 Jahre. Betontes Breiten- und Tiefenwachstum des Rumpfes; die
Skelettentwicklung ist allerdings noch nicht abgeschlossen. Die Wachs-
tumslinien sind jetzt jedoch verknöchert. Die Wirbelsäule bleibt gegenüber der Rumpfentwicklung zurück und ist am stärksten gefährdet.
Lediglich Mädchen können in der zweiten Hälfte dieser Phase ähnlich
wie Frauen belastet werden.
Hauptproblem in allen Phasen: Die passiven Teile des Haltungs- und
Bewegungsapparats (Sehnen, Bänder, Knorpel, Knochen) bleiben hinter der im Training erzielten Leistungssteigerung der Muskulatur
zurück.
Hauptgefahr: lang anhaltende, harte Bewegungsreize auf ein und den-
selben Körperabschnitt, besonders dann, wenn diese abrupt abgebrochen werden

Hauptforderung: Ständiger Wechsel der Bewegungsreize. Die Tatsache, daß die Leistungsdisposition des jugendlichen Organismus, vornehmlich im Bereich des Haltungs- und Bewegungsapparats, gemindert ist, spricht allerdings nicht gegen, sondern für die Notwendigkeit einer Kräftigung der Muskulatur. Die Problematik liegt lediglich in der Dosierung der Reize.

Die Ernährung beim Krafttraining

Das Stoffwechselgeschehen unseres Organismus verfügt über einen *Betriebsstoffwechsel* und einen *Baustoffwechsel.* Die hierzu erforderlichen Energien werden dem Körper durch Nährstoffe zugeführt. Während der Hauptenergielieferant für den Betriebsstoffwechsel die Kohlehydrate sind, bilden die Eiweiße (Proteine) den Hauptbestandteil am Baustoffwechsel, also am Aufbau unserer Zellen. Muskelzellen können somit nur dann in erhöhtem Maße durch Krafttraining aufgebaut werden, wenn auch eine größere Zufuhr von Eiweiß gewährleistet ist.
Ein nichttrainierender Mensch hat einen täglichen Eiweißbedarf von circa einem Gramm pro Kilo seines Körpergewichts. Befindet sich ein Athlet im Krafttraining, so ist seine Muskulatur auf eine erhöhte Zufuhr von Eiweiß angewiesen, damit das Wachstum der Muskeln ungehindert voranschreiten kann. Dieser Mehrbedarf an Eiweiß beträgt etwa das Dreifache des Normalbedarfs. Ein 100 Kilogramm schwerer Kugelstoßer benötigt zum Beispiel eine Eiweißmenge von 300 Gramm täglich. Dieser erhöhte Eiweißbedarf braucht allerdings nicht nur aus den so beliebten, aber teuren Steaks gedeckt zu werden, da diese neben Eiweiß auch noch Ballaststoffe enthalten. Vielmehr empfehlen sich für die menschliche Ernährung hochwertige Eiweißträger wie Milch, Quark, Fisch, Bohnen und anderes. Die Zusatzverpflegung des Athleten für ein Krafttraining braucht also nicht unbedingt aufwendig und kostspielig zu sein.

Allgemeine Trainingshinweise

Dehnübungen im Anschluß an die Kraftübungen
Kraftübungen vergrößern den Muskelquerschnitt und fördern das Dikkenwachstum der Muskeln; allerdings verkürzen sie den Muskel auch. Diese ungewollte Begleiterscheinung führt dazu, daß der krafttrainierte Athlet in seinen Bewegungen eingeschränkt wird. Diese Verminderung des Bewegungsumfangs wirkt sich leistungsmindernd aus. So können bestimmte Techniken nicht richtig erlernt werden, wenn die Dehnbar-

keit des Muskels nicht ausreicht. Dadurch kann auch die Schnelligkeit ungünstig beeinflußt werden. Es ist daher unbedingt zu empfehlen, im Anschluß an jedes Krafttrainingsprogramm dehnende und lockernde Übungen durchzuführen.

Festes Schuhzeug

Beim Krafttraining wird häufig der Fehler gemacht, daß die Übenden ungeeignete Trainingsschuhe ohne festen Steg oder sogar überhaupt keine Fußbekleidung tragen. Außer etwa beim Bankdrücken wird bei den meisten Kraftübungen eine sehr starke Belastung auf die Füße ausgeübt. Diese Belastung, regelmäßig und über einen längeren Zeitraum hinweg auf die Fußgewölbe übertragen, kann mit der Zeit zu einer Deformation der Füße führen. Diese sind dann ‹durchgetreten›. Bei den Gewichthebern hat man schon längst gegen derartige trainingsbedingte Schäden Vorsorge getroffen. Man trägt einen Spezialschuh mit festem Steg und mit Absätzen.
Die Notwendigkeit zum Tragen fester Schuhe beim Gewichtstraining besteht also grundsätzlich. Notfalls können Straßenschuhe mit festen Absätzen getragen werden. Trainingsschuhe sollten möglichst mit einer Gelenkstütze versehen sein. Dieser Grundsatz gilt auch für das regelmäßige Trainieren an Kräftigungsgeräten; auf keinen Fall sollte barfuß geübt werden.

Ganzjähriges Krafttraining

Die Trainingsfestigkeit der Muskulatur spielt eine große Rolle; aber ein durch tägliches Training schnell gewonnener Kraftzuwachs verliert sich nach Abbruch des Trainings ebenso schnell. Hierbei gilt das Prinzip der Fixation: Je länger ein Muskel im Training aufgebaut worden ist, desto langsamer geht der Effekt wieder zurück. Im Leistungssport wird häufig der Fehler gemacht, daß das Krafttraining abgebrochen oder stark reduziert wird, wenn die Wettkampfsaison beginnt. Ein rasches Absinken des mühsam erreichten Kraftzuwachses ist meistens die Folge. Die anfangs guten Leistungen zu Beginn der Saison – jetzt noch bedingt durch das regelmäßige Krafttraining – lassen dann im weiteren Verlauf der Wettkampfperiode sehr bald nach. Statt dessen ist das Weiterführen eines nur geringfügig reduzierten Krafttrainings in der Wettkampfzeit eine der Hauptbedingungen für gute Leistungen, sofern die Kraft einer der leistungsbegrenzenden Faktoren der betreffenden Sportart ist.

Testübungen
Eine wichtige Voraussetzung für die Effektivität des Krafttrainings ist die regelmäßige Kontrolle des Leistungsfortschritts. Die Überprüfung der trainierten Muskelgruppen in 14tägigem Rhythmus ist deshalb zu empfehlen.
Die hier aufgeführten, einfachen Testübungen sollen hierbei behilflich sein.

Testübung	getestete Muskulatur	getestete Eigenschaft
Klimmziehen im Streckhang	Arm- und Brustmuskeln	Maximalkraft
Armbeugen im Liegestütz	Arm- und Brustmuskeln	Kraftausdauer (lokale dynamische anaerobe Ausdauer)
Taschenmesser (Zusammenklappen) in der Rückenlage	Bauchmuskeln	Schnelligkeit, Schnellkraft
Aufsteigen auf einen Kasten oder Stuhl und Absteigen im Wechsel (*Harvard step*-Test)	Beinmuskeln	Kraftausdauer (lokale dynamische aerobe Ausdauer)
Bankdrücken	Arm- und Brustmuskeln	Maximalkraft
6-Sprung ohne Anlauf, beidbeinig	Beinstreckmuskeln	Sprungkraft
Anschlagsprung an die Wand, Differenzsprung (*Jump and reach*-Test)	Beinstreckmuskeln	Sprungkraft
halbe Kniebeuge und -strecken mit Absitzen auf dem Stuhl	Beinstreckmuskeln	Maximalkraft

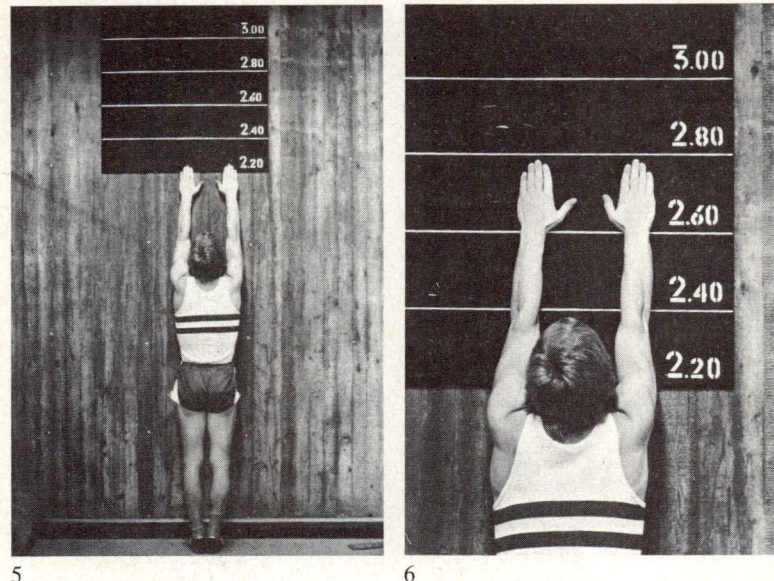

5   6

Die Fotos 5 und 6 zeigen den Anschlagsprung an die Wand (*Jump and reach-Test*).
Ausführung: Stand vor der (möglichst dunklen) Wand, Hochstrecken des Arms und Markierung der höchsten Reichstelle mit den befeuchteten Fingerspitzen. Dann im Schlußsprung Sprunghöhe anschlagen. Differenz messen.

Das Circuittraining

Das Circuittraining wurde 1953 in England entwickelt. Es ist eine Abwandlung des amerikanischen ‹Body-building-Systems›, welches ausschließlich der Entwicklung von Muskelkraft dient. Beim Bodybuilding handelt es sich darum, in einem Stationsbetrieb von Übung zu Übung wechselnd die Muskelgruppen des Körpers nacheinander zu kräftigen. Der Körper (*body*) soll so systematisch aufgebaut (*building*) werden. Allerdings trägt das Body-building-System seinen Namen zu Unrecht; denn es verwendet ausschließlich Formen der Muskelhypertrophie, des Muskelwachstums, ohne die verschiedenartigen Funktionsmöglichkeiten der Muskeln zu berücksichtigen. Es zielt durch eine

Verwendung sehr vieler statischer Kraftübungen ausschließlich auf eine Veränderung des Muskelreliefs hin und züchtet so gewissermaßen knollenartig angewachsene Luxusmuskeln, deren ästhetisches Aussehen umstritten ist. Da auch die Funktion eines derartig aufgebauten Muskels – zum Beispiel bezüglich seiner Schnellkraftreaktion oder seines Koordinationsvermögens – äußerst eingeschränkt ist, kann von einer Körperbildung im Sinne eines harmonisch-vielseitig funktionierenden Körpers nicht die Rede sein.

Mit ‹Circuit› ist ausgedrückt, daß nach Art eines Zirkels in einem Rundgang an mehreren Stationen Übungen an verschiedenen Geräten geleistet werden müssen. Diese Trainingsform stammt aus England. Allerdings weist diese Methode sehr viele Übungen auf, die den Verhältnissen der englischen Übungshallen angepaßt waren. Eine Änderung auf deutsche Übungsverhältnisse war erforderlich und wurde 1960 vorgenommen.

Übungsprinzipien des Circuittrainings

- Es zielt sowohl auf die Muskel- als auch auf die Kreislaufverbesserung ab (vielseitiger Übungseffekt).
- Es wendet das Prinzip des *progressive loading* an (Grundgesetz der steigenden Belastung).
- Man kann ein große Zahl von Übenden gleichzeitig beschäftigen.
- Die verwendeten Übungen dürfen keinen großen Schwierigkeitsgrad haben.
- Infolge der stetig wechselnden Stationen wird eine Monotonie beim Üben vermieden und die Ermüdung weitgehend hinausgezögert (Prinzip der punktuellen Belastung).
- Die Übenden können selbständig und nötigenfalls ohne Beaufsichtigung üben.
- Eine Unfallgefahr ist so gut wie ausgeschlossen.
- Eine Selbstkontrolle (Kontrolle der eigenen Kondition) ist möglich.
- Der Wettkampfcharakter ist gesichert.
- Circuitrundgänge können die gezielte Kondition verschiedener Sportarten verbessern.

Die Circuitübungen

Die Übungen beim Circuittraining sollen nach Möglichkeit eine häufig wechselnde Beanspruchung des Körpers beinhalten. Es muß ein harmonischer Wechsel von Arm-, Bein-, Schulter- und Bauchmuskelübungen stattfinden. Dadurch wird erreicht, daß die Ermüdung relativ spät auftritt.

Die Übungen im Circuittraining sind nach anatomischen Gesichtspunkten geordnet. Folgende Systematik liegt hierbei zugrunde:

- Übungen für Arme und Schultern
- Übungen für den Rücken
- Bauchmuskelübungen
- Übungen für die Beine und Hüfte
- kombinierte Übungen mit Ganzkörpereffekt

Zusammenstellung eines Rundgangs
Je nach dem zu verfolgenden Ziel und dem beabsichtigten Übungseffekt erfolgt die Zusammenstellung der Übungen. So kann eine besondere Betonung auf die Entwicklung der Kraft gelegt werden. In diesem Fall muß die Belastung ziemlich hoch sein (etwa 70 bis 90 Prozent); die Anzahl der Wiederholungen bleibt dagegen gering (vier bis sechs). Soll stärker der anaerobe Muskelstoffwechsel gefördert werden, so bleibt bei größerer Wiederholungszahl (etwa 15 bis 20) und schneller Ausführung der Übungen die Belastung mittelhoch (circa 30 bis 50 Prozent). Wenn die aerobe Ausdauer verbessert werden soll, muß an jeder Station zigmal (20 bis 50) wiederholt werden. Die Belastung ist niedrig (circa 20 bis 30 Prozent), die Pausen können ausfallen. Die lokale dynamische Ausdauer wird verbessert, wenn zigfache Wiederholungen in mehreren Serien auf ein und dieselbe Muskelgruppe ausgeübt werden.
Unterschieden wird der
- schwere Rundgang (vornehmlich Kraft- und Schnellkraftgewinn); vollständige Erholungspausen nach jeder Übungsstation
- mittelschwere Rundgang (vornehmlich wird die anaerobe Ausdauer verbessert); unvollständige Pausen
- leichte Rundgang (vornehmlich allgemeine aerobe Ausdauer); Pausen fehlen völlig

Weiterhin kann eine Unterscheidung getroffen werden hinsichtlich der Erfordernisse, die eine spezielle Sportart an die sportspezifische Kondition stellt. Zum Aufstellen eines derartigen Rundgangs gehören ferner allgemeine anatomisch/funktionelle und physiologische Kenntnisse.
Abbildung 2 zeigt eine Übungsrunde für das Kugelstoßen.

Methoden der Dosierung
Das Circuittraining kennt verschiedene Arten der Dosierung.
- Die individuelle Dosis
Bei dieser Methode wird jeder einzelne auf seine Höchstleistung an jeder Station getestet. Es wird zum Beispiel bei der Station ‹Klimmziehen› ermittelt, wie viele Klimmzüge der Übende maximal auszuüben vermag. Diese Höchstwiederholungszahl wird *halbiert* und gilt als Trainingsdosis für den Rundgang. Nach diesem Muster wird an jeder weiteren ausgesuchten Station verfahren. Mit der halben Wiederholungszahl

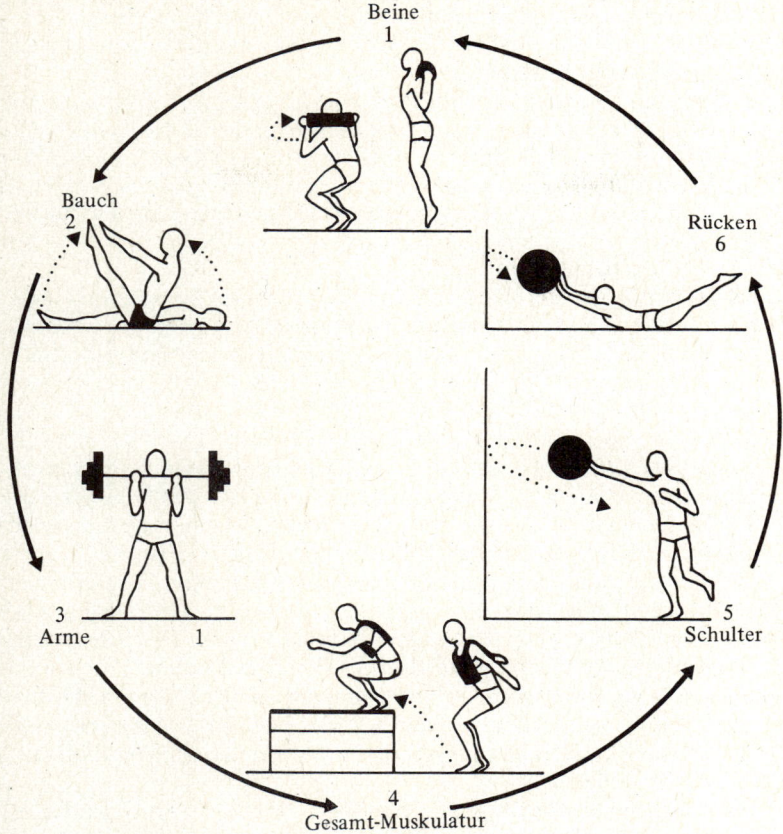

Geräte: Sandsack, Kasten, Scheibenhantel, Medizinbälle, Gewichtsweste

Abb. 2: Circuittraining

für jede Station wird nun die Umlaufzeit für drei Runden ermittelt; diese soll im weiteren Übungsverlauf verringert werden. – Die individuelle Belastung hat den Nachteil, daß jeder Übende gesondert den Rundgang bestreiten muß.

● Die festgesetzte Dosis

Diese Methode ist die einfachste und eignet sich besonders für Gruppen oder Schulklassen mit einem gemeinsamen Übungsziel. Hierunter können in der Leichtathletik Sprinter/Springer oder Werfer/Stoßer fallen.

Desgleichen können sich Schwimmer, Mannschaftsspieler, Boxer, Tennisspieler, Turner oder andere Gruppen mit gleichen Übungsinteressen dieser Methode bedienen.

Die für jeden Übenden gleiche Dosis wird an jeder Station festgesetzt. Ziel eines jeden Übenden ist es, seine Zeit für den oder die Rundgänge zu verringern. Je nach dem anzustrebenden Ziel wird eine Gruppe mehr kraftfördernde Übungen mit höheren Belastungen bei niedriger Wiederholungszahl oder mehr Übungen mit leichter Belastung und hoher Wiederholungszahl wählen.

● Das Zählen der Punkte

Diese Methode ist leicht durchzuführen und bietet Sportlehrern und Übungsleitern die Möglichkeit, auch größere Übungsgruppen zu beaufsichtigen, gleichzeitig Lehranweisungen zu erteilen und Übungskorrekturen vorzunehmen. Die erwähnten Prinzipien des Circuittrainings lassen sich hierbei gut verwirklichen.

Nach einiger Erfahrung mit dem Circuittraining und einer allgemeinen Übersicht über den Leistungsstand der Gruppe läßt der Übungsleiter die Übungsstationen aufbauen. Dann wird eine bestimmte Übungszeit – anfangs 15 Sekunden, später 20 bis 30 Sekunden – festgesetzt.

Nachdem die Stationen von den Übenden vollständig besetzt sind, beginnen die Schüler auf ein Zeichen des Lehrers gleichzeitig mit den jeweiligen Übungen. In der festgesetzten Zeit sollen möglichst viele und korrekt ausgeführte Wiederholungen erreicht werden. Von jedem Schüler werden in Form der Selbstkontrolle die Anzahl der Wiederholungen gezählt und von Station zu Station kumuliert. Am Ende des Rundgangs weist die Gesamtsumme der Übungen den Konditionszustand des einzelnen aus.

Zur fortlaufenden Kontrolle des Konditionszustands können am Ende eines jeden Rundgangs regelmäßig Pulsmessungen vorgenommen werden. Schon nach einigen Wochen regelmäßigen Trainings lassen sich erste Fortschritte feststellen. Obgleich mehr Wiederholungen in der gleichen Umlaufzeit erreicht werden, treten als Zeichen des verbesserten Trainingszustands zwei typische Merkmale auf: Der Belastungspuls am Ende des Rundgangs erreicht nicht mehr die Höhe wie zum Zeitpunkt der Aufnahme des regelmäßigen Trainings. Ferner tritt nach Beendigung des Rundgangs eine immer rascher werdende Beruhigung bis zum Ruhepuls ein.

Die Wurfdisziplinen
Technik – Taktik – Training

Der Kugelstoß

Vom Steinstoß zur Rückenstoßtechnik

Der Amerikaner Parry O'Brien, Olympiasieger 1956 und 1960, hatte es sich in den Kopf gesetzt, als erster die 7,25-kg-Kugel über 20 Meter zu stoßen. Ständig hatte er eine Kugel im Auto; nicht selten kam es vor, daß er irgendwo anhielt, ausstieg und stundenlang trainierte. Schon bald nannte man ihn den Mann mit dem Kugelstoß-Tick, was ihn nicht störte, solange er der Beste der Welt war. Hochmut und fanatischer Ehrgeiz führten schließlich dazu, daß Mannschaftskameraden vor den Spielen in Tokio 1964 seinen Ausschluß aus der Olympiamannschaft forderten.

Neue Techniken und höhere Trainingsbelastungen haben die modernen Athleten an die Grenzen der menschlichen Leistungsfähigkeit geführt: Aufputschmittel, Muskelpillen und hypnotische Beeinflussungen bedrohen die Gesundheit und gefährden den Ruf dieser schon im Mittelalter bekannten volkstümlichen Disziplin.

Damals stießen Soldaten in ihrer Freizeit mit Kanonenkugeln, eine Fortentwicklung des Stein- und Baumstammstoßens der Kelten und Schotten. Zur Fortbewegung der bis zu 50 Pfund schweren Steine und Kugeln waren Bärenkräfte nötig. Noch heute ist das Stoßen mit dem Naturstein auf Turnfesten und im Rasenkraftsport eine Meisterschaftsübung.

Seit 1857 das Gewicht (7,25 kg) und der Kugelstoßring (2,13 Meter) festgelegt wurden, hat sich der Weltrekord von 11,57 Metern auf genau 22 Meter im Jahre 1976 fast verdoppelt. – Nichts mit modernen Entwicklungen wollte dagegen der Grieche Georgantas bei den Olympischen Spielen 1904 in St. Louis zu tun haben: Er warf den Eisenball mit

eigener Technik in die Gegend, und erst drastische Maßnahmen der
Kampfrichter konnten ihn von seinem für die Zuschauer gefährlichen
Vorhaben abbringen.

Die Technik des Kugelstoßens

In den ‹Entwicklungsjahren› fühlten sich meist nur große und schwere
Athleten zum Kugelstoßen hingezogen: Naturkraft ohne Technik waren die Eigenschaften der ersten Weltrekordler. Trotz beachtlicher
Ergebnisse und technischer Varianten stagnierte die Kugelstoßleistung
jahrzehntelang. Größere Geschicklichkeit und Schnellkraft, vor allem
eine größere Aktionsschnelligkeit halfen, größere Weiten zu erzielen.
Voraussetzungen für eine gute Kugelstoßleistung sind demnach

Kondition		Technik
Schnelligkeit Beweglichkeit Dynamik Kraft	+	Technikvariante
		– abhängig von Konstitution, Nerven- typ und Koordinationsvermögen –

Alle technischen Varianten müssen den biomechanischen Gesetzmäßigkeiten entsprechen. Wichtigste Leistungsparameter beim Kugelstoßen sind

● der Beschleunigungsweg der Kugel
● die Abflughöhe und der Abflugwinkel der Kugel
● die Verwringung zwischen Schulter- und Beckenachse
● die Beschleunigung der Kugel beim Ausstoß
● der Abschluß aller Teilkraftstöße zum gleichen Zeitpunkt, hierbei
  vor allem die Koordination zwischen Arm- und Beinbewegungen
  (siehe *Abbildung 1*)

Beispiel: Die Kugel wird mit einer Geschwindigkeit von 13 m/Sek. in
einem Winkel von 39 Grad ausgestoßen. Die Geschwindigkeit des
ersten Teils (Angleiten) beträgt 2,6 m/Sek., die des zweiten (Ausstoß)
11,15 m/Sek. Durch die unterschiedlich gerichteten Kräfte (Vektoren)
kann die Anfangsbeschleunigung nicht voll in die Endbeschleunigung
übertragen werden; es entsteht ein Geschwindigkeitsverlust: Die tat-
sächlich übertragene Endbeschleunigung bei diesem Stoß beträgt
11,05 m/Sek. Diese ‹Abfluggeschwindigkeit› ergibt zusammen mit dem
‹Abflugwinkel› in diesem Beispiel eine optimal erreichbare Weite von
19,20 Metern.

Das bestmögliche Verhältnis von individuellen Besonderheiten des
Athleten mit den biomechanischen Grundregeln herzustellen, ist Ziel
der Trainingsarbeit mit dem jungen Kugelstoßer. Eine genaue Betrach-

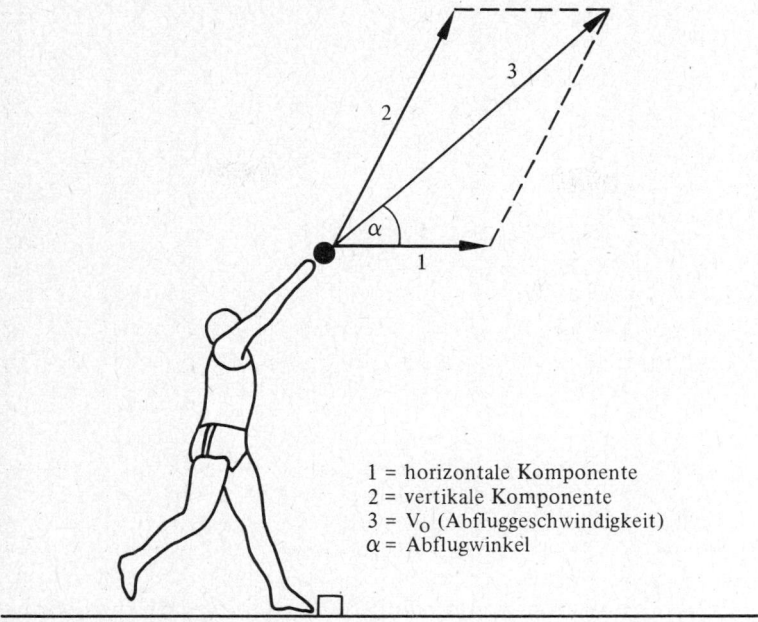

1 = horizontale Komponente
2 = vertikale Komponente
3 = V_O (Abfluggeschwindigkeit)
α = Abflugwinkel

Abb. 1: Kraftstoßrichtungen

tung der heute bekannten Technikvarianten im Kugelstoßen verdeutlicht die Bemühungen der Trainer und Athleten, diese Leistungsparameter zu optimieren.
Die *orthodoxe Technik* (sogenannte Fuchs-Technik), das seitliche Ausstoßen der Kugel nach einem flachen Ansprung, wird heute nur noch von Anfängern oder Freizeitstoßern angewendet.
1953 führte eine neue Technik des Amerikaners Parry O'Brien zu einer Leistungsexplosion: die sogenannte *Rückenstoßtechnik.* Innerhalb von zwölf Jahren wurde der Weltrekord um fast vier Meter verbessert. Für kleinere, kurzhebelige Athleten mit sehr explosiven Armbewegungen scheint die Rückenstoßtechnik trotz des Angebots neuer Technikvarianten am besten geeignet zu sein.
Bewegungsbeschreibung: Rückenstoßtechnik (siehe Foto 1, Seite 46)
Wir unterscheiden bei der Rückenstoßtechnik folgende Phasen:
- Ausgangsstellung und Auftaktbewegung
- Angleiten
- Stoßauslage
- Ausstoßbewegung

1

Nach einer individuell verschieden gestalteten *Auftaktbewegung*
nimmt der Athlet die *Ausgangsstellung* ein (siehe *Abbildung 2*). Sie ist
Voraussetzung für einen optimalen langen und geradlinigen Beschleunigungsweg. Das Körpergewicht ruht auf dem rechten Bein. Der Oberkörper wird vorgebeugt, wodurch es zu einer tiefen Körperschwer-
punktlage kommt. Durch eine kräftige Schwungarbeit des linken Beins
in Stoßrichtung und einen kräftigen Abstoß vom rechten Fuß erhält das
Angleiten eine Beschleunigung.
Während beide Beine vorwärts arbeiten und den Körper überholen,
bleibt die Kugel so weit wie möglich hinten. Die Oberkörperlage verändert sich nicht. Mit Beginn der Angleitbewegung wird eine Verwringung zwischen Hüft- und Schulterachse eingeleitet und damit eine
Vorspannung für den Abstoß aufgebaut. Das Angleiten erfolgt dabei
auf dem flachen Fuß mit Tendenz auf der Ferse; das Schwungbein wird
ebenfalls flach, nicht über Hüfthöhe in Stoßrichtung bewegt.
Diese Phase erfolgt durch Eindrehen des rechten Fußes und der rechten
Hüftseite. Das rechte Bein (Standbein) wird gebeugt aufgesetzt; der
Rücken zeigt weiterhin in Stoßrichtung, und die Verwringung wird
beibehalten. Die Schulterachse befindet sich quer über dem rechten
Bein. *Abbildung 3* zeigt die Fußstellung in der Stoßauslage.
Die *Stoßauslage* (siehe *Abbildung 4*, Figur 1) ist erreicht, wenn beide
Beine nach dem Angleiten Bodenkontakt haben. Die Kugel befindet
sich über dem rechten Bein. Wichtig ist die Haltung des Oberkörpers in
dieser Phase (Zeitspanne zwischen Aufsetzen des rechten Beins nach
dem Angleiten und dem Aufsetzen des linken Beins): Er darf nur
unwesentlich aufgedreht werden, das heißt, der linke Arm darf die
Schulterquerachse noch nicht in Wurfrichtung überholt haben.

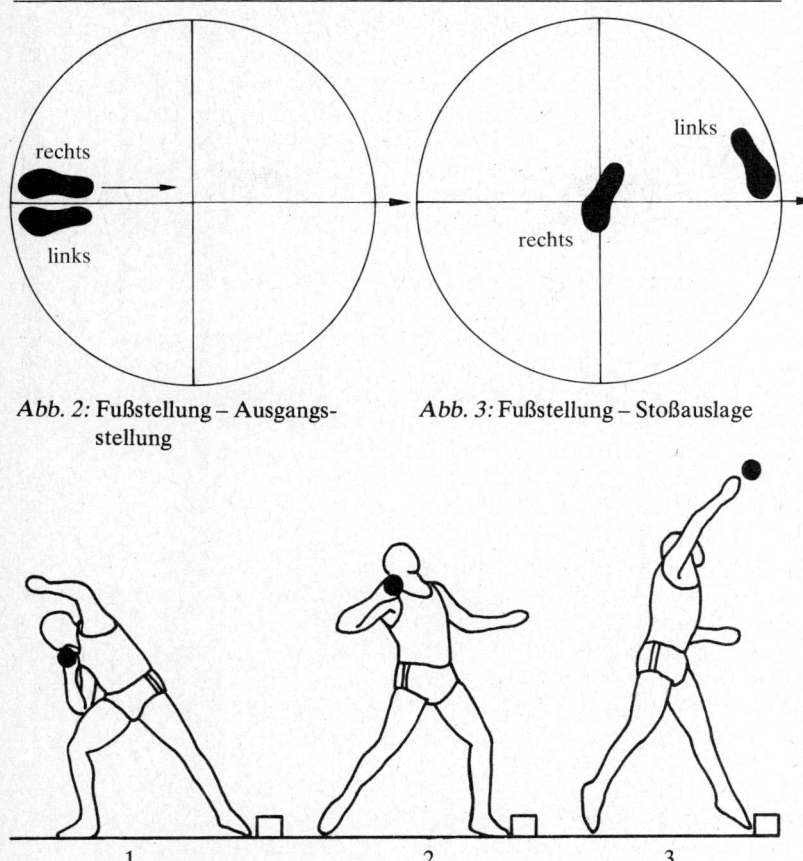

Abb. 2: Fußstellung – Ausgangs-
            stellung

Abb. 3: Fußstellung – Stoßauslage

1   2   3

Abb. 4: Stoßauslage und Stoßbewegung – Rückenstoßtechnik

Die *Ausstoßbewegung* (siehe Figur 2 und 3 in *Abbildung* 4) beginnt
mit einer deutlichen Streckung beider Beine und einer Drehung des
Rumpfes, die mit dem rechten Bein eingeleitet wird. Wichtig bei den
nun folgenden Bewegungen ist das Nacheinander des Einsatzes: rechtes
Bein–rechte Hüfte–Rumpf. Die linke Körperseite wird in den Gelen-
ken fixiert; sie bildet die Schwenkachse der rechten Körperseite. Das
rechte Bein ist in dieser Phase leicht gebeugt und drückt nach vorn–
oben. Unterstützt wird die Streckbewegung des Körpers durch den
linken Arm: Er schwenkt nach links–hinten, bis Schulter und Beckenachse parallel sind; die Verwringung wird aufgelöst.

Der Ausstoß der Kugel erfolgt bei vollständiger Körperstreckung. Eine optimale Abflughöhe und ein langer Beschleunigungsweg sind so zu verwirklichen. Nach dem Stoß erfolgt der Umsprung; die Vorwärtsbewegung des Körpers wird abgefangen, ein Übertreten verhindert.

Zielsetzung der Rückenstoßtechnik nach O'Brien ist also

● eine möglichst tiefe Schwerpunktlage vor dem schnellen Start zum Angleiten,

● ein allmähliches Heben des Körperschwerpunkts während des Angleitens,

● eine Drehung des Rumpfes in die Stoßrichtung während des Übersetzens,

● eine sprunghafte Streckung des Körpers, wobei der Stoß aus einer maximalen Spannung erfolgt.

Die O'Brien-Rückenstoßtechnik ist Vorbild für alle weiteren Technikvarianten der modernen Kugelstoßtechnik.

Zusätzliche Elemente der Kugelbeschleunigung wurden von sowjetischen Trainern eingeführt:

● aktive Schwung- bzw. Rotationsbewegung von Becken- und Schultergürtel bei entsprechender (vorangegangener) Fuß- und Beinarbeit, das heißt Dreh-Streckbewegung auf dem Fußballen

DDR-Kugelstoßer brachten eine neue Variante in die Diskussion, die sogenannte ‹*Kurz-Lang-Variante*›:

● In der Stoßauslage ist der rechte Fuß noch in der ersten Kreishälfte (*kurzes* Angleiten). Wesentliche Folge dieses sehr weiten Fußabstands ist ein langer Weg der Kugel während der Ausstoßphase (*langer* Ausstoßweg) (siehe *Abbildung 5*).

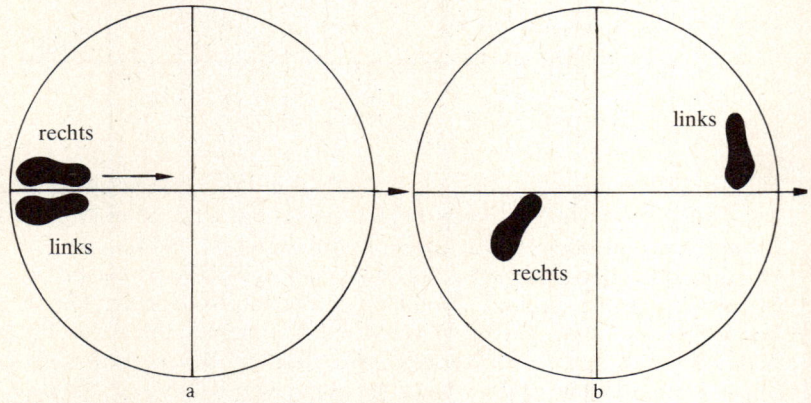

Abb. 5: Fußstellung ‹Kurz-Lang-Variante›
      a = Ausgangsstellung   b = Stoßauslage

Die Geschwindigkeitsabnahme in den Körperteilen (Schenkel, Rumpf, Schulter und Kopf) ist beim Stoß der Kugel von großer Bedeutung. Das vorgestellte Bein ist für die Kraftübertragung von den unteren Körperteilen auf den Stoßarm und die Stoßhand wichtig.

Vorteile dieser Technikvariante sind:
● kürzerer Angleitweg zum schnelleren Angleiten,
● konsequentes Stützverhalten des linken Beins beim Ausstoß.

Zu berücksichtigen ist allerdings, daß diese Technik ein außergewöhnlich hohes Maß an Explosivkraft voraussetzt; ohne entsprechendes Training zur Verbesserung der Beinmuskulatur führt sie dagegen zu einer Leistungsminderung.

Eine Verbesserung der Angleitgeschwindigkeit ermöglicht die sogenannte *Schwungtechnik*, die der Amerikaner Matson einführte: Matson nahm beim Start eine mehr aufgerichtete Haltung ein, konnte dadurch besser angleiten und einfacher die Stoßauslage einnehmen. Den optimalen Abflugwinkel der Kugel von 40 bis 42 Grad hielt er ein. Eine dominierende Rolle spielt bei ihm die Wegbahn der Kugel in der Phase von der Stoßauslage bis zum Ausstoß.

Je nach Konstitution (Hebelverhältnisse) und Kraftniveau der Athleten führen die biomechanischen Gesetzmäßigkeiten zu individuellen Technikvarianten. Besonders große Athleten versuchten, sich durch einen längeren Beschleunigungsweg den beschränkten Möglichkeiten des Kreises anzupassen (2,133 Meter).

1972 erregte eine neue Technik die Aufmerksamkeit der Fachwelt: die sogenannte *Baryschnikow*- oder *Drehstoßtechnik*. Ein neuer Weltrekord von 22 Metern verhalf dieser Technik endgültig zum Durchbruch.

Bewegungsbeschreibung: Drehstoßtechnik
Der Kugelstoßer steht im rückwärtigen Rand des Kreises mit leicht gegrätschten Beinen, den Rücken in Stoßrichtung. Zuerst dreht er sich mit dem Rumpf nach rechts, dann geht er durch Beugen der Knie tief und in Vorbeuge. Beim Übergang in die Drehung bewegen sich beide Füße auf dem Ballen nach links, ähnlich wie bei der Diskusdrehung (siehe *Abbildung 6*, Seite 50). Der große Radius der Kugelkreisbahn und die große Winkelgeschwindigkeit gewährleisten eine hohe Anfangsgeschwindigkeit der Kugel.

Nach dem Abdrücken des rechten Beins vom Kreisrand erfolgt ein weiterer Abdruck mit dem linken Bein. So erfährt die Kugel eine weitere Beschleunigung.

Auf dem rechten gebeugten Bein kommt der Athlet knapp über die Kreismitte und setzt auf dem Ballen die Drehung fort. Kopf und Rumpf sind vorgeneigt. Durch die ungünstige Einbeinstellung kommt es in dieser Phase zu einem starken Abfall der Kugelgeschwindigkeit.

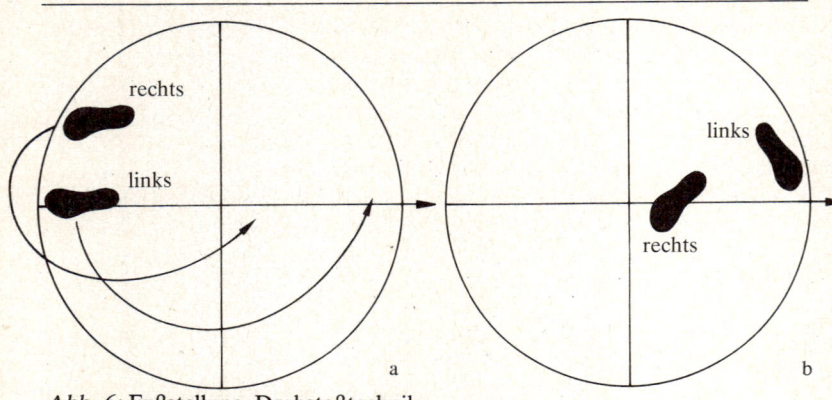

Abb. 6: Fußstellung ‹Drehstoßtechnik›
a = Ausgangsstellung   b = Stoßauslage

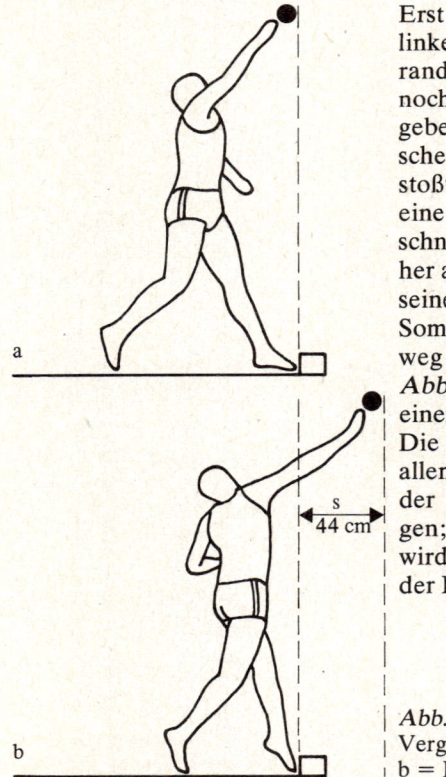

Erst nach dem Bodenkontakt des linken Fußes am vorderen Kreisrand werden Möglichkeiten zur nochmaligen Beschleunigung gegeben. Die Stoßauslage unterscheidet sich von der der Rückenstoßtechnik im wesentlichen durch eine ‹enge› Stoßauslage. Baryschnikow kommt mit der Hüfte näher an den Balken und dadurch mit seiner Stoßhand vor den Balken. Somit wird der Beschleunigungsweg der Kugel verlängert (siehe *Abbildung 7*). Der Stoß wird mit einem Umsprung abgeschlossen.
Die Schwierigkeiten bestehen vor allem darin, den Oberkörper nach der Drehung rechtzeitig abzufangen; denn die totale Streckung wird beim plötzlichen Abbremsen der Drehbewegung erschwert.

Abb. 7: Ausstoßweg der Kugel Vergleich a = Rückenstoß-/ b = Drehstoßtechnik

Zusammenfassung der wichtigsten Bewegungsmerkmale
der modernen Kugelstoßtechnik

Ausgangsstellung	mit dem Rücken zur Stoßrichtung
Startposition	mit typischer Bewegung im Hüftgelenk (Hüftwinkel: etwa 60 Grad, Kniewinkel: etwa 120 Grad)
Angleitbewegung	mit Abdruck des rechten Beins ohne deutliches Anheben des Körpers; Angleitweg: etwa zwei Fußlängen, Aufbau einer Vorspannung (Verwringung zwischen Hüft- und Schulterachse)
Stoßauslage	weite Stoßauslage bei kurzem Angleitweg, bei der Drehstoßtechnik enge Stoßauslage
Ausstoßbewegung	mit günstigem Einsatz der Teilkräfte – nacheinander von Bein-, Hüft-, Rumpf- und Armeinsatz, erkennbares Fixieren der linken Körperseite, gezielte Steuerung des linken (freien) Arms, deutliche Stoßbewegung des rechten Arms (Ellbogen bleibt hinter der Kugel), Ausstoßweg: bis 1,70 Meter in 0,25 Sekunden.
Ausstoß	in Frontalstellung mit sichtbarer Bein-, Körper- und Armstreckung ohne Lösen der Beine vom Boden, optimaler Abflugwinkel der Kugel: 40 bis 42 Grad, Abflughöhe beträgt zwischen 2 Meter und 2,30 Meter; Werte der Abfluggeschwindigkeit: bis 14 m/Sek. Umsprung oder Abfangen nach dem Ausstoß

1   2   3

Das Vorbild (Rückenstoßtechnik)
Udo Beyer (DDR)
Goldmedaillengewinner bei den Olympischen Spielen 1976
mit einer Leistung von 21,05 Metern

Foto 1 zeigt die Ausgangsstellung, die ohne vorherige Auftaktbewegung (Standwaage) eingenommen wird: Hüft- und Kniegelenke sind stark gebeugt, die Belastung liegt auf dem Ballen des vorderen Fußes. Charakteristisch ist das weite Vorlegen des Oberkörpers über den Kreisrand hinaus.
Foto 2 zeigt das explosive Angleiten mit fast gestrecktem Schwungbein. Der Abdruck erfolgt von der Ferse, nicht wie üblich vom Ballen des rechten Fußes. Vorbildlich ist bei diesem Stoß das flache Angleiten: Der Oberkörper verändert sich kaum, die Kugel bleibt möglichst weit hinten, die Führung des linken Arms hält den Körper geschlossen, das

7   8   9

4   5   6

rechte Bein wird gebeugt aufgesetzt, die Schultern sind über dem rechten Fuß (Foto 3). Die Stoßauslage ist erreicht, wenn beide Beine
Bodenkontakt haben (Foto 4); sie ist hier als technisch vollkommen zu
bezeichnen.
Die Ausstoßbewegung zeigen die Fotos 5 bis 9: Sie beginnt mit einer
Streckung des Körpers und beider Beine, die mit dem rechten Bein
eingeleitet wird (Foto 7 und 8). Gleichzeitig ist das Eindrehen der
Schulterachse zu erkennen (Fotos 6 bis 8). Wichtig ist das Nacheinander des Einsatzes des rechten Fußes, der rechten Hüfte und des Rumpfes. Der linke Arm schwingt nach links–hinten und unterstützt dadurch
die anderen Körperbewegungen. Der Ausstoß der Kugel erfolgt hier
etwas zu früh: Der Körper ist noch nicht vollständig gestreckt, eine
Folge des zu frühen Lösens des linken Beins vom Boden (Foto 9). Der
Umsprung erfolgt daher nicht am vorderen Rand des Kreises, sondern
in der Mitte der vorderen Kreishälfte (Foto 11 und 12).

10   11   12

1   2   3

Das Vorbild (Drehstoßtechnik)
A. Baryschnikow (UdSSR)
Weltrekordler mit 22,00 Metern (1976)

Baryschnikow beginnt die Drehung mit einem möglichst großen Masseträgheitsmoment: Er sitzt am Anfang tief, beugt seinen Oberkörper weit nach vorn und führt seinen freien Arm weg vom Körper (Fotos 1 bis 3). Der weite Schwung des rechten Beins leitet eine Rotation um den linken Fuß als Drehpunkt ein (Foto 2 und 3). Schulter- und Hüftbreitenachse bewegen sich parallel (Foto 4), womit die in der Ausgangsposition zu beobachtende Verwringung (Foto 1) aufgelöst ist. Durch den intensiven Abstoß mit dem linken Bein entsteht in dem ersten Beschleunigungsabschnitt eine kurzzeitige Flugphase (leider auf Foto 4 nur im Ansatz zu sehen).
Folgende Bewegungen zur Vergrößerung der Winkelgeschwindigkeit,

7   8   9

4   5   6

das heißt zum Erreichen einer schnellen Drehung, sind auf den Fotos 4
bis 7 deutlich zu erkennen: Der Oberkörper richtet sich während des
Drehsprungs allmählich auf (Foto 4), das rechte Bein verkürzt zur
Landung in der Kreismitte den Radius (Foto 5), der freie Arm wird
nahe an den Körper genommen (Foto 5), das Stemmbein wird auf
möglichst kurzem Weg nahe am Stützbein vorbei an den Stoßbalken
gesetzt (Fotos 5 bis 7). Die sehr große Verwringung zwischen Schulter-
und Hüftbreitenachse kurz vor dem Einnehmen der Stoßauslage zeigt
Foto 6.
Die Ausstoßphase weist in ihrem Bewegungsablauf keine wesentlichen
Unterschiede zur Rückenstoßtechnik auf. Durch eine relativ enge Stoß-
auslage (Foto 7) gelingt es hier, die Hüfte näher an den Balken und die
Stoßhand über den Kreisrand hinauszuführen (Foto 10 und 11). Den
Umsprung zeigt Foto 12.

10   11   12

Fehler beim Kugelstoßen	*Korrekturhilfen*
beim Angleiten	
● Fehlende Auftaktbewegung	Üben der Auftaktbewegung durch Rückwärts-aufwärts-Schwingen des Schwungbeins und Zurückführen bis in die Nähe des Standbeins
● Nachstellschritt statt Angleiten	fortlaufendes ganz flaches Hüpfen rückwärts auf dem Standbein, Angleiten nach Auftakt in die Stoßauslage mit und ohne Kugel (ohne Ausstoß), Markieren der Strecke
bei der Stoßauslage	
● ungenügendes Unterziehen des Standbeins am Ende der Angleitbewegung	Hinweis: ‹Knie befindet sich in der Stoßauslage über der Fußspitze des Standbeins›
● ungenügender oder zu hoher Schwungbeineinsatz	Üben des Angleitens mit Schwerpunkten und Aufgabenstellungen (beachten: Schwungbein wird in Stoßrichtung gestreckt, Schwungbein setzt unmittelbar nach dem Standbein gegen die Stoßrichtung stemmend auf)
● zu frühes Auflösen der Verwringung zwischen Schulter- und Beckenachse	Stöße mit Angleiten und Blickorientierung (zum Beispiel Medizinball) (beachten: Verwringung von 120 bis 130 Grad zur Stoßrichtung gilt bis zum Aufsetzen des Schwungbeins)
beim Ausstoßen der Kugel	
● mangelhafte Beinstreckung	Hinweise: ‹hochstoßen› Höhenorientierung (Gummileinen) Hinweis: ‹Schüler kontrolliert nach Stoß, ob der Arm gestreckt nach oben zeigt›
● Lösen des Standbeins vom Boden	frontale Standstöße, beidhändig aus der Hocke und halben Hocke

● frühzeitiges Lösen der Kugel vom Hals	Bewußtmachen und Schulen des Nacheinander von Bein- und Armarbeit, Standstoß ohne Armstreckung
● Werfen der Kugel (Unterarm nähert sich der Senkrechten)	Partnerübung: Partner 1 in Stoßauslage, Partner 2 drückt mit Widerstand gegen Stoßhand

Wie trainiere ich das Kugelstoßen?

Die grundlegenden Unterschiede des Trainings mit jugendlichen Werfern und Stoßern im Gegensatz zu Lauf- und Sprungtraining wurden bereits im Kapitel «Grundlagenwissen» aufgezeigt. Die disziplinspezifischen Hinweise zum Training der Wurf- und Stoßdisziplinen setzen daher die Kenntnis allgemeiner Prinzipien des Grundlagen- und Vorbereitungs- sowie des Krafttrainings mit Jugendlichen voraus.
Besonders wichtig ist beim Training der Wurf- und Stoßdisziplinen die Einheit von Kondition und Technik. Das Beispiel Kugelstoßen zeigt diese Abhängigkeit: Die Technik des Kugelstoßens wird schlecht und unökonomisch sein (Mängel in der Abstoßphase), wenn Kraft und Schnelligkeit fehlen oder die Schnellkraft der Bein- und Rumpfstreckmuskulatur zu gering ausgebildet ist. Umgekehrt ist eine hohe Kraftausbildung nur mit einer guten Technik in eine gute Leistung umzusetzen. Will der junge Werfer und Stoßer seine Disziplin beherrschen, muß er seine Kondition in enger Verbindung mit der Technik entwickeln. Daraus ergeben sich wichtige Folgerungen auf das Training.
Ziel des Grundlagentrainings im Kugelstoßen ist die Grobform der weiterentwickelten Rückenstoßtechnik mit beidbeinigem Stütz in der Hauptbeschleunigungsphase. Die Verbesserung der Beinkraft spielt dabei eine vorrangige Rolle. Die Bein- und Beckenmuskeln können durch ihren großen physiologischen Querschnitt nicht so schnell und genau arbeiten wie die Arm- und Handmuskeln, die einen kleinen physiologischen Querschnitt aufweisen. Die Rumpfmuskeln können daher erst durch eine technisch richtige Beinarbeit optimal eingesetzt werden.

● *Übungsschwerpunkt:* Gewöhnung an die Kugel durch Spielformen
Boccia (‹Wer kann seine Kugel so stoßen, daß sie ganz nah an ein Mal rollt?›), Zonenstoßen (‹Wer trifft die Zone, für die es am meisten Punkte gibt?›), Weitstoßen (‹Wer stößt die Kugel am weitesten?›)

● *Übungsschwerpunkt:* Erlernen der Grobform des Standstoßes
Erklärung der richtigen Handhaltung (siehe Foto 2, Seite 58)
Stoßen der leichten Kugel aus der Frontalstellung (beachten: Nachein-

2

ander von Bein-, Rumpf- und Armstreckung); geschult wird der beid-
beinige Stützabstoß
Stoß über die Schnur aus der Frontalstellung, Erlernen der Stoßbewe-
gung des Arms
Schockwürfe mit einer leichten Kugel aus einer seitlichen Stoßauslage
(beachten: Strecken beider Beine und Drehen der Füße in Stoßrich-
tung); Ziel ist eine Verwringung von Schulter- und Beckenachse (Vor-
spannung)
Stoßen aus der seitlichen Stoßauslage
Stoßen aus dem Kniestand mit explosivem Aufrichten
Stoßen aus einem angedeuteten Kniestand
Standstöße aus der Stoßauslage

● *Übungsschwerpunkt:* Erlernen der Grobform Angleiten
Angleiten aus Rückenstellung: beim Abstoß Handfläche nach draußen
drehen, Becken nach vorn drücken (Orientierungshilfe: Schnur)
Angleiten über eine Gasse (siehe Foto 3) mit Blickorientierung (Medi-
zinball), Einnehmen der richtigen Stoßauslage
Angleiten im Kreis ohne Kugel, Abstoßimitation mit Strecken beider
Beine
Angleiten im Kreis mit Kugel, Ausstoß der Kugel über eine Schnur

Voraussetzung für das Erlernen der Drehstoßtechnik ist das Beherrschen des Standstoßes.

3

● *Übungsschwerpunkt:* Erlernen der Grobform Drehstoßtechnik
Frontalstoß (beachten: Einsatz beider Beine und die Streckung des
ganzen Körpers kontrollieren)
Standstoß, $1/4$ Drehung wird vorgeschaltet
Standstoß, $1/2$ Drehung wird vorgeschaltet, Rücken in Stoßrichtung
Drehung ohne Kugel intensiv üben (beachten: nicht ‹überdrehen›, je-
weils nach Einnehmen der Stoßauslage die Fußstellung kontrollieren)

Besonderheiten für das Training der Drehstoßtechnik
Die Drehstoßtechnik setzt vom Athleten ein hohes Maß an Koordinationsfähigkeit und Gleichgewichtsvermögen voraus. Das erfordert ein
verstärktes Techniktraining sowie spezielle Übungen zur Verbesserung
des Koordinationsvermögens und der Gewandtheit (vgl. Kapitel «Diskuswurf»). Der Hauptschwerpunkt der Technikschulung liegt wie bei
der Rückenstoßtechnik in der Verbesserung des Ausstoßes (Hauptbeschleunigungsphase). Da die Leistung weniger abhängig ist von Faktoren wie Körpergröße, -gewicht und -kraft, haben eventuell Zehnkämpfer und andere ‹Nichtspezialisten› Vorteile mit dieser neuen Technik.
Ansonsten scheint sie besonders für sehr große Athleten geeignet zu
sein (Baryschnikow zum Beispiel ist über zwei Meter groß).
Voraussetzungen für das Erlernen der Grobform der Kugelstoßtechni-
ken sind eine gute Ausbildung der Beinkraft (Sprungkraft) und der
Rumpfmuskulatur (Hüft-, Rücken-, Bauch- und querverlaufende
Rumpfmuskulatur) sowie der Schultergürtel- und Armmuskulatur.

Übungen zur Verbesserung der konditionellen Eigenschaften stehen
daher im Vordergrund des Vorbereitungsabschnitts.

● *Übungsschwerpunkt:* Verbesserung der Armstreckkraft
Schrägliegestütz (Arme erhöht), horizontaler Liegestütz; im Schräg-
stütz rücklings Arme beugen und strecken; Armbeugen und -strecken
mit Hochdrücken des Partners; Bankstoßen mit Kniebeuge (siehe Foto
4 und 5); Bankdrücken mit Partner; Hürdensitz: Ausstoß des Medizinballs (siehe Foto 6)

● *Übungsschwerpunkt:* Verbesserung der Armbeugekraft
Klimmzüge aller Art (zum Beispiel im Schrägliegehang, Kniehang,
Streckhang, an Stangen oder Seilen); Klettern und Hangeln an einer
Stange oder am Seil

● *Übungsschwerpunkt:* Verbesserung der Bauchmuskulatur
Rumpfaufrichten aus der Rückenlage; Beinheben und -senken in die
Rückenlage; Rumpfaufrichten und -senken auf einer Bank sitzend;
Taschenmesser; Streckhang an der Sprossenwand: Beinkreisen über
Sprungbock oder Kasten; Streckhang an der Sprossenwand: Beinheben
mit Medizinball; Schrägliegehang: Beinkreisen mit Medizinball (siehe
Foto 7)

4   5

● *Übungsschwerpunkt:* Verbesserung der Rückenmuskulatur
Rumpfaufrichten aus der Bauchlage; Rumpfaufrichten und -senken auf
einem Bein stehend (siehe Foto 8 und 9, Seite 62); Überkopfheben der
Langbank als Gruppenübung; Umsetzen der Hantel zur Brust mit
Zehenstand

● *Übungsschwerpunkt:* Kräftigung der Rumpfmuskulatur
Schockwürfe mit dem Medizinball oder der Kugel aus verschiedenen
Positionen: aus dem Stand rückwärts über den Kopf (siehe Foto 10 und
11, Seite 62), aus dem Kniestand oder nach Aufrichten aus der Rückenlage (am Boden oder Kasten mit Partnerhilfe)

● *Übungsschwerpunkt:* Verbesserung der spezifischen Schnellkraft
Die folgenden Übungen (nach Zanon) helfen, das wichtige Verhältnis
von Brems- und Beschleunigungsstoß zu verbessern (die Vordehnung
der Muskeln wird bewußt ausgenutzt):
– normale Ausführung eines Stoßes mit Startposition auf einem Block
von 30 bis 40 Zentimeter Höhe (siehe Foto 12, Seite 63)
– Ausführung eines Stoßes mit dem Stoßarm gegen ein schwingendes
Gerät, dessen Gewicht variiert (Pendellänge etwa fünf bis sechs Meter)

6

7

8

9

10   11

12

• *Übungsschwerpunkt:* Verbesserung der Explosivkraft
(nach Dobrowskij)
Die Besonderheit bei diesen Übungen liegt im plötzlichen Wechsel von
isometrischer Anspannung (1,5 bis 2 Sekunden) und dynamischer Anspannung. Wichtig ist hier der maximal schnelle Abschluß der Bewegung (sechs bis acht Wiederholungen in einer Serie; die Serienzahl
hängt von der Trainingsperiode und dem Trainingszustand des Sportlers ab).
Ausgangsstellung: Rücken zur Stoßrichtung; die Kugel wird mit beiden
Händen über dem Kopf gehalten. Vorbeugen nach einem Ausfallschritt
des rechten (linken) Beins, 1,5 bis 2 Sekunden halten und dann mit
scharfer Streckung die Kugel rückwärts über den Kopf werfen.
Standstoß: Partner hält den Stoßer an den Schultern im Moment des
Auftakts (abwärts) in der tiefen Kniebeuge fest (1,5 bis 2 Sekunden),
danach Ausstoß
Stoßen von Gewichten von 10 bis 15 kg aus dem Stand; halten im
Moment des Stoßbeginns
Hüpfer mit einem 10 bis 15 kg schweren Gewicht auf dem rechten Bein
in die Stoßauslage (Rücken zur Stoßrichtung), in der Stoßauslage isometrische Anspannung
In der Rückenlage vor einer Sprossenwand – die Füße sind fest einge-
hängt; Hochstoßen des Medizinballs mit dem rechten Arm. Die statische Anspannung beginnt mit dem Moment des Stoßbeginns.

● *Übungsschwerpunkt:* Verbesserung der Sprungkraft
Dreiersprünge mit und ohne Anlauf
Dreierhop (Dreifachsprung auf einem Bein, mit und ohne Anlauf)
Hoch- und Weitsprünge
Einbein- und Hochsprünge über Hindernisse (Hürden)

● *Übungsschwerpunkt:* Verbesserung der Schnelligkeit und Reaktionsschulung
Tief- und Hochstarts
Sprints aus dem Block
fliegende Sprints über 30 bis 40 Meter
Tempoläufe
Tempowechselläufe über 100 bis 150 Meter
Laufübungen (Skippings, Kniehebeläufe, Sprungläufe)

Spezielle Trainingsformen zur Verbesserung der Technik

● *Übungsschwerpunkt:* Verbesserung der Bein- und Hüftstreckung
sowie Führung des Wurfarms
spezielle Übungen im Stand und aus der Stoßauslage (ohne Kugel):
Betonung der Dreh- und Streckbewegung des rechten Knies
Standstöße erst ohne, später mit Betonung des Stoßarmeinsatzes (anfangs ohne, später mit Kugel)

● *Übungsschwerpunkt:* Angleiten, Stoßauslage (Drehung des Rumpfes)
Einnehmen der Stoßauslage aus verkürztem Angleiten, betonter
Schwungbeineinsatz des linken Arms ohne und mit Kugel
Stöße aus dem erweiterten Angleiten, Bewegungsfolge (linker Arm–rechter Fußballen–Brusteinsatz) kontrollieren

Die *spezielle Gymnastik* für Kugelstoßer umfaßt Teilphasen des Bewegungsablaufs, besonders der Stoßauslage und des Ausstoßes.
Dehnungsübungen zur Verbesserung der Verwringungsfähigkeit der
Wirbelsäule und der schrägen Bauchmuskulatur:
Rumpfdrehen in jeder Art, Beine und Becken fixiert
Seitgrätschstand: Abbeugen des Oberkörpers mit 90-Grad-Drehung
Grätschsitz: Vorbeugen über das gestreckte Knie, seitlich
Lockerungsübungen für das Hüftgelenk:
Beinkreisen im Stand auf einem Bein
Achterschwünge
Dehnungsübungen für die Oberschenkelmuskulatur:

Hürdensitz mit Rumpfvorbeuge: rechts–links wechselnd
Rumpfbeugen im Stand mit aufgelegtem Bein an der Sprossenwand
Bauchlage: Hürdensitz mit Rumpfvorbeuge

Das *Aufwärmprogramm* eines Kugelstoßers vor dem Wettkampf könnte wie folgt aussehen:
fünf- bis zehnmal Nachahmung des Angleitens bis zur Stoßauslage
(ohne Gerät)
fünfmal Angleiten mit Andeuten des Hebens
fünfmal lockere Standstöße
fünf- bis achtmal Bewegungsabläufe mit steigendem Krafteinsatz
Hinweis: Diese spezielle Vorbereitung auf den Wettkampf dient der
Vorbereitung des spezifischen Krafteinsatzes und Bewegungsablaufs.
Wichtig ist daher die Schonung der Explosivkraft und der Feinkoordi-
nation; daher sollten keine Stöße mit maximalem Krafteinsatz erfolgen.

Rahmentrainingsplan für Kugelstoßer
Vorbereitungsperiode (November bis April)

Tag	Schwerpunkt	Min.	Trainingsbeispiel
1. Tag	Schnelligkeit und Kraft	15	Einlaufen, Gymnastik, 1 km Traben, Aufwärmen
		30	5 × 60 m Steigerungsläufe, 3 × 30 m aus dem Tiefstart, Übungen an der Sprossenwand
		35	Hantelübungen, Hopsersprünge in die Sandgrube
		10	Auslaufen
2. Tag	Schulung der Technik mit Schwerpunkt, z. B. Verbesserung des Abstoßes	15	Einlaufen, Gymnastik, Aufwärmen mit der Kugel
		15	Kugelwürfe vorwärts über den Kopf (5–7 ×), Kugelwürfe rückwärts über den Kopf (5 ×)
		45	Standstöße bei langem Arbeitsweg der rechten Schulter (10 ×), Angleitstöße ohne Umsprung, später mit Umsprung (6 ×)
		15	Auslaufen
3. Tag	Verbesserung der Kraft	15	Einlaufen, Aufwärmen
		45	Hantelübungen: Nackendrücken (10 ×), 2 Serien; Bauchdrücken (10 ×), 2 Serien;

Tag	Schwerpunkt	Min.	Trainingsbeispiel
			Anheben der Hantel zu den Oberarmen *(curls)* (10 ×), 3 Serien; Übungen an der Sprossenwand, einbeinige Kniebeugen (20 ×), leichte Sprünge
		10	langsames Laufen
4. Tag	Entwicklung der Explosivkraft und allgemeinen Körperkraft, Verbesserung der Schnelligkeit, Verbesserung der Beweglichkeit und Koordination	15	Einlaufen, Aufwärmen
		20	Kugelwürfe, Standstöße und Stöße mit Angleiten (mit Muskelvordehnung); Circuit, speziell für Werfer mit 4–6 Stationen (Klimmzug, Armbeugen, Kugelwerfen, Mehrfachsprünge, Hopsprünge)
		30	5 × 60 m Steigerungsläufe, 5 × 30 m aus dem Block
		20	Fußgelenkarbeit, 5 × 15 m mit Übergang zum Traben und Sprint, Läufe über drei Hürden im Dreierrhythmus
		10	Auslaufen

Rahmentrainingsplan für Kugelstoßer
Wettkampfperiode (Mai bis September)

Tag	Schwerpunkt	Min.	Trainingsbeispiel
1. Tag	Verbesserung der Sprungkraft Technikschulung Kraft	10 30 20 30 10	Einlaufen, Aufwärmen Dreisprünge und Dreierhop mit und ohne Anlauf, 20 × Hürdensprünge mit und ohne Gewichtsweste, 5 × 5 Hürden Nachahmungsübungen mit und ohne Kugel, Steinstoßen aus dem Stand Rumpfdrehen im Stand, Bankdrücken, Beinstreckung (explosiv), halbe Kniebeugen, Reißen Auslaufen
2. Tag	Verbesserung der Schnelligkeit und Schnellkraft	10 40 30 10	Einlaufen, Aufwärmen 3 Steigerungsläufe, 3 Koordinationsläufe, 3 Starts aus dem Block über 30 m, 2 × 60 m, 3 fliegende Läufe über 100 m, Kugelwerfen 15 ×, Steinstoß 10 ×, Kugelschocken aus dem Stand, 10 × 4 kg 5 × 10 Stöße mit der leichteren Kugel Auslaufen
3. Tag	Verbesserung der speziellen Kraft und Schnelligkeit	15	Einlaufen, Aufwärmen ohne und mit Kugel

Tag	Schwerpunkt	Min.	Trainingsbeispiel
	Technikschulung mit besonderem Schwerpunkt	25	3 beliebige Übungen 10 × wiederholen, 3 Sprints aus dem Block über 30 m, 5 × Hürdenläufe über 3 Hürden im Dreierrhythmus
		40	4 × 10 Stöße (6,25–7,25-kg-Kugel) 5 × 10 Stöße (5-kg-Kugel) 1 × 10 Stöße (10-kg-Gerät)
		10	Auslaufen
4. Tag	*Falls kein Wettkampf:* 10 Min. Einlaufen, wettkampfgemäßes Aufwärmen 20 Min. Traben mit allgemeiner und spezieller Gymnastik, Nachahmungsübungen mit leichtem Gerät, 4 × 10 Stöße aus dem Kreis 40 Min. Konditionstest: Standstoß – Kugelwerfen rückwärts über den Kopf – 30-m-Sprint aus dem Block – Dreierhop (Dreisprung mit einem Bein)		

Lernkontrollen

Kontrolliere selbst:

- vertikale Sprungkraft durch ‹*Jump and reach*-Test› oder Sprunggürteltest
- horizontale Sprungkraft durch Sechserschrittsprung
- Wurfkraft durch beidhändigen Kugelwurf rückwärts über den Kopf und beidhändigen Kugelwurf vorwärts aus der Hocke
- Schnelligkeit durch 30-Meter-Sprints aus dem Hochstart
- Maximalkraft (als Test für die allgemeine und spezielle Schnellkraft) durch Übungen mit der Scheibenhantel (Bankdrücken, Reißen, Tiefkniebeugen mit Absetzen und Stoßen sind dabei bevorzugte Trainingsformen)

Kontrollübungen (17- bis 18jährige) nach Tschiene

Leistung (in m)	13,50–14	14,50–15	15,50–16	16,50–17	17,50–18
Standstoß 6 kg	12,50–13	13,50–14	14,50–15	15–15,50	16–16,50
(in m) 7,25 kg	11,50–12,50	12,50–13	13–14	14–14.50	15–15,50
Kugelwerfen 6,25 kg über Kopf (in m)	12	13	14	15	16
Hanteldrücken vor dem Bauch (in kg)	90	100	105	115	125
halbe Kniebeuge mit Hantel auf den Schultern (in kg)	130	140	150	160	170
30-m-Sprint mit Tiefstart (in Sek.)	4,4	4,3	4,2	4,1	4,1–4,0
Dreierhop (in m)	8,60–8,70	8,80–8,90	9–9,10	9,20–9,50	9,50–9,60

Anmerkung: Werte sind Leistungsziele für die Wettkampfsaison

Die Normen dienen während der Saison als Richtwerte für die formerhaltende Konditionsarbeit.

Die wichtigsten Wettkampfbestimmungen
Regel 56 (ALB)
1. Der Kugelstoß erfolgt aus einem Kreis von 2,135 Metern Durchmesser (weitere Maße siehe *Abbildung* 8).
2. Die Kugel wird von der Schulter aus mit einer Hand gestoßen. Wenn der Wettkämpfer im Kreis Stellung genommen hat, um seinen Stoß zu beginnen, muß die Kugel in der Nähe des Unterkiefers sein. Während des Stoßens darf die Hand aus dieser Stellung nicht gesenkt werden.
5. Die Kugel muß folgenden Bedingungen entsprechen:

	Männer	männliche Jugend A	B	Frauen weibliche Jugend, Schüler	Schülerinnen A
Gewicht (in kg)	7,257	6,25	5	4	3
Durch-messer (in cm) min.	110	105	100	95	85
max.	130	120	110	110	90–100

Regel 52 (ALB) regelt die allgemeinen Bestimmungen für die Stoß-
und Wurfwettbewerbe; diese gelten also auch für die nachfolgenden
Kapitel.

1. Die Reihenfolge der Wettkämpfer wird vor Beginn des Vorkampfs
   ausgelost und gilt auch für den Endkampf.
2. Es ist erlaubt, den schon begonnenen Versuch einmal zu unterbre-
   chen, das Gerät niederzulegen und einen neuen Versuch zu beginnen.
4. Als Fehlversuch gilt, wenn der Wettkämpfer
   nach dem Beginn des Versuchs mit irgendeinem Teil seines Körpers
   die Oberkante oder Oberfläche des Stoßbalkens oder des Kreisrings
   oder den Boden außerhalb des Kreises berührt,
   den Kreis nicht aus sicherer Standstellung nach hinten verläßt, das
   heißt den Kreis hinter den weißen Linien an jeder Seite,
   oder wenn das Gerät außerhalb der Wurfsektoren den Boden
   berührt
   oder der Wettkämpfer den Kreis verläßt, bevor das Gerät den Boden
   berührt hat.

Regel 55 (ALB) – Messen Stoß und Wurf siehe Kapitel «Hammerwurf», Seite 155.

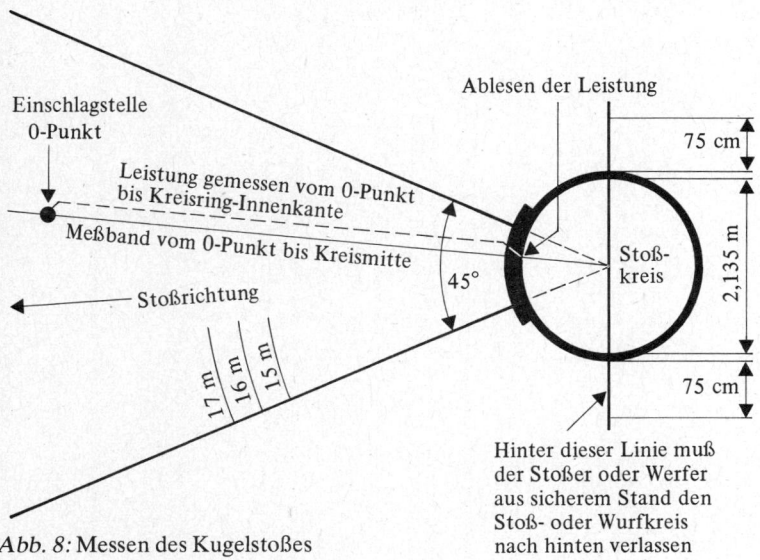

Abb. 8: Messen des Kugelstoßes

Der Speerwurf

Mit Schmierseife zum Weltrekord

Große Aufregung herrschte 1953 im Lager der weltbesten Speerwerfer: Ein völlig unbekannter Spanier namens Erazquien hatte mit dem Speer über 90 Meter geworfen – zu dieser Zeit eine Traumweite. Dies war mit einer neuen Technik möglich: Er vollzog statt des bisher üblichen geraden Anlaufs drei kreisartige Drehungen, um dann wie ein Diskuswerfer den Speer aus einer Hüftdrehung fortzuschleudern. Der Speer wurde hinter der Wicklung gefaßt, das Speerende mit Schmierseife eingerieben, um eine bessere Gleitfähigkeit zu erreichen.

Diese neue ‹spanische Technik› wurde aber schon bald von der IAAF, der Internationalen Leichtathletik Föderation, verboten: Der Werfer hatte das Gerät nicht immer unter Kontrolle und gefährdete somit die Zuschauer, neue Stadien wären wegen der erwarteten Weiten von etwa 130 Meter nötig gewesen.

Der Olympiasieger von 1976, der Ungar M. Nemeth, wirft 94,58 Meter – eine gewaltige Leistungssteigerung gegenüber den ersten Rekorden nach der Normierung des Speers (Länge: 2,60 m, Gewicht: 800 g). Die Entwicklung dieses ältesten aller Sportgeräte ist eng verbunden mit verschiedenen Wurftechniken. In der Antike warf man aus dem Stand, mit Anlauf, ein- und beidarmig, als Weit- oder Zielwürfe. Aus dem leichten Jagdspeer der Urvölker, dem schweren Kampfspeer der Krieger aller Völker, der Lanze im Mittelalter, bildete sich im Laufe der Jahrhunderte der heutige Wettkampfspeer heraus. Schwedisches Birken- und Eschenholz löste die alten Holzspeere mit Eisenspitze und Trageschlaufen (Ankylen) ab, diese wurden von Metall- und Glasfiberspeeren der neuesten Zeit verdrängt.

Vor allem finnische Werfer dominierten jahrzehntelang in dieser Disziplin. Von 1914 bis 1938 wird der Weltrekord fast ausschließlich von Finnen verbessert, insgesamt um über 16 Meter. Ein gutes Beispiel für die finnische Werfertradition ist die Familie Järvinen: Vater Järvinen war 1908 bei den Olympischen Spielen dritter im Diskuswerfen und verbesserte von 1903 bis 1906 zweimal den Weltrekord. Als Trainer verhalf er drei seiner Söhne zu Weltruhm. Der jüngste, Kalle, wurde finnischer Meister im Kugelstoßen, Achilles Weltrekordler und Silbermedaillengewinner im Zehnkampf, Matti, der älteste, verbesserte von 1930 bis 1936 den Weltrekord im Speerwerfen von 71,57 auf 77,23 Meter; 1932 wird er Olympiasieger in Los Angeles.

Die Technik des Speerwerfens

Bereits Anfang des Jahrhunderts war bekannt, daß Anlauf, Speerrücknahme und ein verbindender Schritt den Werfer in eine günstige Abwurfstellung bringen. Die Schweden und Finnen entwickelten diesen Verbindungsschritt vom Anlauf zum Abwurf, den sogenannten Impulsschritt (damals noch ‹Kreuzschritt› genannt). Dieser begünstigte die Geschwindigkeit des Anlaufs bis zum Abwurf, und der Werfer kam mit Bein und Becken vor den Speer, wobei die Wurfseite mit locker gestrecktem Arm weit zurück blieb. Diese technische Grundlage ließ jeder individuellen Weiterentwicklung einen Spielraum; dennoch ist sie Vorläufer der modernen Speerwurftechnik. Lediglich Variationen der Wurfvorbereitung mit dem Wurfarm und zur Rumpfspannung sowie in der Gestaltung des Anlaufrhythmus unterscheiden die weltbesten Speerwerfer der heutigen Zeit von denen vor rund 50 Jahren. Die explosive Leistungssteigerung ist daher weniger auf die Verbesserung der Technik als vielmehr auf die der konditionellen Eigenschaften der Werfer und die Weiterentwicklung des Geräts zurückzuführen.

Grundlage des Speerwerfens ist das Beherrschen des geraden Wurfs in Form des Schlagballweitwurfs, einer Wettkampfdisziplin bei den Bundesjugendspielen der Schulen.

● Zur Technik des Schlagballweitwurfs

Griffweise: Zeige- und Mittelfinger liegen hinter dem Ball, Daumen und Ringfinger drücken seitlich vorn dagegen

Anlauf: Aus der Schlußstellung (siehe Foto 1; beachten: Wurfarm von Beginn an in Schulterhöhe gestreckt, Schulterachse zeigt in Wurfrichtung) wird der Impulsschritt ausgeführt: Das linke Bein (Rechtswerfer) drückt sich flach und kräftig ab, das rechte Bein überholt das linke.

Abwurf: Um einen Abwurf über dem Kopf zu ermöglichen, darf der Wurfarm vor Beginn des Abwurfs nicht stark gebeugt sein; eine völlige Streckung wird dagegen selten zu erreichen sein. Das Strecken beider Beine (das hintere bleibt am Boden, der Körper aufrecht) kennzeichnet

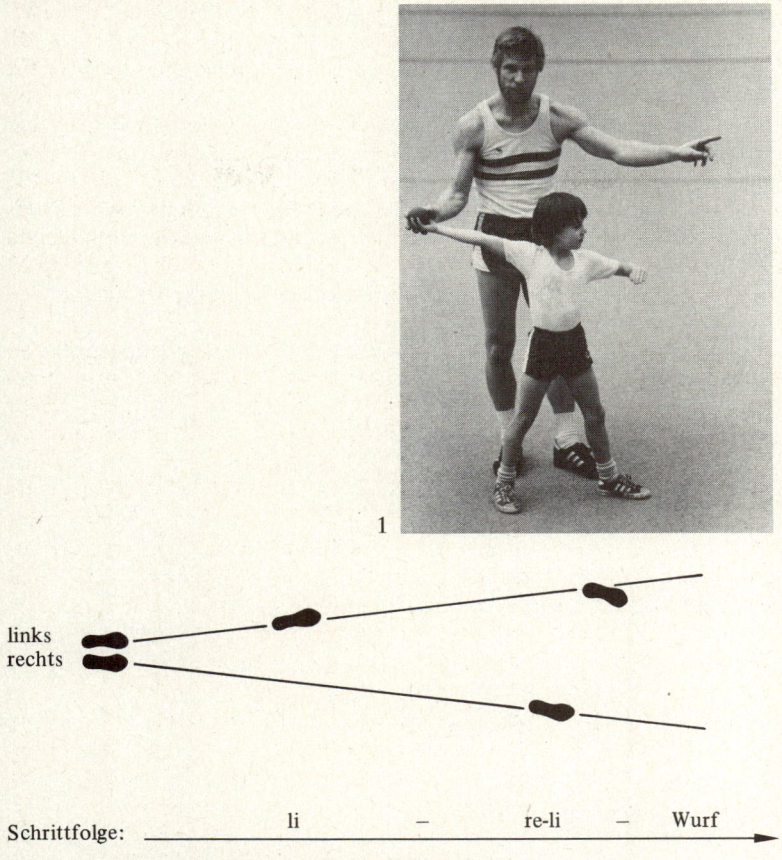

Schrittfolge: li – re-li – Wurf

links
rechts

Abb. 1: Anlaufgestaltung beim Schlagballweitwurf

die Körperstreckung und ergibt beim Abwurf die Bogenspannung.
Der Wurfarm wird beim Abwurf senkrecht geführt. *Abbildung 1* zeigt
die Anlaufgestaltung beim Schlagballweitwurf mit der Schrittfolge:
Ausgangsstellung –links–rechts–links–Wurf.
Gemeinsamkeiten und Unterschiede zwischen Schlagballweitwurf und
Speerwurf sind:
Gemeinsamkeiten:
Der Anlauf erfolgt auf einer Anlaufbahn; der Werfer darf keine Dre-
hung während des Anlaufs ausführen.

Ein Impulsschritt ermöglicht den Übergang vom Anlauf zum Abwurf.
Ein Strecken beider Beine unterstützt den Abwurf.
Der Abwurf erfolgt durch eine ‹peitschenartige› Schlagbewegung.
Unterschiede:
Der Anlauf beim Speerwurf ist wesentlich länger, der Abwurf erfolgt
aus einem Fünf-Schritt-Rhythmus (beim Schlagballweitwurf: Dreier-
rhythmus).
Der Ball weist eine ballistische, der Speer eine aerodynamische Flug-
kurve mit kleinerem Abflugwinkel auf (40 bis 35 Grad beim Ball, etwa
36 Grad beim Speer).
Weitere Informationen zur Technik und zum Training des Schlagballweitwurfs siehe Kapitel «Schülermehrkampf».
Eine gute Speerwurfleistung setzt sich aus folgenden Leistungsfaktoren
zusammen:

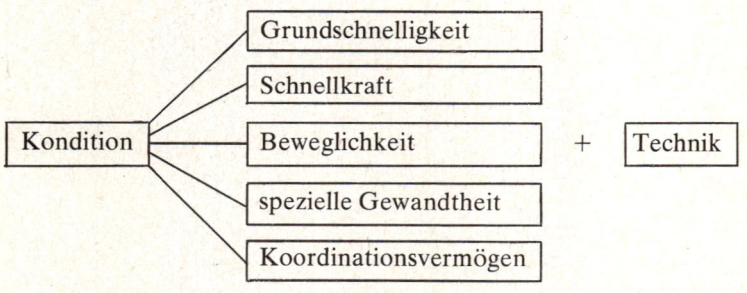

Die *Hauptphasen der Technik* sind
● der Anlauf
● der Anlaufrhythmus
● die Wurfauslage
● der Abwurf
● das Abfangen nach dem Wurf

Griffarten

Der Speer wird am hintersten Ende der Wicklung gefaßt. Dies ermöglicht eine günstige Kraftübertragung beim Wurf hinter dem Schwerpunkt; die Finger finden einen besseren Widerstand.
Wir unterscheiden drei Arten, den Speer zu fassen:
● Beim ‹Daumen-Mittelfingergriff› liegen Daumen und die beiden
   vorderen Glieder des Mittelfingers hinter der Wicklung, der Zeige-

2

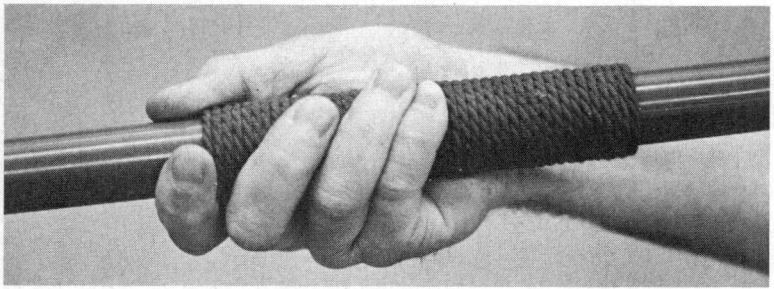

3

4

finger liegt am Schaft. Diese Griffart ist die gebräuchlichste und erlaubt eine gute Führung des Speers (siehe Foto 2).

- Beim ‹Daumen-Zeigefingergriff› liegen Daumen und Zeigefinger hinter der Wicklung, alle anderen Finger an der Wicklung (siehe Foto 3). Bei dieser Griffart kann es leicht zu einem fehlerhaften seitlichen Ausweichen des Speers beim Abwurf kommen.

- Beim sogenannten ‹Zangengriff› wird der Speer zwischen Zeigefinger und Mittelfinger gehalten (siehe Foto 4). Mit dieser Griffart

beugt man Ellbogenverletzungen vor, da sie eine Überstreckung des
Gelenks verhindert (‹Gesundheitsgriff›). Die vorgeschriebene dünne
Wicklung führt allerdings zu Schwierigkeiten beim Abwurf.

Der *Anlauf* (etwa 11 bis 17 Meter) gleicht einem schnellen Steigerungs-
lauf und ist geradlinig. Der Speer wird mit geringer Spitzenneigung in
Höhe des Kopfes getragen. Der Handrücken zeigt nach außen. Beim
Laufen wird der Wurfarm nur wenig bewegt; der freie Arm wird im
Laufrhythmus eingesetzt.

Der *Anlaufrhythmus* (etwa sieben bis elf Meter) umfaßt drei bis sieben
Schritte und schließt an den Anlauf ohne Unterbrechung an. Der Beginn wird mit einer Zwischenmarke (ZM auf der Abbildung) gekennzeichnet, die mit dem Stemmbein (bei Rechtshändern das linke Bein)
getroffen wird. Die Fußspitzen zeigen in Wurfrichtung, der Blick und
die Körperfront ebenso. Die meisten Werfer bereiten den Wurf mit
einem Fünf-Schritt-Anlauf (‹Fünferrhythmus›) vor, wie *Abbildung 2*
zeigt. Die Schrittfolge ist: links–rechts–links–rechts–links/Wurf.

Schritt 1: normale Länge, leichte Tempobeschleunigung, die Wurfhand
geht etwas weiter vor als bisher

Schritte 2 und 3: weitere Beschleunigung, ohne den Oberkörper vor-
zuneigen; Wurfschulter und Wurfarm bleiben zurück. Es erfolgt die
sogenannte Speerrückführung (auch Speerabnahme oder -rücknah-
me): Sie bereitet den Abwurf unmittelbar vor und nimmt Einfluß auf
die Anspannung der beim Abwurf beteiligten Muskulatur.

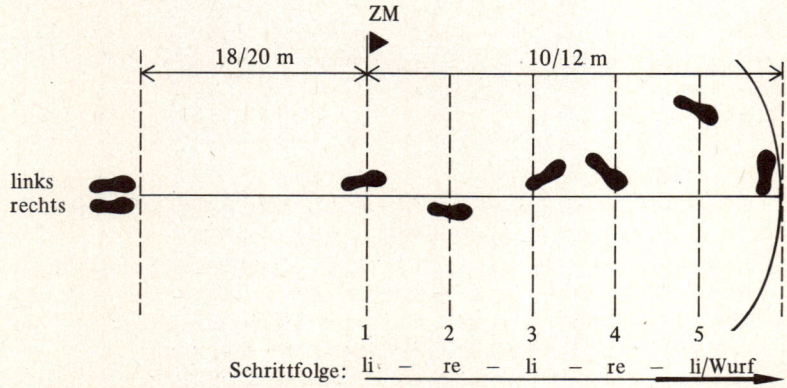

Abb. 2: Anlaufgestaltung beim Speerwurf

Man unterscheidet drei Hauptarten:

- die schwedische Speerrückführung (seit 1914 bekannt), bei der der Speer geradlinig mit gebeugtem Arm nach hinten geführt wird. Die Trageweise ist dabei unterschiedlich hoch; sie ergibt eine Schultervorspannung.
- die finnische Speerrückführung (1927 eingeführt), die es gestattet, den Wurfarm und die Schulter in eine gelöste Haltung zu bringen. Die Speerrückführung erfolgt bogenförmig nach ‹vorn–unten›, dann zurück nach ‹hinten–aufwärts›.
- die russische Speerrückführung, deren charakteristisches Merkmal das überkopfhohe Tragen des Speers mit bogenförmiger Speerrückführung ‹aufwärts–rückwärts› bei gestrecktem Wurfarm ist.

Analysen zeigen, daß die Mehrzahl der Weltbesten die schwedische Variante bevorzugen. Dem Anfänger wird es ebenfalls leichter fallen, diese Technik zu erlernen.

Aus der Speerrückführung ergibt sich eine weitere Technikvariante beim Abwurfrhythmus: Werfer der finnischen Technik bereiten den Abwurf in einem Sieben-Schritt-Rhythmus vor, die schwedischen Techniker werfen im Fünferrhythmus. Dabei stimmt auf den letzten drei Schritten die Speerhaltung überein: Der Wurfarm ist voll gestreckt, die Handfläche zeigt nach oben, die Speerspitze liegt in Augenhöhe.

Schritt 4: ist der sogenannte Impulsschritt. Er wird besonders schnell ausgeführt und soll die horizontalen Treibkräfte auf den Körper und später auf den Speer übersetzen. Der Fuß wird mit der Außenkante flach und aktiv aufgesetzt, das Knie ist leicht gebeugt. Der Wurfarm ist fast durchgestreckt.

Schritt 5: löst den Abwurf aus. Dieser sogenannte Stemmschritt bereitet den Abwurf unmittelbar vor. Unterschiedliche Auffassungen über die Funktion des rechten Beins beim Abwurf führen zu weiteren technischen Varianten (u. a. Aufsetzen des rechten Fußes mit dem Ballen, der Ferse mit abschließendem Abrollen, Drehen des rechten Fußes um 45 Grad und mehr nach außen), die die Vordehnung der Muskeln durch Spannung des Rumpfes optimieren wollen.

Ansonsten gibt es beim letzten Schritt nur geringe Unterschiede. Die Qualität des Abwurfs hängt in großem Maße von der Körperstellung im Moment der Landung auf dem rechten Bein ab (sogenannte Wurfauslage).

Die wichtigsten biomechanischen Elemente der *Wurfauslage* zeigt *Abbildung 3* (Seite 80).

- Der Blick ist auf einen fiktiven Punkt geradeaus fixiert (1).
- Die Speerachse (3) und die Schulterachse (2) verlaufen parallel, der Oberarm in Verlängerung der Schulterachse.

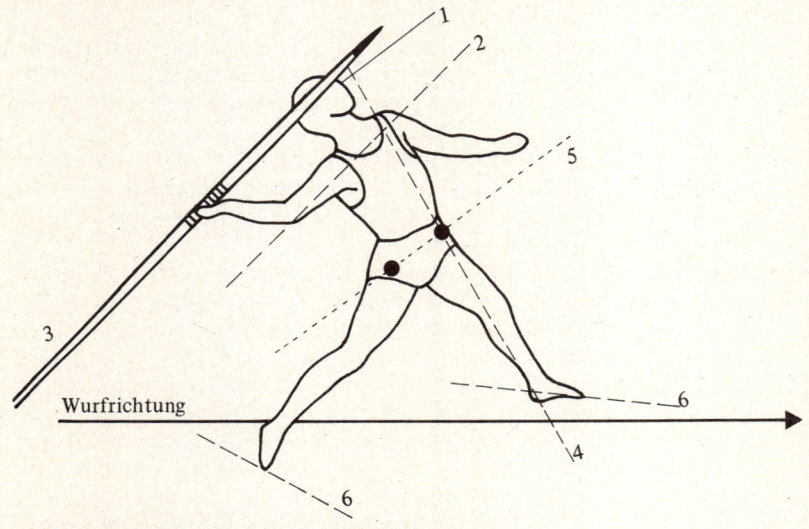

Abb. 3: Wurfauslage – wichtige Körperachsen

● Eine Körperrücklage ermöglicht große Kraftmomente (4).
● Ein längerer letzter Schritt führt zu einer Senkung des KSP; die Hüftachse (5) verläuft nahezu parallel zu (2).
● Ein guter Bodenkontakt mit beiden Füßen (6): der linke Fuß (Stemmbein), um 0 bis 30 Grad von der Wurfrichtung nach links versetzt, hat Bodenkontakt mit der ganzen Sohle. Der rechte Fuß, um 10 bis 45 Grad versetzt, verlängert den Beschleunigungsweg des Speers und verhindert ein Abknicken im Hüftgelenk.

Diese biomechanischen Elemente ergeben optimale Bedingungen für den Anstell- und Abflugwinkel des Speers bei der nun folgenden *Abwurfbewegung.* Der Körperschwerpunkt bewegt sich über das rechte Bein und wird durch das fast gestreckte linke Bein gehemmt. Während das linke Bein die linke Beckenseite blockiert, drängt die Brust nach vorn und erzeugt die *Bogenspannung (Abbildung 4a),* durch die der volle Einsatz von Beinen, Rumpf und Wurfarm möglich wird. Die Reihenfolge der Teilbewegungen Schulter–Oberarm–Unterarm–Hand ist dabei ein wesentliches Kriterium für einen gut ausgeführten Wurf.

Die Höhe des ‹Spannungszentrums› wird durch die Technik bei der Speerrückführung bestimmt: Bei der schwedischen Rückführung liegt es im Bereich der Brustwirbelsäule, bei der finnischen in Höhe des Beckens.

Das Stemmbein wird erst leicht gebeugt, dann schnellkräftig gestreckt (Stemm- und Hebelwirkung). Das hintere rechte Bein schleift nach.

Abb. 4a: Bogenspannung   *Abb. 4b:* ‹Wurfseitenfreiheit›

Biomechanische Analysen haben ergeben, daß der Speer nicht geradlinig, sondern schräg seitlich zur Anlaufrichtung abgeworfen wird. Eine Annäherung an den ‹Idealwurf› (über der rechten Schulter abzuwerfen) ist erreicht, wenn im Augenblick des Abwurfs vom linken Fuß durch das Becken zur Wurfhand eine Gerade gezogen werden kann, die nur geringfügig von der Senkrechten abweicht (vgl. *Abbildung 4b*). Eine Annäherung an die Senkrechte kann aber nur ein Werfer erreichen, dessen Schultermuskulatur eine große Dehnfähigkeit aufweist und der Kopf und Rumpf in der Abwurfphase nach links neigt. Es kommt so zu der wichtigen ‹Wurfseitenfreiheit› auf der Wurfarmseite. Diese Gerade muß jedoch in den Speer einmünden; ansonsten entsteht ein Weitenverlust. Der linke Arm wird beim Abwurf gebeugt und fixiert (Ellbogen an den Rippen). Das führt zu einer optimalen Kraftübertragung auf den Wurfarm.

Der *Abwurf* erfolgt etwa über dem linken Fuß (fast völlig gestreckt), der Speer verläßt die Hand in einem Abflugwinkel von etwa 36 Grad. Bei der Gestaltung des Abwurfrhythmus sind zwei Varianten zu unterscheiden:

● Schnelles Anlaufen, stärkere Rhythmisierung und ein sprungartiger Impulsschritt kennzeichnen den Sieben-Schritt-Rhythmus der finnischen Technik. Die Folge ist ein tiefes Beugen des rechten Beins, um den Körperschwerpunkt zu senken. Die enge Wurfauslage ermöglicht einen langen Beschleunigungsweg und ein besseres Abstemmen mit dem vorderen Bein.

● Der Werfer läuft langsamer in die Wurfauslage hinein – leichte Betonung des Impulsschritts – Landen auf dem Fußballen mit leichtem Beugen des Knies; das sind die charakteristischen Merkmale der schwedischen Variante mit einem Fünf-Schritt-Rhythmus.

1   2   3

Das Vorbild
Miklos Nemeth (Ungarn)
Olympiasieger 1976
und Weltrekordler mit 94,58 Metern

Die Fotoreihe zeigt die letzten drei Schritte eines Fünf-Schritt-Anlauf-Rhythmus. Nemeth ist ein Vertreter der ‹finnischen Speerrückführung›; sie ist aber bereits in Foto 1 abgeschlossen: der Wurfarm ist gestreckt, die Speerspitze in Augenhöhe.
Nemeth bemüht sich bis zum Einnehmen der Wurfauslage um eine Temposteigerung; die sprungähnlichen Schritte verdeutlichen dies (Fotos 1 bis 8). Bereits in dieser Phase ist eine starke Verwringung zwischen Hüft- und Schulterachse zu erkennen (Foto 7).
Vorbildlich ist die Rücklage des Oberkörpers. Die Speerspitze bleibt weiterhin in Kopfhöhe, der Wurfarm gestreckt (Foto 8). Die Fotos 5 bis 7 zeigen einen dynamischen ‹Impulsschritt›; der Anlauf wird hervorragend umgesetzt, der Werfer kommt in die Wurfauslage (Foto 9).

7   8   9

4   5   6

Das Stemmbein wird gestreckt aufgesetzt, das rechte Bein ist gebeugt. Das ermöglicht ein Vorbringen der rechten Körperseite. Die Brust wird weit vorgebracht, bevor der Armschlag einsetzt.

In der ‹Bogenspannung› ist deutlich das Zentrum der Spannung im Schulterbereich zu erkennen (Foto 10).

Sehr gut ist der konsequente Bodenkontakt des rechten Beins (sogenannter Schleifkontakt); er wird nicht vor dem Abwurf beendet (Foto 10 und 11).

Ein Ausweichen nach links beim Abwurf, die sogenannte Wurfseitenfreiheit, ermöglicht das vorbildliche Abwerfen des Speers in der Senkrechten über dem linken Fuß (Foto 11). In der Fotofolge ist nur das Neigen des Kopfes nach links zu erkennen.

Nemeth demonstriert eine vorbildliche Armarbeit: Der linke Arm, zuerst gestreckt in Höhe der Speerspitze vor dem Kopf, bleibt während der gesamten Abwurfbewegung gebeugt und dicht an der linken Körperseite fixiert. Das ‹Nachpeitschen› des Wurfarms verdeutlicht Foto 12.

10   11   12

Fehler beim Speerwerfen

Korrekturhilfen

- Abfall der Geschwindigkeit zu Beginn des 5er-Rhythmus

  Steigerungsläufe mit dem Speer; Geschwindigkeit erst mit der Rückführung steigern

- Bodenberührung des Speers während des Anlaufs

  Korrektur der Trageweise (beachten: Handgelenk nicht nach unten abknicken); Rückführung des Speers intensiv üben, zuerst im Gehen, später im Traben

- zu starkes Ausweichen während der letzten Schritte vor dem Abwurf

  intensives Üben des 5er-Rhythmus in einer Gasse von 80 cm Breite (mit Blickorientierung in Wurfrichtung, evtl. Rückverlegung der Zwischenmarke) beachten: Bewegung des Kopfes nach links vermeiden

- Aufsetzen des rechten Fußes quer zur Laufrichtung

  Würfe ohne Impulsschritt (beachten: Hüfte darf nicht zu weit zurückbleiben)

- Aufsetzen des linken Fußes mit der Fußspitze

  Würfe mit betontem Stemmschritt

- zu frühes Abknicken in der Hüfte vor dem Abwurf

  Würfe mit verkürztem letztem Schritt; Blickrichtung kontrollieren

- gebeugter Wurfarm vor dem Abwurf

  Standwürfe; Würfe aus einem auftaktigen Einleitungsschritt

- zu flacher Einsatz des Wurfarms

  Standwürfe unter Widerstand; Dehn- und Lockerungsübungen (beachten: Ellbogen zeigt in Wurfrichtung, zu weites seitliches Vorbeigehen des Arms am Kopf vermeiden)

- mangelhafte Bogenspannung

  Würfe mit aktivem und flachem Impulsschritt; Üben der Abwurfbewegung unter Widerstand in der Schrittstellung (beachten: Beinstreckung erst rechts, dann links)

- Abwerfen unter falschem Abflugwinkel

  Würfe aus dem Stand; Zielwürfe mit wechselndem Krafteinsatz

• fehlendes Nachtreten (Abfangen) nach dem Abwurf	Würfe mit vollem Krafteinsatz in den Boden über kurze Entfernung (5–8 m), evtl. Kontrolle der Zwischenmarken, Anlauf zurückverlegen

Häufig ist bei den Schülern und Jugendlichen eine Schwäche in den Wurfdisziplinen festzustellen, die durch grobe Fehler in der Technik zu erklären ist. Aus diesem Grund sollte im Grundlagentraining auf die Verbesserung der Wurfgewandtheit geachtet werden. Ein gestreckter Wurfarm ist bei Anfängern selten zu erreichen; dennoch sollte versucht werden, einen möglichst langen Wurfarm zu erreichen. Techniknahe Übungen mit Hilfsgeräten aller Art verbessern die Abwurftechnik.

Fehler beim Schlagballweitwurf	*Korrekturhilfen*
• Hopser statt des Impulsschritts	Dreierrhythmus über eine Gasse von 60–70 cm Breite üben; linkes Bein (Rechtshänder an 1. Linie setzen)
• Abwurf mit dem falschen Bein	Dreierrhythmus zunächst im Gehen üben; aus der Schlußstellung mit dem richtigen Bein beginnen, mitzählen
• starkes Beugen des Abwurfarms vor Beginn des Abwurfs	Üben der Abwurfbewegung mit Partner unter Widerstand; Standwürfe aus der Wurfauslage (beachten: Nacheinander von Bein- und Armbewegungen)
• ungenügende Körperstreckung beim Abwurf	bei frontalen Würfen und Würfen aus der Wurfauslage auf Beinstreckung achten (Hinweis: ‹Zehenstand nach dem Abwurf›); Betonung des Impulsschritts, schnelle Verlagerung des Gewichts auf das vordere Bein, Stemmschritt schnell ansetzen
• starkes Ausweichen beim Abwurf durch seitliches Abknicken	Ausnutzen der Steuerfunktion des Kopfs (beachten: Kopf soll zur Wurfarmseite zeigen), Beinstreckung, linken Ellbogen seitlich anheben

Wie trainiere ich das Speerwerfen?

Jedes Training mit dem Speer setzt ein allgemeines und vielseitiges Üben konditioneller Eigenschaften und technischer Fertigkeiten, verbunden mit einer ausgiebigen gymnastischen Schulung, voraus.

Im Vordergrund des ersten Trainingsabschnitts (10- bis 12jährige Schüler und -innen) stehen Übungen mit Bällen, Steinen und anderen Hilfsgeräten zur Erweiterung der Wurferfahrung, Wurf- und Zielspiele, Überwerfen von Hindernissen, Hochwürfe sowie die Verbesserung der allgemeinen Körperkraft (Förderung der sportmotorischen Eigenschaften Kraft, Schnelligkeit, Ausdauer und Bewegungsgeschicklichkeit).

Das systematische Speerwurftraining sollte im Anschluß an das Beherrschen des Schlagballweitwurfs erfolgen. Folgende Schwerpunkte kennzeichnen das weitere Trainingsprogramm:

● Kraftsteigerung durch verschiedene Übungen an Turngeräten, Circuittraining, Kastenübungen, Arbeit an Konditions- und Kraftgeräten, Hantelarbeit mit 50 bis 70 Prozent der möglichen Maximalbelastung
● Verbesserung der allgemeinen Körperkraft durch Medizinballübungen aller Art, Klimmzüge, Liegestütze und spezielle gymnastische Übungen für den Werfer
● Steigerung der Bewegungserfahrung durch vielseitige Spiele
● Erlernen der Grobform der Speerwurftechnik

Sehr wichtig für den jugendlichen Speerwerfer ist eine genaue Dosierung des Krafttrainings: Ein zu frühes Training mit hohen Gewichten kann zur Versteifung der Bewegung, zum Verlust der Geschmeidigkeit und zur Steigerung des Körpergewichts führen. Gezielte Übungen mit Gewichtsbelastungen sollten daher erst mit Beginn des Hochleistungstrainings einsetzen. Stütz- und Schwungübungen sowie Verbindungen aus Schwung- und Kraftelementen fördern ebenfalls die Entwicklung der Kraft und Gewandtheit und tragen zur Verbesserung von Bewegungen mit großem Umfang bei. Einen großen Raum im Vorbereitungstraining nehmen Sprungübungen ein, etwa Mehrfachsprünge und Tiefsprünge mit nachfolgendem Absprung (siehe dazu die Sprungdisziplinen in Band eins: «Laufen und Springen», rororo sachbuch 7008).

● *Übungsschwerpunkt:* Erlernen des Ballweitwurfs

Werfen des Balls aus dem Ausholschritt (Beugen des hinteren Beins, Ball weit zurückführen); Werfen des Balls mit Streckung beider Beine beim Abwurf (Drehung der Hüfte in Wurfrichtung); Abwurf aus dem Anlauf (beachten: langsam anlaufen, hinteres Bein beugen); Abwurf über das gestreckte vordere Bein (Stemmschritt); Abwurf mit Hüftdrehung und Schleifkontakt des hinteren Fußes nach vorn

● *Übungsschwerpunkt:* Verbesserung des Abwurfs
beim Ballweitwurf
Weitwürfe über ein hohes Hindernis, ohne und später mit Impulsschritt; Prellwürfe gegen die Wand; Schlagwürfe aus verschiedenen
Ausgangsstellungen; Würfe aus dem Kniestand oder dem Sitz als Zielwürfe; Schlagwürfe mit einem Schritt

Das Werfen mit dem Speer ist die Hauptübung, nicht aber die einzige
Möglichkeit, um die Wurftechnik und die spezielle Kondition des Wer-
fers zu vervollkommnen. Die Technikschulung kann mit verschiedenen
Hilfsgeräten erfolgen (siehe Foto 5). Würfe mit Hilfsgeräten (Kugeln,
Medizinbälle, Steine, Nockenbälle) bilden die Schwerpunkte des ersten
Trainingsabschnitts.

● *Übungsschwerpunkt:* Verbesserung des Schlagwurfs
Schlagwürfe als Zielwürfe mit Schlagball, Nockenball oder Wurfstab:
Wurf aus der Vorschrittstellung (Wurfarm nach hinten nehmen, Ansatz
des Wurfs aus der gestreckten Armhaltung, Füße in Laufrichtung);
Wurf aus der Vorschrittstellung, aber Ausfallschritt aus dem Gehen,
später aus dem Laufen (beachten: Streckung des hinteren Beins, beim
Abwurf Stemmen des vorderen Beins); Wurf aus der Abwurfstellung
(Standwurf): Abwurf aus dem Abwurfschritt (beachten: Ellbogen des
Wurfarms hoch neben dem Kopf nach vorn ziehen), Abwurf mit voran-
gehender Wurfauslage aus dem Gehen und Laufen; gerader Wurf mit
Anlauf: Einwurf mit dem Hand- oder Korbball aus einer Vorschrittstel-

5

lung (beachten: Bogenspannung), zum Beispiel als Spielform «Ball über die Schnur»

● *Übungsschwerpunkt:* Erlernen des Anlaufrhythmus
Fünf-Schritt-Rhythmus ohne Gerät: Abwurf wird imitiert; Fünf-Schritt-Rhythmus mit dem Schlagball, Nockenball oder Wurfstab: Zurückführen des Geräts aus dem Gehen, Laufen, Rückführung des Arms auf den ersten Schritt des Abwurfrhythmus («eins–zwei», Zwischenmarke bei Beginn des Fünf-Schritt-Anlaufs), Fünf-Schritt-Rhythmus mit Abwurf des Wurfgeräts

● *Übungsschwerpunkt:* Gewöhnung an den Speer
Fassen des Speers, Erklärung der wichtigsten Griffarten; Zielwürfe mit dem Speer aus dem Stand (Ziel: Zeitungen, Ringe): jeweils nach zwei bis drei Würfen das Ziel versetzen; Abwurfschulung durch Partnerübung (siehe Foto 6)

● *Übungsschwerpunkt:* Speerwurf mit Anlauf
Speerwurf aus dem Gehen, Wurf mit zwei Angehschritten, Wurfarm gestreckt; Festigen der letzten drei Anlaufschritte durch Würfe im Dreierrhythmus: Betonung der Schrittfolge links–rechts–links/Wurf (beachten: Wurfarm von Anfang an gestreckt, Wurfansatz mit gestrecktem Arm, Kontrolle der geradlinigen Wurfrichtung); Würfe im Dreierrhythmus mit leichter Betonung über ‹links› (Impuls) erleichtern

6

den nachfolgenden Stemmschritt und die bessere Rücklage des Oberkörpers (Schrittfolge: links–rechts–links); Würfe mit Speerrückführung (Wurfbewegung mit gestrecktem Arm beginnen, Partner kontrolliert Armeinsatz und Einhaltung der Wurfrichtung)

● *Übungsschwerpunkt:* Verbesserung des
Fünf-Schritt-Anlaufrhythmus
Speerwurf aus dem Gehen mit Betonung des zweitletzten Schritts und
der Wurfauslage, später aus dem Gehen und Laufen Würfe mit Schrittfolge links–rechts–links/Wurf (Rechtshänder); Wurf im Fünferrhythmus mit Rückführung des Speers, später mit Anlaufverlängerung um
weitere Doppelschritte (11 bis 16 Schritte insgesamt); Würfe aus dem
Anlaufen, Kontrolläufe mit Treffen der Zwischenmarke, später mit
gesteigertem Tempo (beachten: Zwischenmarke dem Tempo entsprechend versetzen; Anlauflänge: 11 bis 15 Meter, Fünf-Schritt-Rhythmus: sechs bis zehn Meter)
Nicht nur für die Wurfversuche mit Anfängern eignen sich Würfe auf
eine Erhöhung, das sogenannte ‹Hügelwerfen›. Vorteile des Hügelwer-
fens sind eine gesteigerte Konzentration und größere Übungsintensität,
verbunden mit einem höheren Lerneffekt. Fehler im Abwurf können
vom Werfer selbst leicht erkannt und korrigiert werden. Zielwett-
kämpfe auf kleine Kartons oder Bierdeckel erhöhen die Motivation und
verhindern frühzeitige Gewaltwürfe der Jugendlichen.
Während im ersten Trainingsabschnitt die vielseitige, allgemeine Ausbildung zum Speerwerfer überwog, steht im zweiten Abschnitt die
spezielle Konditions- und *Technikschulung* im Vordergrund.
Übungen, die einer gezielten Kräftigung der am Speerwurf beteiligten
Beinmuskeln, einer verstärkten Schulung der Becken- und Rumpfmuskulatur und einer Kräftigung des Oberkörpers in Verbindung mit dem
Wurfarm dienen, bilden hierbei die Schwerpunkte.

● *Übungsschwerpunkt:* Dehnungsgymnastik ohne Gerät
Brücke an der Sprossenwand; Spannbeugen mit Partner an der Sprossenwand; Wurfarmdehnung mit Partnerhilfe; Rumpfdrehen mit Rück-
greifen zur Ferse; passives Rumpfbeugen im Langsitz (als Partnerübung); Abwurfübungen mit Partnerhilfe (Hüfte kräftig nach vorn
bringen)

● *Übungsschwerpunkt:* Zweckgymnastische Übungen mit dem Speer
Speer in Vorhalte: mit gestreckten Armen den Speer hinter den Rücken
führen, Verwringungen von Becken- und Schulterachse, rechts–links:
Speer auf den Schultern; Speer senkrecht in Vorhalte: Drehung des
Handgelenks, Speer in Wurfauslage gegen Torpfosten: Hüfte gegen

Widerstand vorbringen; Ausfallschritt: Speer mit gestrecktem rechtem Arm hinter den Kopf führen; Rumpfbeugen vorwärts und seitwärts; Spannbeugen in Wurfauslage: Ein- und Ausschultern; Rumpfdrehen mit leichter Seitbeuge mit dem Speer im Nacken; Stemmschritt gegen den Speer mit betontem Vorbringen der Hüfte; aus der Laufstellung vorfallen gegen den am Ende gefaßten Speer in die Bogenspannung (linke Hand stützt sich am Speer ab; siehe Foto 7)

● *Übungsschwerpunkt:* spezielle Kräftigung
der Muskeln und Bänder am Ellbogen- und Schultergelenk
Akrobatische Übungen wie Brücke, Überschläge; Übungen am Reck und an den Ringen; Übungen mit Medizinbällen wie beidarmige Würfe vorwärts über den Kopf im Stand, mit einem Schritt, mit kurzem Anlauf sowie einarmige Stöße von der Brust mit Anlauf

● *Übungsschwerpunkt:* spezielle Kraftübungen
unter Ausnutzung der Muskelvordehnung
Schlagen mit der Hand auf einen aufgehängten Ball aus der Bogenspannung; Wegschlagen des zugeworfenen Balls aus verschiedenen Ausgangsstellungen: im Sitz, im Stand mit Ausfallschritt, mit und ohne Rückenstütze

● *Übungsschwerpunkt:* spezielle Kraftarbeit
für die Arm- und Rumpfmuskulatur
Übungen an Turngeräten: Felgaufschwünge und -aufzüge, Drücken in den Stütz; Rumpfdrehen mit einer Hantel auf den Schultern (beachten: nur leichte Gewichte benutzen); Rumpfbeugen mit der Hantel in der Rückenlage auf der Bank; Würfe mit dem Medizinball aus dem Kniestand (siehe Foto 8); Wurf aus der Schrittstellung: Zurückführen des Medizinballs in Hüfthöhe (beachten: Verwringung und Beckeneinsatz betonen; siehe Fotos 9 bis 11); Partnerübung: Zureichen des Medizinballs mit Rumpf- und Beckendrehung (beachten: Fußsohlen verlassen nicht den Boden; siehe Foto 12, Seite 92); Abwurfimitationen aus Schrittstellung gegen Widerstand (zum Beispiel Gummiseil oder Zuggerät); Schlag- und Hammerwürfe sowie Hammerschlagen zur zusätzlichen Kräftigung der seitlichen Rumpfmuskeln, Medizinballwurf aus der Schrittstellung mit anschließendem Vorfallen auf eine Matte (beachten: Streckung des linken Beins; siehe Foto 13, Seite 92)

● *Übungsschwerpunkt:* Verbesserung der Wurfkraft
Würfe mit Geräten von 150 bis 600 g aus dem Stand und mit Anlauf; Würfe mit schweren Geräten (ein bis drei kg) aus dem Stand und mit

7

8

9

10

11

12   13

kurzem Anlauf; beidarmige Würfe mit Geräten unterschiedlichen Gewichts; Spannstütz auf einem Medizinball oder Kasten als Partnerübung (siehe Foto 14); Wechselstützübungen mit Kurzhanteln; Zughüpfen an zwei Kletterstangen als Partnerübung

● *Übungsschwerpunkt:* Verbesserung der Sprungkraft
Standweit- und Hochsprünge; Drei-, Fünf- und Zehnsprünge; Sprünge mit Rundgewichten und Hanteln; Fußstrecken mit der Hantel; Kniebeugen (mit Absetzen) mit der Hantel

● *Übungsschwerpunkt:* Verbesserung der Schnelligkeit
Kniehebeläufe, Schwung- und Sprungläufe; Steigerungsläufe über 60 bis 80 Meter; Starts über 20 bis 30 Meter aus dem Tiefstart, Sprints über 50 bis 100 Meter, Hürdenläufe über drei bis fünf Hürden

● *Übungsschwerpunkt:* Verbesserung der speziellen Gewandtheit
Schlagwürfe aus ungewohnten Ausgangsstellungen: sitzend, liegend, kniend (siehe Foto 15); Spiegelwürfe (Rechtshänder wirft mit der linken Hand); Würfe mit veränderter Geschwindigkeit beim Anlauf (Veränderung der Schrittfrequenz, unter anderem mit Hilfe von Markierungen); Würfe mit langem Anlauf (50 bis 60 Meter), Verkürzung des Abstopppraums, das heißt näher am Abwurfbogen abwerfen; Würfe mit veränderter Technik, zum Beispiel verschiedene Arten der Speerrückführung; Würfe mit Zusatzaufgaben, zum Beispiel Rhythmuswechsel zwischen Laufschritten und Impulsschritten im Anlauf; Würfe unter erleichterten und erschwerten Bedingungen

14 15

Owtschinik empfiehlt für die Vorbereitung junger Werfer folgende Wurfbelastungen (pro Woche):

	Alter	12/13	14/15	16/17
Kugel- oder Ball- würfe einarmig	Jungen (600 g)	130	190	300
	Mädchen (400 g)	100	160	200
Kugel- oder Ball- würfe beidarmig	Jungen (2–3 kg)	25	75	130
	Mädchen (1,5–2,9 kg)	15	65	100

Techniknahe Übungen stehen bei den folgenden Schwerpunkten im Vordergrund:

● *Übungsschwerpunkt:* Verbesserung der Technik
(ohne Gerät und mit 0,5- bis 1-kg-Gerät)
Stand in der Wurfauslage, rechte Hüfte vordrücken; Stand in der Bogenspannung: Armschlag mit Beugung des Schulter- und Streckung des Ellbogengelenks; Stand in Impulsschrittstellung (Wurfarm ist zurückgestreckt): Mit dem Vorsetzen des linken Beins wird die Wurfauslage eingenommen.

● *Übungsschwerpunkt:* Verbesserung der Technik
mit dem leichteren Speer
Wiederholte Läufe über 20 bis 25 Meter im Rhythmus der wurfvorbe-
reitenden Sprungschritte; wiederholte Läufe über die Anlaufstrecke
zur Bestimmung der Kontrollmarke für die Speerabnahme bzw. -rück-
nahme; Stand in der Wurfauslage: Abwurf unter Betonung des Hüft-
einsatzes, der Rumpfspannung und des Armschlags; Nachahmungs-
übungen mit dem Speer; Speerwürfe mit verkürztem und vollem
Anlauf
Der Anteil der Würfe mit Anlauf vergrößert sich im Laufe des Grundlagentrainings:

1. Jahr: 50 % Standwürfe, 50 % Würfe mit Anlauf
2. Jahr: 40 % Standwürfe, 60 % Würfe mit Anlauf
3. Jahr: 30 % Standwürfe, 70 % Würfe mit Anlauf

Aufwärmprogramm:
Die *spezielle Vorbereitung auf einen Wettkampf* kann wie folgt aussehen: leichtes Traben, Lockerungs- und Dehnungsgymnastik für Beine,
Hüfte, Rumpf und Schultern, Armpendeln, Hüftkreisen, Abwurfimitationen, zwei bis drei Steigerungsläufe über 30 Meter, acht Rumpfbeugen, lockere Würfe aus dem 3er- und 5er-Rhythmus, Anlaufkontrollen
mit Speerabnahme (beachten: nur zwei bis drei Würfe aus vollem
Anlauf, keine Würfe mit vollem Krafteinsatz).
Zwischen den einzelnen Versuchen bieten sich Hopserläufe, Armkrei-
sen, Impulsschritt- und Abwurfimitationen, Traben mit und ohne Speer
auf dem Rasen an.

Rahmentrainingsplan für Speerwerfer
Vorbereitungsperiode (November bis April)

Tag	Schwerpunkt	Min.	Trainingsbeispiel
1. Tag	Schnelligkeit Sprungkraft Wurfkraft allgemeine Kondition und Gewandtheit	15 25	Aufwärmen, Gymna- stik 3 Steigerungsläufe über 50–70 m, 3 Koordinationsläufe über 80–100 m, 3 Sprints über 40 m aus dem Block

Tag	Schwerpunkt	Min.	Trainingsbeispiel
		15	Sprungarbeit: Dreisprünge oder Dreierhop re/li aus dem Stand oder mit 3–5 Anlaufschritten; Weitsprünge mit 3–5 Anlaufschritten; Hocksprünge beidbeinig über 4–5 Hürden ohne Zwischensprung – je 5 Wiederholungen; Medizinballwürfe, beidarmig und einarmig mit verschiedenen Gewichten (2-kg-, 3-kg- bis 5-kg-Bälle)
		20	Ballspiel
2. Tag	allgemeine Körperkraft Wurfkraft allgemeine aerobe Ausdauer	15	Aufwärmen, Einlaufen, zweckgymnastische Übungen
		30	Circuit für Werfer mit vier Stationen: 1. Klappmesser (Bauchmuskulatur) 2. Bauchlage: Medizinball gegen Wand stoßen (Rückenmuskulatur) 3. Seilspringen in tiefer Hocke (Beinmuskulatur) 4. Liegestütze (Arm- und Schultermuskulatur)

Tag	Schwerpunkt	Min.	Trainingsbeispiel
		35	Wurfübungen mit leichteren und schweren Hilfsgeräten
		10	Dauerlauf oder Spiel
3. Tag	Technikschulung mit Schwerpunkt: z. B. Verbesserung des 5er-Rhythmus und Abwurfs	15	Einlaufen; wettkampfgemäßes Aufwärmen
		60	Imitation des Abwurfs, Standwürfe mit dem Speer; Würfe mit 3–5 Anlaufschritten, Laufen mit Speer und Speerrückführung; Imitation der Rücknahme, intensive Schulung des Impulsschritts; 5 Würfe mit vollem Anlauf, 2 Würfe mit vollem Anlauf und gesteigertem Kraftaufwand
		15	Auslaufen
4. Tag	Kraft Beweglichkeit, Gewandtheit allgemeine anaerobe Ausdauer	15	Einlaufen, Gymnastik
		45	Sprungübungen ohne Belastung: Mehrsprünge, Tiefsprünge; Hantelarbeit bis 80 % Belastung
		15	Hürdenläufe über 3–5 Hürden; Dehnungsgymnastik
		15	3 Sprints über 40 m aus dem Block, Fußgelenkarbeit, 3 Läufe über 40 m mit fliegendem Start

Rahmentrainingsplan für Speerwerfer
Wettkampfperiode (Mai bis September)

Tag	Schwerpunkt	Min.	Trainingsbeispiel
1. Tag	Schnelligkeit spezielle Kraft Sprungkraft	15	Einlaufen; spezielle Gymnastik ohne und mit Gerät
		20	3 Steigerungsläufe über 60–80 m, 3 Koordinationsläufe über 80–100 m, 3 Sprints über 30 m aus dem Block
		40	Würfe mit schwereren Geräten: beidarmig und einarmig, Kugelschocken rückwärts über den Kopf
		15	Sprungarbeit: Mehrfach- und Tiefsprünge ohne und mit Belastung
		10	Auslaufen
2. Tag	Technikschulung mit Schwerpunkt: z. B. Verbesserung des Anlaufs und Abwurfs Schnelligkeit Wurfkraft	15	Aufwärmen mit dem Gerät
		50	Nachahmungsübungen Anlauf, 5-Schritt-Rhythmus, Kontrollläufe für den Anlauf; Imitation Abwurf, Standwürfe; Würfe mit kurzem Anlauf; Laufen mit Speer und Speerrücknahme; Würfe aus dem Stand mit 150–600 g schweren Geräten
		20	Läufe über 60, 30, 20 m aus dem Block,

Tag	Schwerpunkt	Min.	Trainingsbeispiel
		5	2 Läufe über 20 m fliegend, 3 Läufe über 20 m mit dem Speer Auslaufen
		15	Einlaufen; spezielle Gymnastik ohne und mit Gerät
		20	Würfe mit leichteren Geräten aus dem Stand und mit kurzem Anlauf (Ziel- und Bogenwürfe)
3. Tag	Kraft Sprungkraft Beweglichkeit, Koordination	40	Hanteltraining in verschiedenen Formen, 1 Serie
		15	Laufsprünge, Hoch- und Weitsprünge mit Anlauf
		15	3 Hürdenläufe über 3–5 Hürden, Auslaufen
4. Tag	*Falls kein Wettkampf:* 20–30 Min. wettkampfgemäßes Einlaufen und spezielle Gymnastik 15 Min. Anlauf- und Rhythmuskontrolläufe 5 Standwürfe, 5 Würfe mit kurzem Anlauf, jeweils mit leichteren Geräten 5–8 Würfe aus vollem Anlauf mit steigendem Krafteinsatz (Wettkampfgerät) 10 Zielwürfe mit wechselnden Abständen		

Lernkontrollen
Kontrolliere selbst:
● Speerwurfbegabung durch Schlagballwürfe (150 Gramm):

	Jungen 14 Jahre	Mädchen 14 Jahre
durchschnittlich	55–59 m	35–39 m
gut	60–65 m	40–45 m
sehr gut	67–70 m	47–50 m

- Grundschnelligkeit durch einen 30-m-Sprint aus dem Block
- Sprungkraft durch einen Dreisprung aus dem Stand
- Kraft der geraden Bauchmuskeln durch Aufrichten aus Rückenlage (mit Gewichten)
- Kraft der Rückenstrecker und Schultermuskulatur durch Reißen mit der Scheibenhantel
- Kraft der Armbeuger durch Klimmzüge mit und ohne Belastung
- Wurfkraft durch Würfe mit 0,8-kg-, 1-kg-, 1,5-kg- bis 4-kg-Bällen oder Kugeln
- Abwurfgeschwindigkeit durch Würfe mit 200–700 g schweren Bällen

Kontrollübungen für Wurfleistungen über 50 Meter (nach Sulijew)

	ab 50 m	ab 60 m	ab 70 m
30-m-Sprint mit Tiefstart (in Sek.)	4,4–4,3	4,2–4,1	4,0–3,9
Dreisprung aus dem Stand (in m)	8,00	8,80	9,20
Hantelstoßen (Prozent vom Körpergewicht)	110	120–130	130–140
Brücke aus dem Stand	1 ×	2–3 × mit Erholg.	2–3 × ohne Erholg.
Kugelwurf beidarmig vw. von unten (7,25 kg) (in m)	10	11	12
über den Kopf mit Anlauf (4 kg) (in m)	11–12	13–14	17–18
Würfe mit rundem Stein oder Ball (100 g) aus dem Stand (in m)	70	90	110

Kontrollübungen: Verhältnis Standwurf-Wurf mit Anlauf (nach Tschiene)

Leistungsbereich (800-g-Speer)	bis 50	50–55	55–60	60–65	65–70	70–75 Meter
Standwürfe	33	37	40	43	47	50 m
Würfe mit kurzem Anlauf	42	45	50	55	59	63 m

Werden obige Normen in den Standwürfen erreicht, aber nicht im Anlauf, so fehlt es an *Technik*. Werden sie mit kurzem oder vollen Anlauf erreicht, aber nicht in Standwürfen, so fehlt es an *Kraft*.

Die wichtigsten Wettkampfbestimmungen

Regel 58 (ALB): Wurfsektor (siehe *Abbildung 5*)

3. Der Speer ist am Kordelgriff zu fassen.

4. Fehlversuch, wenn

● der Speer außerhalb des Sektors auftrifft

● der Werfer den Abwurfbogen nach vorn überschreitet

● der Werfer die Anlaufbahn vor Bodenberührung des Speers verläßt

● die Spitze des Speers beim Niedergehen nicht vor dem Schaft den Boden berührt oder der Speerwerfer bei einem Versuch, mit irgendeinem Körperteil oder der Gliedmaßen den Abwurfbogen oder dessen Verlängerung überschreitet oder berührt.

Der Speer muß über die Schulter oder über den oberen Teil des Arms geworfen werden. Ein Abwurf aus der Drehung ist nicht gestattet.

8. Der Speer muß folgenden Bedingungen entsprechen (siehe *Abbildung 6*):

	Gesamtgewicht	Gesamtlänge	
Männer männliche Jugend A	800 g	260–270 cm	Der Umfang des Kordelgriffs darf den Durchmesser des Schafts um nicht mehr als 8 mm vergrößern.
Frauen männliche Jugend B weibliche Jugend Schüler und -innen A	600 g	220–230 cm	

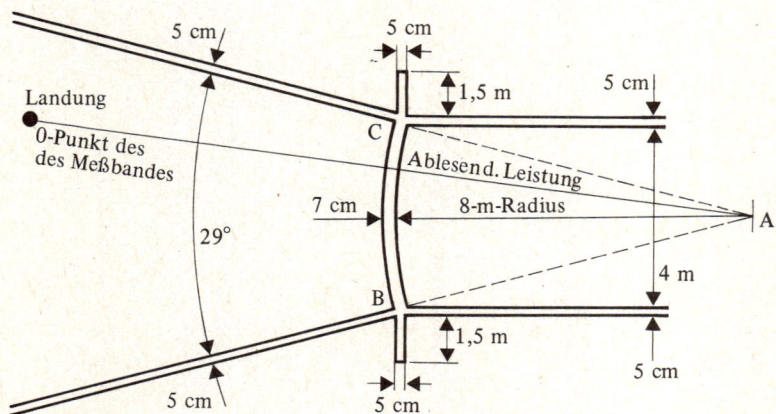

Abb. 5: Speerwurf – Messen und Abwurfraum

Weitere Regeln sind bereits im Kapitel «Kugelstoßen» angeführt worden.

Der Ausschreibung für die Bundesjugendspiele sind die Regeln für *Schlagballwurf* (80 Gramm) und *Ballwurf* (200 Gramm) entnommen:

● Jeder Teilnehmer hat drei Versuche.

● Berühren oder Übertreten der Abwurflinie zählt als Fehlversuch.

● Als Leistung wird die senkrechte Entfernung der Aufschlagstelle zu der dem Wettkämpfer zugewandten Kante der Abwurflinie gemessen.

● Die erzielte Weite wird dem Aufschreiber an der Abwurflinie jeweils zugerufen.

Es bedeuten: A = Männer u. Männl. Jgd. A, B = Frauen, Männl. Jgd. B u. Weibl. Jgd.

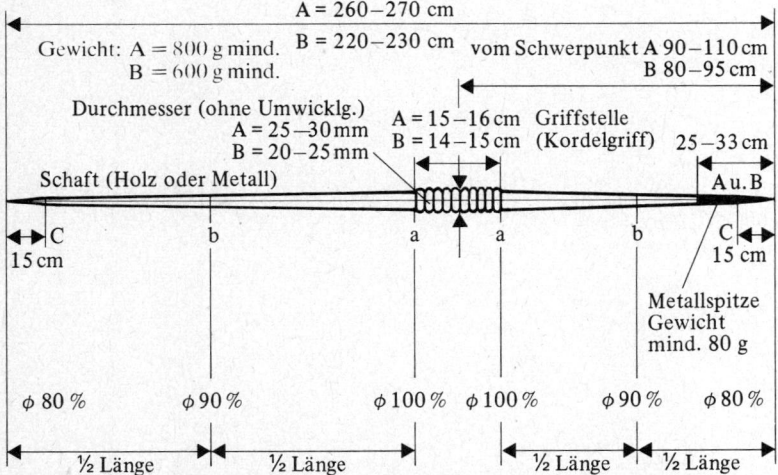

Verjüngung der beiden Speerhälften, bezogen auf die Durchmesser an den Enden der Griffstelle
Durchmesser a : b : c = 100 : 90 : 80 %

Abb. 6: Abmessungen Speer

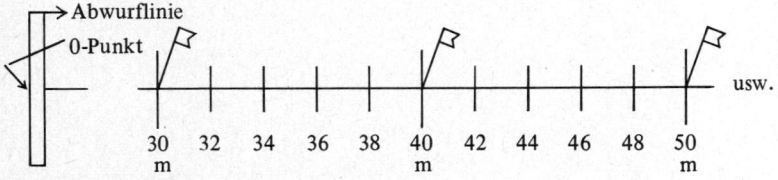

Abb. 7: Messen beim Schlagballweitwurf

Der Diskuswurf

Geballte Kraft und gute Nerven
Als Al Oerter in Mexico City 1968 bei den Olympischen Spielen 64,78 Meter warf, stellte er einen einmaligen Rekord auf: Er war zum viertenmal in ununterbrochener Reihenfolge (1956, 1960, 1964 und 1968) Olympiasieger und Goldmedaillengewinner im Diskuswerfen geworden.
Oerter, ein Riese von 1,93 Meter Körpergröße und einem Gewicht von 125 kg, war bekannt für seine eisernen Nerven. Stets war er im richtigen Augenblick topfit: In Melbourne wird er als krasser Außenseiter im Alter von 20 Jahren zum erstenmal Olympiasieger und schlägt den damaligen Weltrekordler Gordien. Auch in Rom hat Oerter die besseren Nerven und gewinnt gegen den Weltrekordhalter. Zum erstenmal wirft der zweifache Olympiasieger Weltrekord im Jahre 1962, als er eine Weite von 61,10 Meter mit dem Diskus erzielt.
Ist sein Sieg in Tokio keine große Überraschung, so gleicht der erneute Erfolg 1968 einer Sensation. Längst ist er als ‹alter Mann› abgeschrieben, kann sich gerade noch für die US-Olympiamannschaft qualifizieren; doch wieder gewinnt er dank seiner besseren Konzentration und Nervenstärke. Sein Rezept, nur selten Wettkämpfe zu bestreiten und sich in aller Ruhe vorzubereiten, ist erneut aufgegangen.
Das Werfen mit dem Diskus war bei allen Olympischen Spielen seit 708 v. Chr. eine Wettkampfübung des Mehrkampfs (Pentathlon). Anfangs bestanden die Disken aus glatt geschliffenem Stein, später aus gehämmertem oder gegossenem Erz. Erfunden wurde das Werfen mit diesen Geräten anscheinend von Fischern, die flache Steinplatten über den Fluß warfen, ohne daß diese naß werden durften – jedem Jugendlichen

noch heute eine bekannte Spielform. In der Neuzeit erfolgte der Wurf mit dem Diskus aus einem besonderen rechteckigen Stand (Balbis), der nach vorn abgeflacht war. Wie wenig das Diskuswerfen bei den ersten Olympischen Spielen der Neuzeit (1896 in Athen) mit dem heutigen Hochleistungssport gemein hat, zeigt die folgende Geschichte: Der Amerikaner Garrett entschloß sich wenige Tage vor Beginn der Spiele, am Diskuswerfen teilzunehmen, weil ein Amerikaner fehlte. Obwohl ihm der damals bekannte ‹griechische› oder ‹antike› Stil, den Diskus zu werfen, nicht bekannt war, gewann er mit der damaligen Weltrekordweite von 29,15 Meter die Goldmedaille. Bessere Geräte und Anlagen sowie ein hochspezialisiertes athletisches Training haben mitgeholfen, diese Bestweite auf inzwischen 70,86 Meter (1976) durch den Amerikaner Mac Wilkens zu verbessern.

Die Technik des Diskuswerfens

Amerikaner, Finnen und Schweden suchten Anfang dieses Jahrhunderts nach der zweckmäßigsten Wurftechnik. Die Technikbeschreibung aus dem Jahre 1925 zeigt, daß bereits damals Komponenten der modernen Diskuswurftechnik bekannt waren: «Der erste Teil der Drehung erfolgt langsam, der Diskus bleibt dabei hinter dem Körper, der Rumpf wird leicht vorgebeugt. Im zweiten Teil der Drehung wird mit dem Landen des rechten Fußes die Drehgeschwindigkeit bis zum Abwurf gesteigert, der explosiv erfolgen muß» (aus: *The Athletic Journal*). Veränderungen bei der Drehung, die damals aus Drehschritten bestand, führten schließlich zur Ausgangsstellung mit dem Rücken in Wurfrichtung und folgender Sprungdrehung mit beid- oder einbeinigem Stützabwurf und anschließendem Umsprung. Diese Abwurftechniken sind neben dem stützlosen Abwurf die bekanntesten Varianten. Voraussetzungen für eine gute Diskuswurfleistung sind:

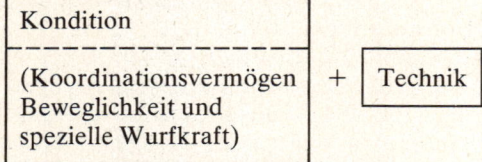

Hochgewachsene Athleten mit großer Körperkraft und Schnelligkeit sowie einem guten Koordinationsvermögen und Gleichgewichtsgefühl sind zum Diskuswerfen besonders geeignet. Vorteilhaft sind lange Arme und breite Schultern (große Spannweite).

Bewegungsbeschreibung

Eine Bewegungsanalyse des Diskuswurfs zeigt folgende Phasen (siehe Foto 1):

1

- ● Anschwingen (Auftakt)
- ● Drehsprung in die Wurfauslage
- ● Abwurf

Halten des Diskus
Finger und Daumen sind leicht
auseinandergespreizt und liegen
auf dem Diskus. Die Endglieder
und Fingerkuppen umfassen den
Diskusrand, die obere Kante des
Diskus liegt bei herabhängendem
Arm am Unterarm an (siehe Foto
2).

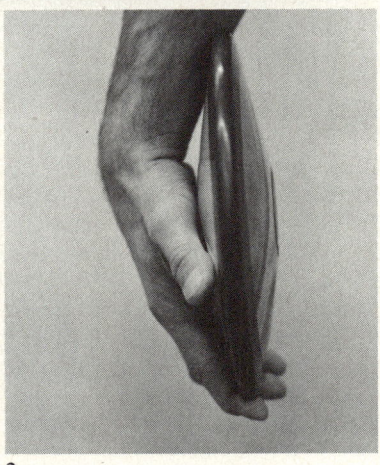

2

Auftakt und Anschwingen
Der Werfer steht am hinteren Kreisrand mit dem Rücken in Wurfrich-
tung. Es gibt zwei Arten des Auftakts, die individuell gestaltet werden:
- ● Das Gerät liegt in Höhe der linken Schulter auf der linken Hand. Die
  Wurfhand wird darübergelegt. Der Wurfarm schwingt entspannt mit
  dem Gerät in einer schiefen Ebene nach rechtsaußen–abwärts und
  hinten.
- ● Aus einem Anpendeln schwingt der Wurfarm vor dem Körper zur

linken Hüfte. Dabei wird die Wurfhand aufgedreht. Von dort schwingt der Wurfarm mit dem Diskus auf einer waagerechten Ebene nach rechtsaußen–hinten.

Drehsprung in die Wurfauslage
Die Drehung wird durch ein Ausdrehen des linken Knies (gebeugt) und Vorbringen des rechten Beins (Knie-Fußspitze) eingeleitet. Der Rumpf bleibt aufrecht über dem Drehbein; gute Werfer haben eine Körpervorlage. – Ausnahme: Bei der $1^3/_4$-Drehung erfolgt die Eindrehbewegung über Ferse und Ballen. Der Drehsprung mit Impuls aus den Beinen erfolgt bis zur Kreismitte (*siehe Abbildung 1*). Der Werfer landet in der sogenannten Wurfauslage: Der Körperschwerpunkt liegt über dem rechten (hinteren) Bein. Das Aufrichten des Oberkörpers erfolgt, sobald das vordere Bein den Boden berührt hat; Rücken und Wurfarm zeigen in Wurfrichtung (*siehe Abbildung 2*). Diese Verwringung zwischen Becken- und Schulterachse dient einer günstigen Vorspannung. Das sogenannte Diskusschleppen, ein Zurückbleiben des Diskus hinter der Schulter während der Drehung, bewirkt eine Vordehnung der Brustmuskulatur.

Abwurf
Beim Aufrichten (Aufdrehen) des Körpers zur Wurfrichtung wird der Brustkorb frühzeitig in Wurfrichtung gebracht. Der Druck erfolgt aus den Beinen, der linke Arm wird locker vor dem Körper gehalten. Beim Ausschleudern des Diskus muß der rechte Arm weit vom Körper entfernt sein; die Handflächen weisen parallel zum Boden. Die Abwurfphase endet, wenn der Diskus die Hand verläßt. Wurfarm und Rumpf bilden beim Abwurf einen rechten Winkel, der Arm befindet sich in Verlängerung der Schulterachse.
Ein Abfangen oder ein Umsprung schließen den Wurf ab.

Demnach sind folgende *Faktoren* für das *Beherrschen der Grobform* entscheidend:
- Ein langer Radius (langer Weg zwischen Drehachse und Gerät) ist muskelphysiologisch günstiger für die Erhöhung der Drehgeschwindigkeit (höherer Krafteinsatz – höhere Umfangsgeschwindigkeit des Diskus).
- Eine optimale Drehgeschwindigkeit ermöglicht genügend Vorbeschleunigung bei hoher Sicherheit des Bewegungsablaufs und einen sicheren Stand in der Wurfauslage in der Kreismitte.
- Eine hohe Schlußbeschleunigung des Diskus wird erreicht durch eine Verwringung der Beckenachse mit der Schulterachse unmittelbar vor Beginn der Abwurfbewegung (Beckenachse eilt der Schul-

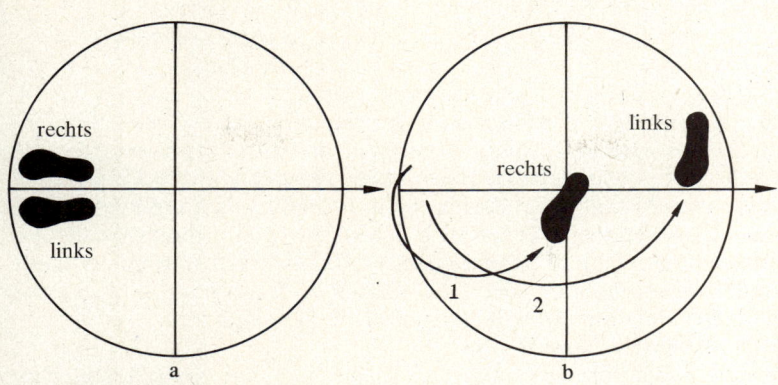

Abb. 1: Fußstellungen
a = Ausgangsstellung
b = Wurfauslage nach 1¹/₂facher Drehung

| a) von hinten | b) von der Seite |

Abb. 2: Wurfauslage

terachse um 70 bis 90 Grad voraus, der Wurfarm bleibt um 45 bis 60 Grad hinter der Wurfschulter zurück; vgl. jeweils Figur 1 der *Abbildungen 3, 4* und *5*, Seite 109).

• Eine Streckung vor dem Abwurf vergrößert die Winkelgeschwindigkeit; der Drehimpuls des Körpers wird somit auf die Wurfmasse übertragen.

Bei den Weltbesten sind verschiedene Varianten der Grundtechnik des Diskuswurfs zu beobachten. Gemeinsame Zielstellung ist dabei die rationellste Ausnutzung der mechanischen Gesetzmäßigkeiten.

Die Wahl der *Technikvarianten* richtet sich vor allem nach der Körpergröße des Athleten. Wir unterscheiden drei Wurfweisen:
1. die ‹mitteleuropäische› oder ‹Zweibeinstütz-Abwurftechnik›,
2. die ‹Umsprung›- oder ‹Einbeinstütz-Abwurftechnik›
3 die ‹stützlose› oder ‹Sprungabwurftechnik›
(1) Wurfkräftige Werfertypen bevorzugen die sogenannte Zweibeinstütz-Abwurftechnik, die am längsten bekannte Diskuswurftechnik (siehe *Abbildung 3*): Beide Beine haben beim Abwurf des Geräts noch Bodenberührung. Bei dieser Technik handelt es sich um einen seitlichen ‹Schleuderwurf› (oder auch Schockwurf). Die Hauptbeschleunigung erfolgt nicht aus den Beinen, sondern von der schrägen Rumpf- und Brustmuskulatur. Die Beine bleiben oft gebeugt. – Wichtigste Unterscheidungsmerkmale zu anderen Techniken sind:
- ein langsamer Drehbeginn
- eine wellenförmige Bahn des Diskus, der nur wenig hinter dem Körper zurückbleibt
- eine große Verwringung durch aktive Drehung der rechten Körperseite und des rechten Beins erst nach Landung in der Kreismitte
- ein Stehenlassen des hinteren Beins beim Abwurf; aus diesem Grund wird diese Variante auch ‹Standabwurftechnik› genannt
- eine betonte Drehung des rechten Beins bei Drehbeginn; das linke Bein ist dabei gebeugt
(2) Andere Werfer haben im Augenblick des Abwurfs nur das vordere Bein stützend auf dem Boden. Das hintere Bein ist schon wenige Zentimeter vom Boden weggekommen. Dies ist der Beginn des Umsprungs; die Technik wird deshalb auch ‹Umsprungtechnik› oder ‹Einbeinstütz-Abwurftechnik› (siehe *Abbildung 4*) genannt. Da alle Muskelpartien gleichmäßig belastet werden, bevorzugen diese Variante ausgeglichene Werfer.
(3) Die dritte Technik, die ‹stützlose Abwurftechnik› oder ‹Sprungabwurftechnik› (siehe *Abbildung 5*) wenden viele der Weltbesten an. Da hierbei die Explosivschnellkraft der Beine besonders beteiligt ist, muß das Hauptgewicht des Trainings auf die Verbesserung der Beinkraft gelegt werden. Eine etwas engere Wurfauslage begünstigt ein Herausspringen: Beide Beine sind schon vom Boden weggesprungen, wenn der Diskus noch in der Hand ist. Das Nach-vorn-Bringen des hinteren Beins zum Abstützen oder Abfangen des Körpers am vorderen Wurfringrand (Umsprung) schließt den Wurf ab. Wichtigste Elemente sind:
- ein schneller Drehbeginn (das weit vom linken Bein schwingende gestreckte rechte Bein ist charakteristisch)
- eine starke Verwringung schon vor Beginn der Drehung, die durch den Schwung des rechten Unterschenkels in Wurfrichtung eingeleitet wird (daher heißt diese Technik auch ‹Beinschwungtechnik›)

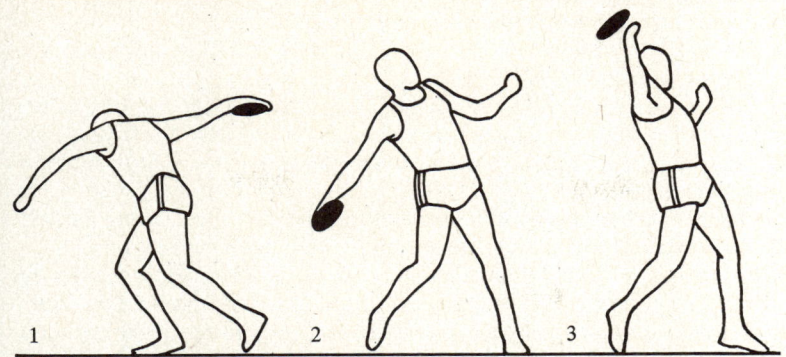

Abb. 3: Abwurf – Zweibeinstütz

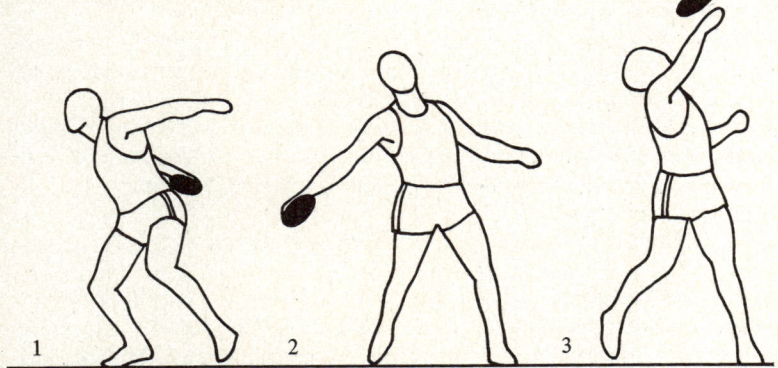

Abb. 4: Abwurf – Einbeinstütz

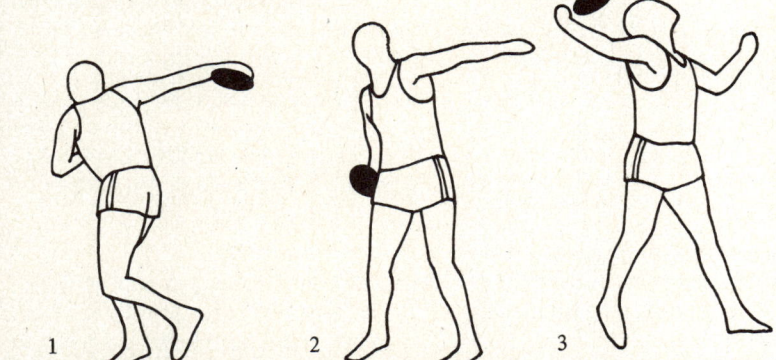

Abb. 5: Abwurf – stützlos

- eine ruhige aufrechte Oberkörperhaltung
- ein enger Abstand der Füße, der für den betonten Streckeinsatz beider Füße günstig ist

Bei allen Varianten führt der Werfer 1¹/₂ Drehungen aus, das heißt, beide Füße stehen zu Beginn am hinteren Rand des Wurfrings. Nur wenige Werfer benutzen eine 1³/₄-Drehung (rechte Körperseite in Wurfrichtung).

Kleinere Werfer müssen sehr schnell mit der Drehung beginnen und den Drehsprung zur Kreismitte mit mehr Bodengewinn betonen.

Sehr wichtig bei der Technikschulung ist die Koordination des linken (freien) Arms mit den Bewegungen der rechten Körperseite. Die Armbewegungen dienen der Regulierung der Drehgeschwindigkeit und richten sich nach dem Pirouettenprinzip:

- Im Anschwung wird der linke Arm gestreckt; er dient in dieser einstützigen Phase der Stabilisierung des Körpers.
- In der stützlosen Phase des Drehsprungs bleibt der linke Arm gestreckt. Wichtig ist hierbei die Stabilisierung des Gleichgewichts; die Schulterachse bleibt parallel zum Boden.
- In der Wurfauslage wird der linke Arm gebeugt und fixiert; er leitet die Wurfarmaktivität ein, beschleunigt den Muskeleinsatz des Körpers und bewirkt eine Kraftübertragung auf den Wurfarm.

Fehler beim Diskuswerfen   *Korrekturhilfen*

beim Anschwingen
- zu hoher Anschwung   intensives Üben des Anschwungs in Verbindung mit der Drehung; Übungen zur Verbesserung der speziellen Beweglichkeit; Achterschwingen mit dem Diskus

in der Drehung
- zu hoher oder zu kurzer Umsprung   Drehungen auf einer Linie; Drehungen über einen ‹Graben› (parallel gezogene Linien); Drehungen in die Wurfauslage mit Kontrolle der Fußstellung

in der Wurfauslage
- Körpergewicht liegt auf dem linken (vorderen) Bein   schnelle Drehungen mit aktivem, flachem Fußaufsetzen, linkes Bein wird dicht am rechten vorbei in Wurfrichtung gebracht; Standwürfe; Imitationsübungen ohne Gerät;

Drehungen und Umsprung in die
Wurfauslage

● zu enge Wurfauslage

Drehungen im Kreis mit Kontrolli-
nien; Drehungen über eine enge
‹Gasse›; Verbesserung der Wurfauslage durch Imitationsübungen
mit Keule und Eisenstab oder Diskusring

● falscher Landerhythmus

Imitationsübungen in langsamem
Tempo (Betonung der richtigen
Schrittfolge: erst rechts, dann
links)

beim Abwurf
● zu früher Einsatz des Wurfarms

Standwürfe; Würfe mit Drehung
mit Betonung des Armeinsatzes
des linken (freien) Arms

● schlechte Streckung beim Abwurf des linken Beins

Standwürfe mit Betonung der
Streckbewegung; Imitationsübungen ohne Gerät (Betonung der
Drehbewegung der rechten Körperseite)

● ‹Einknicken› des Körpers in der
linken Körperseite

Abwurfimitationen unter leichtem
Widerstand eines Partners; Standwürfe mit Betonung der Streckbewegung des linken Beins

beim Abfangen
● zu frühes Lösen des rechten
Beins

Würfe mit mehreren Drehungen
mit anschließendem Abwurf;
Würfe mit Betonung der Armarbeit des linken Arms in der Drehung; Würfe mit betontem ‹Zweibeinstütz-Abwurf› (beachten:
Wurfarm nicht zu früh einsetzen)

1   2   3

Das Vorbild
Evelyn Schlaak (DDR), Olympiasiegerin 1976
mit diesem Wurf im 1. Versuch von 69 Metern

Die Fotoreihe zeigt den hervorragend gelungenen ersten Versuch im olympischen Endkampf, der ihr die Goldmedaille einbrachte. Der dynamische Bewegungsablauf demonstriert die wichtigen Phasen der modernen Diskuswurftechnik:

- ein weites Anschwingen (Foto 1 und 2),
- eine raumgreifende $1^3/_4$-Drehung mit aktivem Schwungbeineinsatz (Fotos 2 bis 8),
- die Wurfauslage (Foto 8) sowie
- die Abwurfbewegung (Fotos 9 bis 12).

Auffallend ist das Einleiten der Drehung über die Ferse des linken Fußes (Foto 3) statt über den Ballen. Das erschwert die Beschleunigung des Körpers in der nun folgenden Drehung. Evelyn Schlaak zeigt je-

7   8   9

4   5   6

doch in den folgenden Phasen eine hervorragende Arm- und Fußarbeit: Das rechte Bein wird fast gestreckt direkt am linken vorbei schnell und aktiv zur Kreismitte gebracht. Der linke (freie) Arm stabilisiert das Gleichgewicht in der einstützigen (Fotos 8 bis 10) und stützlosen Phase (nicht im Foto dargestellt). Nach dem Aufsetzen des rechten Fußes (Foto 7) wird der linke Arm gebeugt und an den Körper gezogen (etwa in Brusthöhe). Das wirkt, zusammen mit dem stark gebeugten linken Bein, zusätzlich beschleunigend auf den sich drehenden Körper, so daß die Athletin einen vorbildlichen Abwurf zeigt: In der Wurfauslage (Foto 8) sind beide Beine gebeugt, der Wurfarm zeigt in Wurfrichtung. Der linke Arm führt die Abwurfbewegung an. Das führt zu einer Vordehnung der schrägen Rumpf- und Brustmuskeln. Die Wurfarmaktivität beginnt erst, wenn der linke Arm fixiert ist (Foto 9).

Trotz der beschleunigten Drehung zeigt sie einen ‹Zweibeinstütz-Abwurf›, ein Zeichen für große Kraft in den Bein- und Rumpfmuskeln (Fotos 9 bis 12).

10   11   12

Wie trainiere ich das Diskuswerfen?

Sprungdehnung und Drehbewegung erfordern ein hohes Maß an Technik und Kondition. Zudem ist der Diskuswurf motorisch komplizierter als etwa der Kugelstoß. Insofern entsprechen spezielle Kraftübungen dem Bewegungsablauf des Diskuswurfs mehr als reine Kraftarbeit mit der Hantel. Die Verbesserung des Rhythmus und des Tempos bei der Drehung stehen im Vordergrund des Trainings mit dem jugendlichen Werfer. Voraussetzung für das Erlernen der Grobform ist eine vielseitige Körperschulung: Sprinten, Springen und Spielen sowie techniknahe Übungen mit Hilfsgeräten bilden die Schwerpunkte des Vorbereitungsabschnitts. Wichtigste Hilfsgeräte sind für die Halle der Schlaufendiskus, der Schleuderball, der Medizinball und der Diskusring (siehe Foto 3).

Im Freien führen Würfe mit dem Eisenrohr, dem Baumstamm oder dem Balken und Würfe mit leichteren und schwereren Disken sowie Imitationsübungen mit der Hantelscheibe einer speziellen Belastung der Wurfmuskulatur.

● *Übungsschwerpunkt:* Gewöhnung an das Gerät

Rollen des Geräts über den Boden, Fingerspitzen zeigen über den Rand

Diskusrollen über den Zeigefinger, aus dem Stand oder Angehen

Werfen des Diskus in die Luft; der Diskus soll sich in der Luft nach vorn drehen und nach dem Landen weiterrollen

Würfe nach vorn und in die Höhe unter Einsatz der Beinstreckung

3

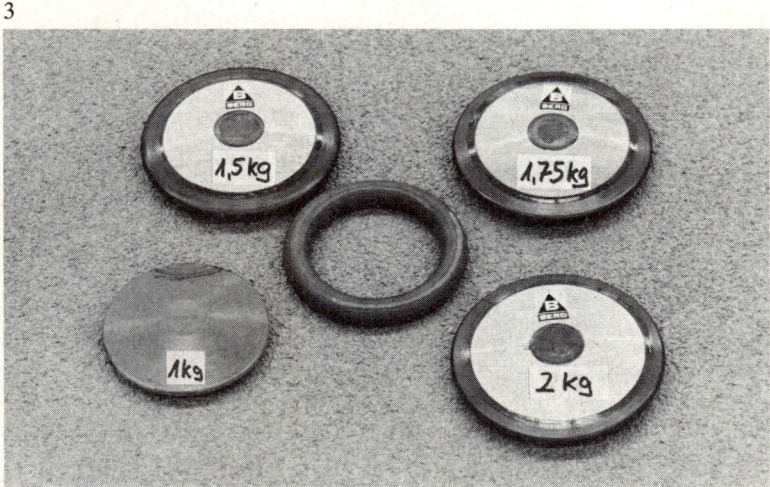

● *Übungsschwerpunkt:* Erlernen des Abwurfs
Schleuderball (kurzgefaßt) vom Kasten abwerfen, dabei Drehen der
Hüfte und des hinteren Fußes nach vorn
Standwurf mit Gerät, Drehen der Hüfte und des hinteren Fußes nach
vorn

● *Übungsschwerpunkt:* Erlernen der Drehung und des Abwurfs
Abwurf des kurzgefaßten Schleuderballs nach Drehung durch einen
markierten Abwurfraum; Wurf mit dem Diskus aus einem Abwurfraum; Abwurf nach Drehung auf einer markierten Linie; Drehungen
auf einer Linie ohne Abwurf; Abwurf aus dem Angehen und 180-
Grad-Drehung auf einer Markierungslinie (siehe Foto 4) – Schrittfolge:
‹links–rechts–links/Wurf› (*beachten:* keine aktive Armarbeit, sondern
das Nachschleppen des Wurfarms betonen); Abwurf aus einer ³/₄-Dre-
hung, einer ganzen Drehung aus dem Stand, zuerst ohne, später mit
Anschwingen; Abwurf aus 1¹/₂-facher Drehung aus dem Ring (Ring-
mitte durch Linie markieren)

● *Übungsschwerpunkt:* Verbesserung des Abwurfs
Standwürfe mit dem Diskusring oder kurzgefaßtem Schleuderball; die
linke Schulter zeigt beim Rechtshänder in Wurfrichtung
Standwürfe über die Zauberschnur (etwa 2 Meter hoch in 1,5 bis 2
Meter Entfernung)

4

Abwurf aus einer Drehung, zuerst ohne Gerät, später mit dem Diskusring und Diskus
Abwurf nach mehreren Drehungen (Drehen auf einer Linie; Fußstellung in der Wurfauslage kontrollieren)

Parallel mit der Abwurfphase wird die Drehung bzw. die Einnahme der
Wurfauslage geschult. Voraussetzung für eine gute Sprungdrehung ist
ein gut entwickeltes Gleichgewichtsgefühl: Häufige Drehungen wechseln mit Standwürfen, etwa im Verhältnis 1 : 1. Die geringe Bewegungs-
freiheit im Wurfkreis (Durchmesser: 2,50 Meter) bedingt eine intensive
Verbesserung der Beinkraft. Erst durch eine technisch richtige Beinarbeit können die Rumpfmuskeln optimal eingesetzt werden.

Spezielle Kraftübungen zur Verbesserung der einzelnen Technikpha-
sen setzen eine gute Dehnung und Lockerung der Muskulatur voraus.
Einige zweckgymnastische Übungen sollen daher vorgestellt werden
(wichtig sind spezielle Dehnfähigkeit der schrägen Bauchmuskeln und
eine optimale Beweglichkeit im Hüft- und Schultergelenk):
Bauchlage, Hochhalte: gleichzeitiges Rumpf- und Beineheben mit
Wenden nach links und rechts
Stand: weites, schwungvolles Rück- und Vorpendeln des Wurfarms
Beckenkreisen im Kniestand mit Stützen der Hüfte
Ausfallschritt vorwärts mit gleichzeitigem kräftigem Armseitschwingen
über das vorgestellte Bein
Sitz am Boden im Langsitz: gegen den Widerstand des Partners Arme
nach vorn ziehen (isometrisch-isotonische Übung) (Foto 5)
Armachterkreisen im Grätschstand

5   6

aus dem Grätschstand Rumpfdrehbeuge nach rechts über den rechten Oberschenkel
aus dem Grätschstand in die Hohlkreuzrückbeuge, Fassen der Ferse mit der Hand ohne Hüftdrehung

● *Übungsschwerpunkt:* Kräftigung der Rumpfmuskulatur
Rumpfdrehen mit der Scheibenhantel auf den Schultern, sitzend und stehend (stehend mit ausgestreckten gekreuzten Armen)
Seitheben mit Kurzhanteln
Rumpfstrecken in der Bauchlage auf dem Turnpferd oder dem Kasten
Seitlage auf dem Kasten: Ausholen des Wurfarms, Schlagen mit gestreckten Armen senkrecht nach oben, Partner hält den Werfer an den Beinen
Schockwurf seitlich aus der Wurfauslage (Foto 6)
Medizinballwurf rückwärts aus dem Kniestand
Liegen auf einer Bank, Arme in Seithalte auf einer Bank: Schwingen der angehobenen Beine von einer Seite zur anderen ohne Belastung (Foto 7)
Rückenlage auf dem Kasten mit Verwringung zur Wurfseite: schnell–kräftiges Aufrichten und Vorhochschwingen der Arme ohne und mit Belastung (Foto 8 und 9)

● *Übungsschwerpunkt:* Kräftigung der Bein- und Beckenmuskulatur
Drehsprünge mit feststehender Schulterachse am Reck
tiefe und halbe Kniebeugen (mit Absetzen) mit Streckung (Hantel auf den Schultern)

7

Hochzehenstand mit Hantel auf den Schultern
Sprünge mit der Hantel oder mit einer anderen Belastung, etwa mit
Sprung- oder Gewichtsweste
Hanteldrücken mit den Beinen oder Beinstrecken an der Kraftma-
schine

8

9

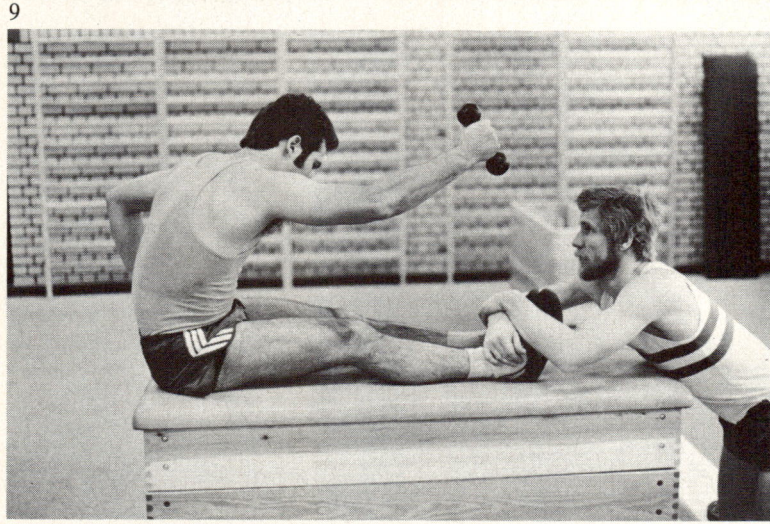

● *Übungsschwerpunkt:* Kräftigung der Muskulatur des Schultergürtels
Drücken aus der Rückenlage mit verschiedenen Griffbreiten an der
Scheibenhantel
Drücken hinter dem Kopf in der Rückenlage, im Stand oder im Sitz
Vor- und Seitwärtsführen der gestreckten Arme mit Belastungen im
Stand und in der Rückenlage
Armbeugen der Unterarme mit der Hantel (sogenannte *curls*)
Liegestütze und Klimmzüge mit Belastung

Wichtig bei der Kraftarbeit für verschiedene Muskelgruppen ist das
Verhältnis, in dem die Muskeln die Wurfleistung beeinflussen. Analy-
sen haben dabei eine unterschiedliche Rangfolge in der Bedeutung bei
Männern und Frauen festgestellt:

Männer	Frauen
1. Schultergürtel	1. Beinmuskulatur
2. allgemeine Rumpfmuskulatur	2. Beckenmuskulatur
3. Bein- und Beckenmuskulatur	3. Schultergürtelmuskulatur
	4. allgemeine Rumpfmuskulatur

Intensität und Umfang des Krafttrainings müssen sich daher nach der
Zusammensetzung der Trainingsgruppe richten.
Auf die Bedeutung des speziellen Aufwärmens vor einem Wettkampf
wurde bereits hingewiesen (vgl. Kapitel «Kugelstoß», Seite 65).
Das *Aufwärmprogramm* eines Diskuswerfers könnte etwa wie folgt
aussehen:
● etwa 10mal Drehungen bis zur Wurfauslage ohne Gerät in spieleri-
   scher Art
● 5mal Drehung mit Diskus ohne Krafteinsatz
● 3mal Standwürfe mit ¾ Krafteinsatz
● 5- bis 6mal Würfe mit Drehung mit gesteigertem Krafteinsatz aus
   dem Ring
Vorausgegangen ist ein Aufwärmen und Warmlaufen von etwa 20 bis
30 Minuten Dauer, verbunden mit einer allgemeinen und speziellen
Gymnastik.

Rahmentrainingsplan für Diskuswerfer
Vorbereitungsperiode (November bis April)

Tag	Schwerpunkt	Min.	Trainingsbeispiel
1. Tag	allgemeine aerobe Ausdauer Kraft	15 20 40 15	Einlaufen, Gymnastik Fahrtspiel Kraftarbeit mit der Hantel (Stoßen, Reißen, Drücken, Kniebeugen, Bankdrücken); Imitationsübungen mit der Scheibe Traben oder Spiel
2. Tag	Sprungkraft Kraft Beweglichkeit, Koordination	15 35 25 15	Einlaufen; Aufwärmen mit spezieller Gymnastik ohne und mit Gerät Weit-, Hoch-, Drei- und Fünfsprünge aus dem Stand; Sprünge mit Anlauf, dabei Sprungbein wechselnd; Tiefsprünge Diskuswürfe aus dem Stand, mit Drehung (verschiedene Gewichte: Standwurf bis 2 kg mehr, mit Drehung bis 1 kg mehr) Spiel oder Auslaufen
3. Tag	allgemeine Körperkraft Beweglichkeit	15 45 15	Aufwärmen; Gymnastik Spezielles Circuit für Werfer, 6–8 Stationen, 2–3 Durchgänge Spiel oder Auslaufen

Tag	Schwerpunkt	Min.	Trainingsbeispiel
4. Tag	Technikschulung mit Schwerpunkt, z. B.: Verbesserung der Abwurfphase Kraft Beweglichkeit Koordination	15	Aufwärmen ohne und mit Gerät
		30	Imitationsübungen: Abwurfphase aus dem Stand und nach Drehung mit Rund- oder Wurfgewicht, mit Kurzhammer oder Kurzbalken; Imitationsübungen der Abwurfphase mit höheren Gewichten (Hantelscheibe), mit Schlaufendiskus, Schleuderball und Medizinball
		30	Kugelwürfe aus dem Stand, Betonung des Abwurfs; Kugelschocken mit 4-kg-Kugel
		15	Hürdenläufe im 3er-Rhythmus über 3–5 Hürden; Auslaufen

Rahmentrainingsplan für Diskuswerfer
Wettkampfperiode (Mai bis September)

Tag	Schwerpunkt	Min.	Trainingsbeispiel
1. Tag	Schnelligkeit Technikschulung mit Schwerpunkt, z. B.: Drehung und Abwurfphase Gewandtheit, Beweglichkeit	15	Aufwärmen; Gymnastik
		25	3 Steigerungsläufe über 40 m, 4 Sprints über 40 m aus dem Block, 2 Koordinationsläufe über 80–100 m
		35	Diskuswürfe aus dem Stand und mit Drehung; Würfe mit Hantelscheiben in die Sandgrube; Imitationsübungen der Drehung mit hoher Geschwindigkeit; Diskuswürfe mit einer und zwei Drehungen; 10–15 Würfe mit Drehung (halber Krafteinsatz)
		10	Hürdenlauf (2, 3, 5 Hürden)
		2–3	ruhiges Auslaufen
2. Tag	Kraft Wurfschulung zur Verbesserung der Koordination	15	Aufwärmen; spezielle gymnastische Übungen
		35	Übungen mit der Hantel; Drehungen mit der Hantelscheibe; 5 × 3–4 halbe Kniebeugen mit der Hantelscheibe, 6–8 Sprünge mit der Hantel aus tiefer Knie-

Tag	Schwerpunkt	Min.	Trainingsbeispiel
		40	beuge, aus der Rückenlage auf Turnbank, Hochreißen von Hantelscheiben; Kugelstoß aus dem Stand und Angleiten 8–10 Standwürfe, 12–15 Würfe mit Drehung
		10	Auslaufen
3. Tag	Schnelligkeit Kraft	15	Aufwärmen durch spezielle Gymnastik
		20	Sprints aus dem Block über 30 m; Koordinationsläufe über 100–120 m
		20	spezielle Kraftübungen: Würfe mit Balken, Eisenrohr oder anderen Hilfsgeräten; Kugelschocken (mit und ohne Drehung)
		20	Sprungkraft: Hürden oder Hocksprünge (ca. 20 ×)
		15	Auslaufen
4. Tag	*Falls kein Wettkampf:* 15 Min. wettkampfgemäßes Aufwärmen; Gymnastik ohne und mit Gerät 20 Min. Nachahmungsübungen für den Abwurf 40 Min. 20 Würfe mit Drehung (nur Wettkampfgerät), 5 Leistungswürfe Kontrollübung: 10mal Kugelschocken (4-kg-Kugel) 15. Min. traben oder spielen		

Lernkontrollen
Kontrolliere selbst:
● Wurfkraft durch Bankdrücken und Kugelschocken
● Sprungkraft durch 3er- und 5er-Hop (beidbeinig)
● Schnelligkeit durch einen 30-m-Sprint (fliegend)

Kontrollnormen für 17- bis 18jährige Diskuswerfer im Aufbautraining
(nach Tschiene)

Leistungsbereiche	(m)	35–40	42–45	47–50	52–55
Standwurf (1,75 kg)	(m)	30–35	37–39	41–43	44–46
Standwurf (2 kg)	(m)	29–32	34–36	37–40	41–43
4-kg-Kugelschocken aus dem Stand	(m)	16–17	18–19	20–22	23–25
Hanteldrücken von der Bank	(kg)	70	90	105	115
Springen aus halber Kniebeuge mit der Hantel	(kg)	120	130	140	150
30-m-Sprint mit Tiefstart	(Sek.)	4,4	4,3	4,2	4,2–4,1
Dreierhop	(m)	8,65	8,85	9,20	9,60–9,80

Kontrollnormen für Diskuswerferinnen (Grundlagentraining)

Leistungsbereich (m)	25	30
Weitsprung aus dem Stand (m)	1,90	2,10
Dreisprung (3er-Hop) aus dem Stand (m)	5,70	5,95
Hochsprung aus dem Stand (m)	41	47
Kugelwurf von unten vorwärts (m)	7,00	8,50
Kugelwurf rückwärts über den Kopf (m)	5,90	9,10
30-m-Lauf aus dem Tiefstart (Sek.)	5,7	5,2

Die wichtigsten Wettkampfbestimmungen
Die allgemeinen Bestimmungen für das Diskuswerfen sind in den Regeln 52 bis 56 der «Amtlichen Leichtathletik-Bestimmungen» (ALB) festgelegt. Sie wurden bereits im Kapitel «Kugelstoß» erläutert.
Abbildung 6 zeigt wichtige Abmessungen des Wurfkreises sowie das Messen einer Diskuswurfleistung.
Regel 57 (ALB): Diskuswurf – Diskus – Schutzgitter
1. Der Diskuswurf erfolgt aus einem Kreis von 2,50 Metern Durchmesser.
2. Der Diskus muß den Abmessungen und Gewicht der amtlichen

Vorschriften entsprechen (siehe *Abbildung 7*); das Material ist beliebig.
3. Zum Schutz der Wettkämpfer, Kampfrichter und Zuschauer sollen alle Würfe aus einem Schutzgitter heraus ausgeführt werden (vgl. Kapitel «Hammerwurf», Seite 146).

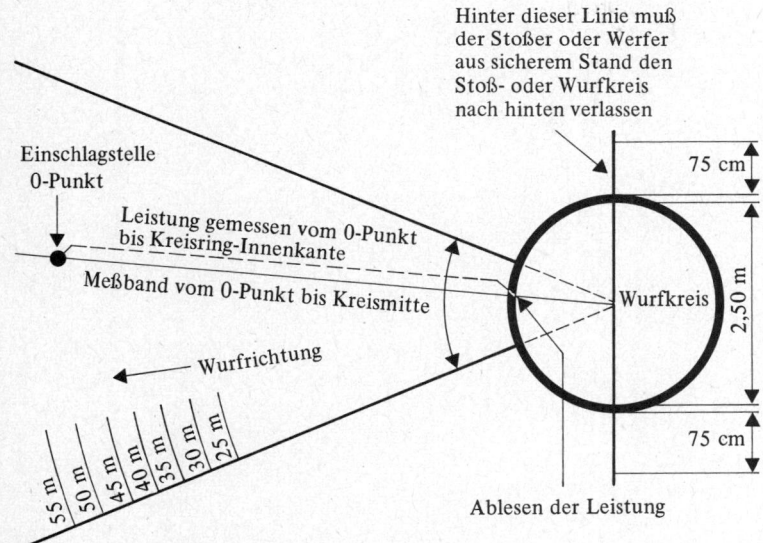

Abb. 6: Wurfkreis und Messen beim Diskuswurf

Es bedeuten:
A = Männer, B = Männl. Jgd. A, C = Männl. Jgd. B, D = Frauen u. Weibl. Jgd.

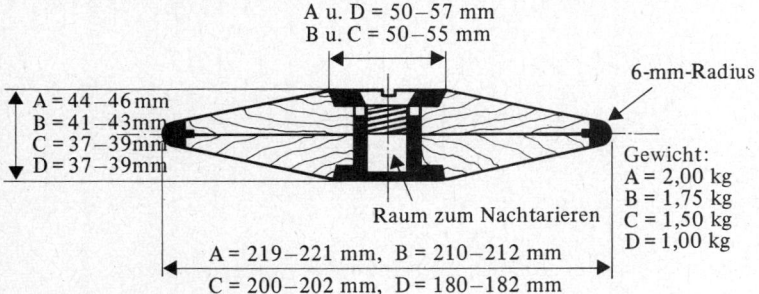

Abb. 7: Abmessungen Diskus

Der Hammerwurf

Mit Schottenkilt und Schmiedehammer
Nach der «Encyclopaedia Britannica» ist das Hammerwerfen eine jahr-
hundertealte kultische Übung, welche neben dem Balkenwerfen, dem
Schwerttanz und dem Steinstoßen Mittelpunkt der schottischen ‹high-
land games› bildete. So trugen die ersten Hammerwerfer statt der
Sporthosen den Kilt, und als Wurfinstrument diente ihnen ein steiner-
ner Hammer mit einem langen Holzgriff, welcher später durch einen
eisernen Schmiedehammer ersetzt wurde. In Irland und Schottland
vergnügte sich bereits im 12. Jahrhundert das Volk mit dem Werfen des
schweren Hammers. Später (1509 bis 1547) soll König Heinrich VIII.
ein begeisterter Hammerwerfer gewesen sein. Geworfen wurde aus
dem Stand oder aus einer einzigen Drehung.
Mit der Übernahme des Hammerwurfs als Wettkampfsportart in die
moderne Leichtathletik ging man daran, dem Gerät ein einheitliches
Gewicht und eine genormte Größe zu geben. Maß und Gewicht des
Hammers wurden 1887 auf 1,22 Meter Gesamtlänge bei einem Ge-
samtgewicht von 7,257 Kilogramm festgelegt. Die nunmehr benutzte
Eisenkugel verband man zunächst mit einer Stahlkette, später mit
einem Stahldraht, der mit einem Stahlhandgriff versehen war. Gewor-
fen wurde aus einem Wurfkreis mit einem Durchmesser von 2,135
Meter. Die Wurfweite betrug bei den erstmalig 1876 durchgeführten
USA-Meisterschaften – irische Auswanderer hatten inzwischen den
Hammerwurf in der Neuen Welt eingeführt – 44,21 Meter. Wenn sich
auch ein ganzes Jahrhundert lang an den technischen Normen des
Wurfgeräts nichts geändert hat, so haben dennoch die Hammerwürfe
der Jahrhundertwende mit den Achtzig-Meter-Würfen der modernen

Sportgeschichte nichts mehr gemein: Technisch hochentwickelte Wurfhammer mit einem Messingmantel und einem Kern aus spezifisch
schwergewichtigem Wolfram werden von technisch perfektionierten
Kraftathleten schon sehr bald in die Nähe der Hundert-Meter-Grenze
geworfen werden. Die Stadien werden zu klein, die Gefahren der
Disziplin wachsen. Der Internationale Leichtathletik-Verband (IAAF)
erwägt unterdessen die einzig mögliche Lösung des gefährlichen Pro-
blems: eine Erhöhung des Hammergewichts und eine Verkürzung des
Hammerdrahts.

Die Technik des Hammerwurfs
● Wer ist für den Hammerwurf geeignet?
Als eines der wichtigsten Kriterien bei der Talentauswahl in den meisten Sportarten gilt das antropometrische Merkmal des Athleten. Etwas verallgemeinert ausgedrückt bedeutet dieses etwa die Rumpf-He-
bel-Verhältnisse, aber auch das Last-Kraft-Verhältnis, die Relation der
vorhandenen Kraft zu der zu bewegenden Masse. Während das Merk-
mal der Körpergröße beim Kugelstoßen und Diskuswerfen eindeutige
Dominanz besitzt, richtet das Hammerwerfen an die Körpergröße des
Athleten eine nicht so eindeutig hohe Anforderung.
Gundlach hat die Mittelwerte für Körperhöhe und -gewicht der Olym-
piateilnehmer im Hammerwerfen bei den Olympischen Spielen 1960 in
Rom ermittelt und kam dabei zu folgenden Durchschnittswerten: Die
Körperhöhe aller Teilnehmer betrug im Mittel 183,6 Zentimeter, das
Körpergewicht belief sich auf 99 Kilogramm.
Auch Tschiene weist darauf hin, daß beim Hammerwurf fehlende Zen-
timeter an Körpergröße und somit auch am Radius der Hammerbahn
infolge geringerer Armlänge durch ein höheres Drehtempo ausgeglichen werden können. Letzteres ist allerdings nur durch eine große
Muskelkraft möglich, welche sich wiederum in einem relativ hohen
Körpergewicht äußert.
Wenn auch die Körpergröße keine so dominante Bedeutung zu haben
scheint, werden die modernen Entwicklungstendenzen für den Lei-
stungsportler im Hammerwurf doch die natürlichen Grenzen bei etwa
85 bis 90 Kilogramm Körpergewicht und einer Körperhöhe von 185 bis
190 Zentimeter setzen. Der Idealtyp des Hammerwerfers muß darüber
hinaus eine gute Koordinationsfähigkeit für Drehbewegungen besitzen.
Eine zusammenfassende Darstellung der Leistungsfaktoren für den
Hammerwurf gibt *Schema 1*.
● Wann kann mit dem Erlernen der Hammerwurftechnik begonnen
werden?
Für den Hammerwurf gilt etwa der gleiche Grundsatz wie für das
Erlernen der ähnlich schwierigen Disziplin des Stabhochsprungs: Mit

Auch der Kampf ums tägliche Leben . . .

. . . ist ein Mehrkampf mit verschiedenen Disziplinen: Stoßen, Werfen, Schleudern und immer wieder Hindernislauf.

Allerdings wird man oft unversehens vom aktiven Sportler zum Sportgerät selbst und wird gestoßen, geworfen, getreten, geschleudert.

Der ganz große Wurf gelingt jedenfalls nicht immer. Wer mehr als nur Wind im Rücken hat, hat's dabei leichter.

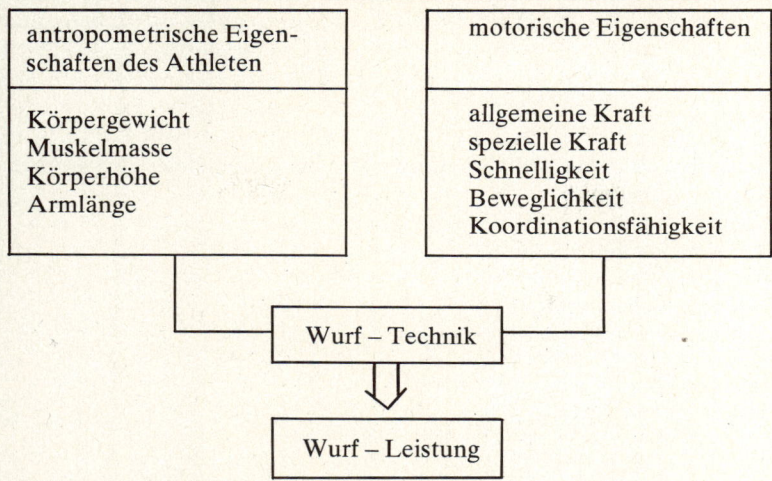

Schema 1: Leistungsfaktoren für den Hammerwurf

beidem kann man schon sehr früh beginnen, das heißt unter Ausnutzung des günstigen motorischen Lernalters schon mit etwa zehn bis zwölf Jahren. Obgleich beim Stabhochsprung das Fehlen der Anlaufschnelligkeit und der Armkraft eine Stabbiegung vorläufig ausschließt und der Schüler nur das ‹natürliche› Springen mit dem Stab üben sollte, ergibt sich für das Üben der Hammerwurftechnik eine Parallele: Infolge der noch geringen Körperkraft des Jugendlichen, mit welcher er dem Zug des beschleunigten Hammers während der Drehung nicht begegnen kann, sollte man sich zunächst mit dem Erlernen des motorischen Ablaufs der Drehbewegungen bescheiden. Erst nach dem planvoll ausgerichteten mehrjährigen Grundlagentraining (etwa zwischen dem 15. bis 18. Lebensjahr), in dem auf der Basis eines allgemeinen und speziellen Krafttrainings die motorischen Eigenschaften Kraft und Schnelligkeit verbessert worden sind, kann mit dem Werfen schwerer Wurfhammer begonnen werden.

Da der Hammerwurf die unzweideutig schwierigste technische Disziplin der Leichtathletik ist, bedarf es dieses mehrjährigen Übungs- und Trainingsprozesses, um ihn vollständig zu beherrschen. Bewegungs- und Koordinationsschulung gehen dabei Hand in Hand, wobei vor allem auf die Wechselbeziehung zwischen Steigerung der Muskelkraft und Körpergewicht hingewiesen werden soll – letzteres als unabdingbare Voraussetzung für einwandfreies Beherrschen einer guten Drehtechnik.

Für das Erlernen der Hammerwurftechnik im Schüler- und Jugendalter wird daher die Verwendung von Hilfsgeräten empfohlen, mit welchen die noch fehlende Kraft teilweise ausgeglichen werden kann.

● Die Technik
Der Gesamtablauf des Hammerwurfs kann in folgende Einzelphasen gegliedert werden:
Griffhaltung
Ausgangsstellung
Anschwingen
Armkreisschwünge
Drehungen und Fußabwicklung
Abwurf
Abfangen
Die folgenden Bewegungsbeschreibungen beziehen sich auf Rechtswerfer.

● Die Griffhaltung
Der Hammergriff liegt auf den zweiten Gliedern der linken Hand. Die rechte Hand umschließt die linke. Die Daumen liegen überkreuzt übereinander, der linke Daumen liegt dabei über dem rechten (siehe Foto 1).

● Die Ausgangsstellung
Der Werfer steht an der hinteren Begrenzung des Wurfkreises mit dem Rücken zur Wurfrichtung. Die Füße sind zur Erhöhung der Standsicherheit beim Anschwingen etwas mehr als Schulterbreite auseinandergenommen. Die Beine sind leicht gebeugt. Die Hände halten den Hammer entweder in aufrechter Körperhaltung vor dem Körper in Hüfthöhe, oder die Hände halten den Hammer bei seitlich rechts abgebeugtem Oberkörper und mit gestreckten Armen zur Vorbereitung des Anreißens des seitlich hinter dem Werfer liegenden Hammers.

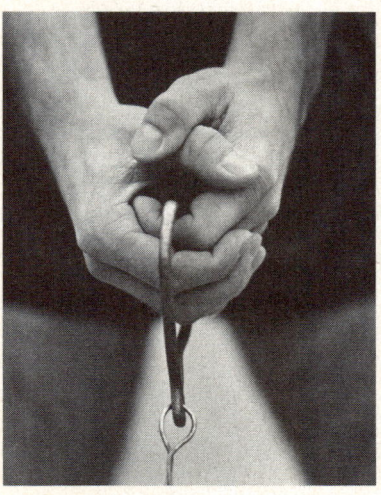

1

● Das Anschwingen
Es gibt zwei Möglichkeiten, den Hammer für die Armkreisschwünge zu beschleunigen.

Erste Art: Der Hammer liegt rechts seitlich hinter dem Werfer im oder außerhalb des Wurfkreises. Durch eine intensive Strekkung des Oberkörpers aus der Rumpfseitbeuge rechts beginnt der Werfer den Armkreisschwung (siehe Foto 2).

Zweite Art: Vor Beginn der Armkreisschwünge pendelt der Hammer zunächst einige Male durch die leicht gegrätschten Beine und wird dann nach rechts–hinten geschwungen, bevor der Armkreisschwung beginnt (siehe Foto 3)

2   3

Die zweite Art zum Anschwingen des Hammers wird heute von den meisten Hammerwerfern der Weltklasse praktiziert, weil das Gerät eine beträchtliche Vorbeschleunigung erfährt und der erste Armkreisschwung schneller erfolgen kann.

● Die Armkreisschwünge
Durch schwungvolles Aufrichten bei gleichzeitigem Linksdrehen des Oberkörpers nach dem Anschwingen des Hammers wird dieser nach vorn–oben in Bewegung gesetzt. Der linke Arm führt die Bewegung mehr als der rechte. Beide Arme sind möglichst gestreckt, um einen großen Radius der Umlaufbahn des Hammerkopfs während der Armkreisschwünge zu gewährleisten. Um diese wichtige Forderung zu erfüllen, beginnt der Werfer, die linke Schulter zu senken, wenn der Hammer seinen Tiefpunkt erreicht hat.

Damit der Werfer der wachsenden Fliehkraft des Hammers entgegenwirken kann, muß er in Opposition zu dem Hammerkopf eine Kreisbe-
wegung mit dem Becken ausführen. Diese überaus wichtige Aus-
gleichsbewegung des Beckens wird mit ‹Kontern› bezeichnet.
Der Höchstpunkt der Umlaufbahn des Hammers bei den Armkreisschwüngen bleibt immer links hinter dem Werfer, während der tiefste
Punkt rechts–vorn liegt, etwa in Verlängerung der rechten Fußspitze.
Später wandert der Tiefpunkt des Hammers bei jeder Drehung etwas
nach vorn bis etwa vor die Körpermitte (siehe *Abbildung 1*, Seite 134).
Im allgemeinen werden zwei Armkreisschwünge ausgeführt, bevor der
Werfer die Drehung beginnt.

● Die Drehungen
Der Übergang vom letzten Armkreisschwung zur ersten Drehung des
Werfers ist meistens entscheidend für einen technisch gut gelungenen
Wurf. Er beginnt, wenn der Werfer nach dem zweiten Armkreisschwung die eingegangene Körperverwringung auflöst. Das Körpergewicht verlagert sich jetzt auf das (linke) Drehbein. Dabei wird der linke
Fuß auf der Ferse nach links eingedreht; die Fußspitze ist etwas angehoben (Phase b). Der rechte Fuß drückt mit dem Ballen intensiv ab und
dreht dabei ebenfalls nach links. Er wird erst dann gelöst, wenn der
linke Fuß sich um etwa 100 Grad in Drehrichtung gedreht hat.
(Phase c): Der Hammer bleibt noch hinter dem Werfer etwa in Schulterhöhe. Jetzt beginnt die sehr instabile einbeinige Stützphase – wegen
der geringen Möglichkeit, beschleunigend auf das Wurfgerät einzuwir-
ken, auch ‹Ohnmachtsphase› genannt: Während der linke Fuß über die
Außenkante und den Ballen weiter einwärts dreht, wird das rechte Bein
möglichst *eng* und *flach* um das Stützbein herumgeführt (Phase d). So
wird die instabile Einbeinstützphase schnell überbrückt. Die Schultern
bleiben noch zurück, um eine möglichst große Körperverwringung
einzugehen. Während der Drehung bleiben beide Beine stets gebeugt.
Die Zweibeinstützphase beginnt erneut, wenn der rechte Fuß auf der
Höhe des linken wiederum auf dem Boden weich aufgesetzt hat (Phase
e). Der Hammer wird auch in diesem Moment noch ‹geschleppt› und
befindet sich hinter dem Werfer. So kann erneut beschleunigend auf
den Hammer eingewirkt und die nächste Drehung begonnen werden.
Im allgemeinen wird nach drei Drehungen der Hammer abgeworfen.
Eine vierte Drehung kann zwar zu einer weiteren Beschleunigung des
Hammers auf seiner Umlaufbahn beitragen; die kaum zu bewältigende
Schwierigkeit besteht aber darin, den so wichtigen Abwurf nicht zu
gefährden.
Die Technik der zweiten und dritten Drehung gegenüber der ersten
verändert sich wie folgt: Die erhöhte Bahngeschwindigkeit des Ham-

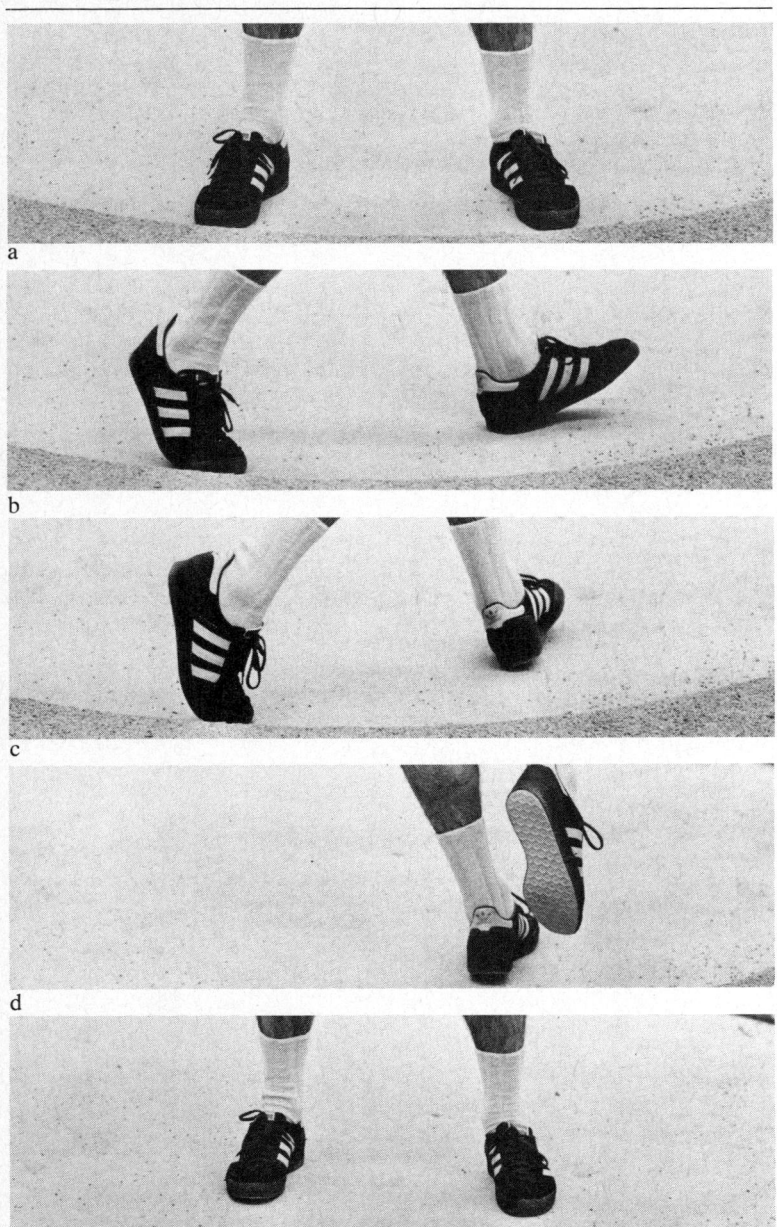

a

b

c

d

e   Foto 4 (a–e): Fußabwicklung mers muß durch eine stärkere Verlagerung des Rumpfes ausgeglichen werden. Diese bewirkt eine Vergrößerung des Neigungswinkels der Hammerumlaufbahn. Mit zunehmender Drehung wird infolge erhöhter Drehgeschwindigkeit in der zweiten und dritten Drehung die Fußstellung von Drehung zu Drehung enger, damit das Umlaufbein einen kürzeren Weg zurücklegen kann (siehe *Abbildung 2*). Der Tiefpunkt des Hammers wandert nach jeder Drehung etwas zur Körpermitte hin. *Abbildung 3* (nach Kuznetzow) zeigt den zunehmenden Beschleunigungsverlauf bei den drei Drehungen eines 69-Meter-Hammerwurfs.

● Der Abwurf
Nachdem das rechte (Umlauf-)Bein nach der letzten Drehung mit dem Fußballen auf dem Boden aufgesetzt hat, befindet sich der Werfer mit dem Rücken zur Wurfrichtung an der vorderen Begrenzung des Wurfkreises. Das Körpergewicht belastet das linke Bein; beide Beine sind noch immer gebeugt. Der Tiefpunkt des Hammers liegt etwa vor der Körpermitte am hinteren Kreisrand. Beide Arme sind gestreckt. Nach dem Aufsetzen des rechten Beins erfolgt ohne jede noch so geringfügige Unterbrechung ein explosives Strecken beider Beine. Bei gleichzeitiger Körperverlagerung auf das rechte Bein wird der Kopf in den Nakken genommen und eine Rumpfstreckung ausgeführt. Die gestreckten Arme schleudern den Hammer, der die Hände verläßt, wenn er sich in Schulterhöhe befindet, in einem Abwurfwinkel von etwa 42 bis 44 Grad heraus.

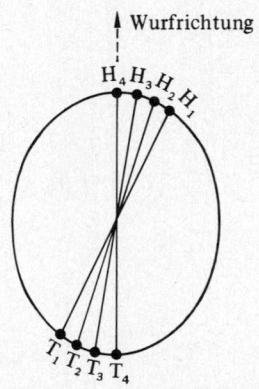

Abb. 1: Wandern des Hoch- und Tiefpunkts

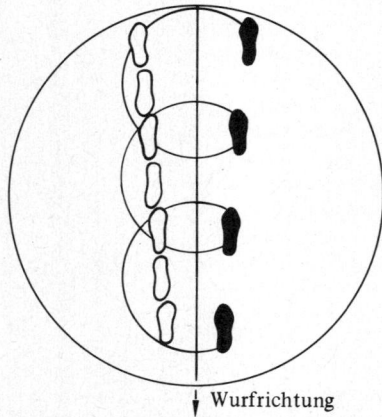

Abb. 2: Fußspur bei den Drehungen

● Das Abfangen

Nach dem Abwurf wird nicht selten durch ungeschicktes Verhalten des Werfers der Wurf dadurch ungültig, daß nach vorn übergetreten wird. Daher hat es sich als vorteilhaft erwiesen, nach erfolgtem Abwurf das linke Bein vom Boden zu lösen und den Wurf über das rechte Bein abzufangen. Hierbei mildert ein starkes Abbeugen des Beins und eine Tieflagerung des Körperschwerpunkts die Gefahr, den Wurfkreis nach vorn zu übertreten.

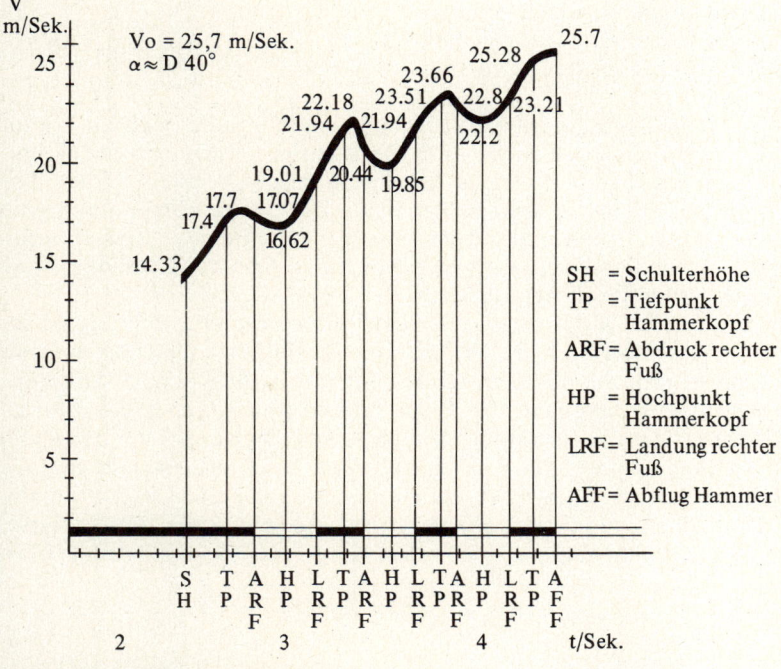

Abb. 3: Beschleunigungsverlauf

1   2   3

Das Vorbild
Karl-Hans Riehm (Bundesrepublik Deutschland)
Ehemaliger Weltrekordler mit 78,50 Meter
Olympiavierter 1976

Die Bildreihe zeigt den Werfer im olympischen Endkampf 1976.
Fotos 1 bis 5: Anschwung mit einem einfachen Armkreisschwung
Fotos 6 bis 9: erste Drehung
Fotos 10 bis 13: zweite Drehung
Fotos 14 bis 18: dritte Drehung und Abwurf

Vor dem Beginn der ersten Drehung vollführen die meisten Werfer
entweder ein Anreißen des am Boden liegenden Hammers oder ein ein-
bis mehrmaliges auftaktiges Anschwingen des Hammers. Dieses Anschwingen dient zur Vorbeschleunigung des Geräts, welche den Beginn
des Armkreisschwungs wesentlich erleichtert. Beides – Anschwingen
des Hammers sowie die ersten einleitenden Armkreisschwünge – sind
in der Bildreihe nicht dargestellt.
Foto 1: Der Werfer steht mit dem Rücken zur Wurfrichtung an der
hinteren Begrenzung des Wurfkreises. Die Füße stehen etwas mehr als
schulterbreit auseinander, um die Standsicherheit für die Armkreisschwünge zu erhöhen. Die Beine sind im Kniegelenk leicht gebeugt.
Jetzt erfolgt der Beginn des letzten Armkreisschwungs vor der ersten
Drehung (Fotos 2 bis 5). Während des Armkreisschwungs sind die
Arme möglichst gestreckt, um einen günstigen großen Radius auf der
Umlaufbahn des Hammerkopfs zu garantieren. Die gestreckten Arme,
wie bei Riehm auch auf den Fotos 1, 5, 6, 7, 10, 11 und vor allem beim

4   5   6

Abwurf auf den Fotos 17 und 18 zu erkennen, sind geradezu ein hervorstechendes Merkmal der modernen Hammerwurftechnik.

Foto 2 zeigt deutlich, wie die linke Schulter gesenkt wird, wenn sich der Hammer auf der linken Seite bewegt. Die rechte Hüfte gleicht dabei konternd zur rechten Seite hin aus. Durch diese Verlagerung des Beckens zur (rechten) Gegenseite wirkt der Werfer der immer größer werdenden Fliehkraft des Hammers entgegen.

Foto 3 zeigt gleichfalls die Opposition des Beckens zum Hammer: Während der Hammer sich hinter dem Werfer bewegt, gleicht das Becken, leicht nach vorn gedrückt, den Schwung des Hammers aus.

Foto 4, 5 und 6 zeigen den golfschlagartigen Beginn der ersten Drehung. Die im Foto 4 deutlich zu erkennende Verwringung wird dadurch ausgelöst, daß der linke Arm – wie beim Golfschlag gestreckt – den sich abwärts bewegenden Hammer durch einen kräftigen Armzug beschleunigt. In dieser Phase erhält der Hammer seine Hauptbeschleunigung für die nächste Drehung. Der Tiefpunkt des Hammers während der gesamten Umlaufbahn ist jetzt erreicht; er liegt, wie auf Foto 6 deutlich zu sehen ist, etwas rechts vom Werfer ungefähr in Verlängerung der rechten Fußspitze.

Bevor nach dem letzten Armkreisschwung der Tiefpunkt des Hammers erreicht ist, beginnt der Werfer, den linken Fuß auf der Ferse nach links zu drehen. Die Fußabwicklung erfolgt über Ferse-Außenkante und Ballen des linken Fußes. Der rechte Fuß drückt sich mit dem Ballen, ebenfalls nach links drehend, kräftig vom Boden ab. (Diese Phase liegt genau zwischen den Fotos 6 und 7 und ist in der Bildserie nicht festgehalten.)

7   8   9

Auf Foto 7 ist zu sehen, daß sich der Werfer jetzt um etwa 90 Grad in Drehrichtung gedreht hat. Der Hammer befindet sich etwa in Schulterhöhe. In diesem Moment hat sich der rechte Fuß vom Boden gelöst und leitet die einbeinige Stützphase des Werfers ein, die erst auf Foto 10 beendet ist. Um diese instabile Phase so schnell wie möglich zu überbrücken, muß das (rechte) Umlaufbein so schnell wie möglich um das Stützbein herumgeführt werden. Die typischen Kriterien des schnellen Überbrückens dieser einbeinigen, ‹ohnmächtigen› Stützphase sind deutlich auf Foto 7 und 8 zu erkennen: Der Fuß des Umlaufbeins führt flach (Ferse tief), eng – und somit schnell – um das Stützbein herum.

Foto 8 zeigt deutlich das ‹Kontern› des Beckens, während der Hammer den höchsten Punkt der Umlaufbahn erreicht hat. Der Werfer ‹hängt im Hammer›, das Körpergewicht lastet völlig auf dem Stützbein.

Die Fotos 9 und 10 zeigen die Beendigung der ersten Drehung. Das Umlaufbein setzt gebeugt und weich auf, um den Reibungswiderstand auf dem Boden gering zu halten. Während die Verwringung des Körpers aufgelöst wird, beginnt unmittelbar mit Beginn der zweibeinigen Stützphase golfschlagartig die weitere Beschleunigung für die zweite Drehung. Der runde Rücken und die langgehaltenen Arme des Werfers (Foto 11) weisen darauf hin, daß dadurch eine Radiusverlängerung und eine optimale Umlaufgeschwindigkeit des Hammers möglich sind.

Fotos 10 bis 13 zeigen den etwa gleichen Verlauf der zweiten Drehung.

13   14   15

10   11   12

Die Fußstellung ist nun etwas enger als zu Beginn der ersten Drehung
(Foto 13).
Die dritte Drehung ist auf den Fotos 13 bis 16 dargestellt. Der Werfer
hat sich inzwischen drehend bis an den vorderen Rand des Wurfkreises
bewegt (Foto 15). Der Tiefpunkt des Hammers ist bis etwa vor die
Körpermitte gewandert, hat diesen aber (auf Foto 16) noch nicht ganz
erreicht. Die Beine sind wie bei den Drehungen immer noch leicht
gebeugt.
Der Abwurf beginnt, wenn das rechte Bein nach der dritten Drehung
auf dem Boden aufgesetzt hat (Foto 15). Das Körpergewicht ruht jetzt
auf dem linken Bein. Wenn der Hammerkopf den tiefsten Punkt erreicht hat, beginnt die explosive Streckung der Beine für den Abwurf.
Das Körpergewicht hat sich hierzu zunächst auf das rechte, dann auf
beide Beine verlagert. Mit völlig gestreckten Armen erfolgt nun der
Abwurf, während die linke Schulter in die Wurfrichtung zeigt (Foto
17). Der Kopf wird dabei in den Nacken genommen, der Rücken bildet
ein Hohlkreuz, welches aber nicht überbetont werden darf, da sich
hieraus eine nachteilige Radiusverkürzung ergeben kann. Das linke
Bein ist kraftvoll durchgestreckt und hat so dem abgeworfenen Hammer noch einen zusätzlichen Höhenimpuls verliehen.
Foto 18 deutet an, daß der Werfer sich nach dem Abwurf in einem
sicheren Stand befindet, der ihn vor einem Übertreten bewahrt.

16   17   18

Fehler beim Hammerwerfen

Korrekturhilfen

● Anziehen der Arme beim Anschwingen und bei den Armkreisschwüngen

einarmiges Schwingen des Hammers, abwechselnd links und
rechts, betont langsam beidarmige
Armkreisschwünge üben

● ungenügendes, ausgleichendes
‹Kontern› mit dem Becken

wenn sich der Hammer im Tiefpunkt befindet, ist mit dem Senken
der linken Schulter zu beginnen

● Vorlaufen des Hammerkopfs
bis zur Körpermitte bei den
Armkreisschwüngen

der Tiefpunkt der Umlaufbahn
rechts vom Werfer wird durch einen Ball markiert. Nach mehrmali-
gem Schwingen wird der Ball mit
dem Hammerkopf weggeschlagen

● Unbeweglichkeit in der Hüfte
während der Armkreis-
schwünge

Beweglichmachung der Hüfte und
des Beckens durch spezielle Gym-
nastikformen zur Hüftlockerung,
zum Beispiel Hüftbeugen und
-kreisen

● zu ausgedehnte Einbeinstützphase bei der Drehung

lange über linke Ferse und rechten
Ballen einwärts drehen; rechtes
Bein schnell, das heißt eng und
flach um das (linke) Drehbein
führen

● Gleichgewichtsverlust bei den
Drehungen

zuerst sehr langsam drehen, dann
im Wechsel: Armkreisschwung–
Drehung–Armkreisschwung. Dabei mitzählen, entweder «Schwingen–Drehen» oder «eins–zwei»
langsame Drehungen ausführen;
Beinbeugung überbetonen; Ferse
des Umlaufbeins betont flach
halten

● ‹Stampfen› bei den Drehungen
und dadurch bedingt einen
bremsenden Reibungswider-
stand des Umlaufbeins

Verbessern der Fußabwicklung.
Langsam drehen, dabei mitsprechen: «Ferse–Außenkante–Ballen». Drehung ohne und mit Hammer, aber ohne Abwurf üben

● ungenügende Vorwärtsbewegung während der Drehungen

Fußabwicklung langsam üben. Der
rechte Fuß muß nach jeder Drehung neben dem linken aufsetzen.

● zu steile oder zu flache Umlauf-bahn des Hammers	Arme und Schultern fixieren, dabei Winkel zwischen Armen und Körper konstant halten
● seitliches Herausdrehen aus dem Wurfkreis durch fehlerhafte Fußabwicklung	Übe die Drehung zur Orientierung über eine Linie
● zu flacher Abwurf	nach mehreren Armkreisschwüngen ohne Drehung den Abwurf üben, dabei kräftige Beinstrekkung vollführen; Beinkräftigung durch Sprungübungen
● Anziehen der Arme beim Abwurf	Abwürfe aus dem Stand üben, Arme bewußt lang halten, hinter dem Wurf hersehen; Kopf in den Nakken, Hohlkreuz einnehmen
● Aufschlagen des Hammerkopfs vor dem Abwurf	keine Ausholbewegung mit dem Oberkörper vollführen, Abwurf ohne Drehungen üben; dabei lediglich Schwung aus der Beinstrekkung holen
● Übertreten nach dem Abwurf	übe das Abfangen nach dem Wurf. Das linke Bein nach dem Abwurf wegziehen, das rechte Bein tief abbeugen und Körperschwerpunkt tieflagern.

Wie trainiere ich das Hammerwerfen?

Der Hammerwurf als eine der schwierigsten leichtathletischen Übungen verlangt eine intensive Grundausbildung des Athleten. Ulrike Meyfarth konnte als 16jährige Olympiasiegerin 1972 beweisen, daß man im Hochsprung schon frühzeitig hohe sportliche Leistungen erreichen kann (neben dem Olympiasieg errang sie gleichzeitig einen neuen Weltrekord); eine derartige Leistungsexplosion ist bei einem jungen Hammerwerfer nahezu ausgeschlossen. Das Erlernen der schwierigen Technik sowie die Vervollkommnung der athletischen Eigenschaften machen den Hammerwurf geradezu zu einer Fleißdisziplin. Der Leistungsaufbau des Athleten zieht sich daher nicht selten über viele Jahre hinweg. Das führt einerseits dazu, daß sehr junge Athleten noch keine frühen Lorbeeren ernten können; andererseits verwelkt dieser, einmal gepflückt, auch nicht so rasch: Der Hammerwerferruhm ist ausgesprochen langlebig.

Hammerwerfer verzeichnen bei Olympischen Spielen den höchsten

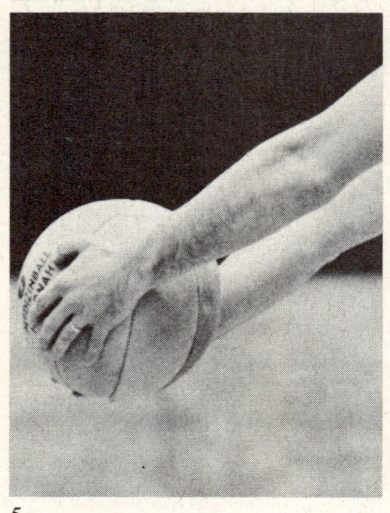 

5   6

Altersdurchschnitt aller Leichtathleten. Insofern nimmt es sich durch-
aus normal aus, daß die Bronzemedaille im Hammerwerfen bei den
Olympischen Spielen 1976 in Montreal von dem sowjetrussischen Mitt-
dreißiger Bondartschuk gewonnen wurde.
Als Übungsgerät für die Anfängerschulung wird noch nicht der Wurf-
hammer empfohlen, sondern die auf den Fotos 5 bis 8 dargestellten
Hilfsgeräte: Medizinball, Schleuderball, Schleuderball mit verlängerter
Schlaufe, Ballnetz mit 1000 Gramm Medizinball. Das noch fehlende
Körpergewicht sowie die mangelnde Kraft des Anfängers können durch
das Üben mit den empfohlenen Hilfsgeräten ausgeglichen werden.

Spezielle Übungen der Technikschulung
● *Übungsschwerpunkt:* spezielle Beweglichkeit
Im Mittelpunkt stehen Dehnung und Lockerung des Schultergürtels,
der Rumpfmuskeln, der Muskeln des Beckens und der Hüfte sowie eine
Mobilisation der Wirbelsäule.
Armmühlkreisen, beidseitig
Arme wechselseitig hochstrecken
Arme vorstrecken, dabei einen ‹Katzenbuckel› einnehmen
Schulterrollen, vor- und rückwärts
Ellbogen-Trichterkreisen mit den Armen in Schlaghalte
Rumpfseitbeugen, dabei Arme in der Hochhalte
Rumpfkreisen in der Seitgrätschstellung

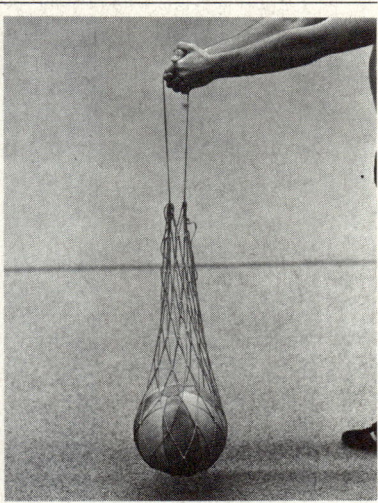

7   8

Beckenkreisen in der Seitgrätschstellung und im Liegestütz
Bein- und Beckenkreisen an den stillhängenden Ringen
im Sitz vor der Sprossenwand: Aufstehen in die Spannbeuge
in der Rückenlage vor der Sprossenwand: Seitführen der gestreckten
Beine (‹Scheibenwischer›)
auf dem Boden: Rückenlage und Brücke im Wechsel; Wechsel Liegestütz–Brücke–Liegestütz; Bauchschaukel in der Bauchlage; Kreuz-
schneppern; Beinkreisen im Nackenstand u. a.

● *Übungsschwerpunkt:* Anschwingen und Armkreisschwünge
Armkreisschwünge zunächst ohne, dann mit dem 1 kg schweren Medizinball
Armkreisschwünge und Abwerfen des Medizinballs
Armkreisschwünge mit dem Schleuderball, links- und rechtshändig
Armkreisschwünge mit dem Schleuderball; die Lederschlaufe ist durch
ein Sprungseil auf etwa ein Meter Länge verlängert (siehe Foto 9, Seite
144)
Armkreisschwünge mit dem Ballnetz, das mit dem 1 kg schweren
Medizinball beschwert ist
einarmige Kreisschwünge mit dem leichten Wurfhammer (Jugend B 5
kg). Zunächst nur mit dem rechten Arm schwingen; die linke Hand
greift nur zu, wenn sich der Hammer vor dem Körper befindet. Sie löst
den Griff wieder, wenn sich der Hammerkopf dem Höchstpunkt nähert.

9   10

Dann wird der Arm gewechselt: Der linke Arm vollführt die Kreisschwünge, die rechte Hand greift nur zu, wenn sich der Hammer vor
dem Körper befindet.
Beachten: Der Tiefpunkt der Umlaufbahn wird markiert und muß
ständig von einem Beobachter kontrolliert werden.

● *Übungsschwerpunkt:* Drehung und Fußabwicklung
Zuerst wird die Drehung ohne Hammer geübt. Zur Kontrolle der
Fußabwicklung steht der Werfer über einem Strich (siehe Foto 10).
– Drehung ohne Hammer mit übertrieben stark gebeugten Beinen;
Arme in Vorhalte
Reihenfolge bei der Drehung beachten:
Fußspitze linker Fuß ist angehoben.
Drehung auf dem linken Bein über Ferse–Außenkante–Ballen des
Fußes.
Rechter Fußballen drückt ab.
Drehung um ca. 120 Grad.
Rechten Fuß um das Stützbein herumführen, während weiter gedreht
wird. Rechter Fuß setzt nach 360 Grad Drehung neben dem linken auf.
Mitsprechen: «Dreeehen–und stehn». Während das gedehnte «Dreee-
ehen» die längere beidbeinige Stützphase andeuten soll, drückt das
schnellgesprochene «und stehn» das schnelle Überbrücken der einbei-
nigen Stützphase aus.
– Armkreisschwung und Drehung im Wechsel
Armkreisschwung mit Hilfsgerät oder leichtem Hammer. Im Wechsel:
Armkreisschwung–Drehung–Armkreisschwung–Drehung. Indem nur

jeweils ein Armkreisschwung und eine Drehung ausgeführt werden, kann sich der Werfer besser orientieren und verliert nicht so leicht die Balance. Auch jetzt wird zur Orientierung über eine Linie gedreht und mitgesprochen. Zunächst langsam, dann etwas schneller: Schwingen–Drehen–Schwingen–Drehen.

Zunächst gelingen nur einige Wiederholungen. Aber schon bald können viele Drehungen hintereinander ausgeführt werden.

– Armkreisschwung – zwei Drehungen
Die Übung wird wie die vorige durchgeführt. Als Erschwerung kommen nach je einem Armkreisschwung zwei Drehungen hinzu. Wiederum mitsprechen: «Schwingen–Drehen–Drehen–Schwingen usw.»

Allmählich lernt der Werfer, durch die Armkreisschwünge zwischen den Drehungen sich gut zu orientieren. Die Übungen werden noch nicht im Wurfkreis ausgeführt.

– Mehrfachdrehungen
Wenn die Sicherheit für die Drehungen erlangt ist, können mehrere Drehungen hintereinander in sehr langsamem Übungstempo vollführt werden. Die Betonung muß dabei unbedingt darauf liegen, daß die Arme langgestreckt bleiben.

Die Drehungen werden zweckmäßig immer noch auf einer Linie und noch nicht im Wurfkreis ausgeführt. So wird das System Werfer–Hammer allmählich immer mehr stabilisiert – eine Grundvoraussetzung für den technisch guten Hammerwurf.

● *Übungsschwerpunkt:* Abwurf
– Abwurf nach zwei Drehungen
Nun muß der Werfer lernen, sich mit seinen Drehungen dem nur 2,135 Meter im Durchmesser großen Wurfkreis anzupassen. Anschwingen und zwei Drehungen können jetzt aus dem Wurfkreis geübt werden. Im Anschluß daran soll ein kontrollierter Abwurf gelingen. Zuerst wird noch langsam, dann immer schneller gedreht.

Es ist darauf zu achten, daß der Hammerkopf seinen Tiefpunkt auf der Umlaufbahn noch rechts von der Körpermitte des Werfers hat.

– Abwurf nach drei Drehungen
Bei dem Abwurf nach drei Drehungen muß ständig die Erfüllung der Hauptforderungen eines gelungenen Abwurfs kontrolliert werden:
● Tiefpunkt des Hammers vor der Körpermitte des Werfers
● Abwurf mit gestreckten Armen
● Beinstreckung beim Abwerfen des Hammers
● Kopf in den Nacken
● Hohlkreuz beim Abwurf
● Abfangen des Wurfs und Sicherung der Wurfweite

Wichtig: Wurfsicherheit beachten

Bei den Wurfübungen müssen unbedingt folgende Sicherheitsvorschriften beachtet werden:

- Alle Drehwürfe dürfen nur aus einem mit dem Schutzgitter versehenen Wurfkreis ausgeführt werden.
- Immer nur in eine Richtung werfen.
- Wurfgeräte nach dem Wurf zurücktragen, nicht -werfen.
- Das Wurffeld stets von Übenden und Zuschauern freihalten.
- Beobachtungsstandpunkt: etwa zehn Meter in Verlängerung Werfer–Tiefpunkt der Umlaufbahn des Hammers.

Spezielle Übungen der Konditionsschulung

Auf die besondere Bedeutung einer gleichzeitigen Bewegungs- und Konditionsschulung wurde bereits hingewiesen. Neben einer gründlichen Verbesserung der allgemeinen Beweglichkeit und speziellen Gewandtheit stehen Übungen zur speziellen Kräftigung im Mittelpunkt der Konditionsschulung. Auf die Methoden eines allgemeinen Krafttrainings im einführenden Teil soll hier noch einmal verwiesen werden. Auf die große Bedeutung der Kraft für den Hammerwerfer weist Schmolinsky hin, der die Fliehkraft des Hammers in der letzten Phase eines Wurfs mit 250 Kilopond angibt. Die Geschwindigkeit des Hammerkopfes in der Schlußphase des Hammerwurfs beträgt bis zu 25 Meter/Sekunde. Dieser Fliehkraft muß der Werfer vermittels seines Kräftepotentials entgegenwirken. Da die Muskelarbeit während der Hammerwurfdrehungen vorwiegend statisch geleistet wird, müssen die Kraftübungen mit relativ hohen Belastungen ausgeführt werden. Hierbei ergibt sich für den Übungsleiter die besondere Notwendigkeit, die Belastbarkeit des Jugendlichen auf die Trainingsbelastung richtig abzustimmen, um Schädigungen zu vermeiden.

Im Mittelpunkt der Kräftigung stehen:

- die Rückenmuskeln, vornehmlich der Rückenstrecker
- die Gesäßmuskeln
- die Beinmuskeln, vornehmlich die Vorderseite der Oberschenkel
- die Rumpfmuskeln
- die Schulter- und Armmuskeln.

Aus dem reichhaltigen Übungsangebot wird hier nur eine Auswahl der zweckdienlichsten Übungen aufgeführt.

- Übungen mit dem Sandsack

Armkreisschwünge ohne Abwurf

Rumpfseitbeugen in der Seitlage, Partner hält an den Beinen (siehe Foto 11 und 12)

Rumpfaufrichten auf dem Boden oder Kasten liegend

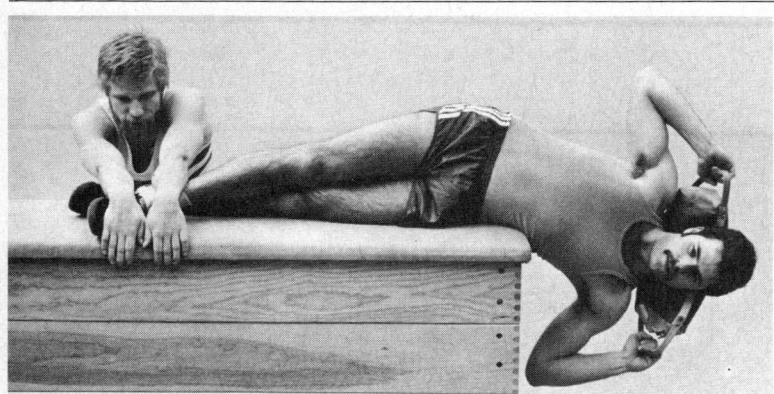

11

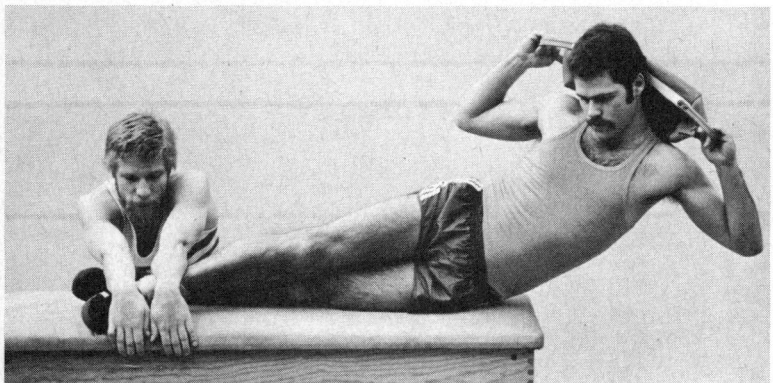

12

13

Sprünge aus der tiefen Hocke; Rumpfkreisen; Rumpfseitbeugen; Rumpfdrehen; Schwingen durch die gegrätschten Beine
Drehungen (Fußabwicklung) mit stark gebeugten Beinen

● Übungen mit dem Medizinball
Armkreisschwünge, ohne und mit Abwurf
Rumpfkreisen; Rumpfseitbeugen
Ballkreisen um den Körper, im Stand und in der Rückenlage (siehe Foto 13, Seite 147)
Würfe zum Partner als Schwung-, Schock- oder Drehwurf, im Stand, im Kniestand, in der Rücken- oder Bauchlage

● Übungen mit der Scheibenhantel
in der Seitgrätschstellung, Hantel auf den Schultern: Rumpfdrehen (siehe Foto 14)
im Stand: halbe Kniebeugen mit Absitzen auf einem Stuhl
im Stand: Heben der Hantel mit Umsetzen vor der Brust, auch seitlich vom Körper
im Stand: Reißen der Hantel bis zur Hochstrecke
im Liegen: Bankdrücken
Wichtig: Hauptkriterien der Hebetechnik beachten
● Kopf hoch
● flacher Rücken
● tiefes Gesäß
Steht zur Durchführung des Krafttrainingsprogramms ein Krafttrai-

14

ningsgerät zur Verfügung, dann sollte dieses vornehmlich benutzt werden. Verletzungen werden so ausgeschlossen. Ein spezielles Übungsprogramm wird mit Hilfe eines erfahrenen Übungsleiters zusammengestellt. Das Programm der allgemeinen Kräftigung sollte aber unbedingt durch folgende Übungen mit speziellem Charakter ergänzt werden:

- Hammerschwingen mit überschwerem Gerät
- Hammerschwingen mit zwei Wurfhämmern
- Schwung- und Wurfübungen mit Rundgewichten
- Schwung- und Schockwürfe mit Eisenkugeln
- Sprungübungen mit der Gewichtsweste auf Mattenbahnen
- Kastentiefsprünge auf Mattenbahnen
- Sprünge über mehrere, etwa 80 Zentimeter hohe Hürden

Der Trainingsplan des Hammerwerfers
Auch für den Hammerwurf können nur allgemeine Trainingshinweise erteilt werden, welche ein sinnvoll geplantes Training erleichtern sollen. Der hier empfohlene Trainingsrahmenplan legt daher nur Schwerpunkte fest. Der Ausbildungsstand des Jugendlichen sowie die örtlichen Gegebenheiten wie Vorhandensein eines geeigneten Wurfgeländes oder Kraftraums entscheiden nicht zuletzt über den Trainingserfolg. Die Frage: Wo trainiere ich am besten? wird in vielen Fällen nicht einfach zu beantworten sein. Es wird gelegentlich größerer Initiativen bedürfen, um bei Sportvereinen oder Stadtverwaltungen die Anlage eines geeigneten Werferplatzes zu erwirken.
Der hier aufgezeigte Rahmentrainingsplan geht von der Voraussetzung aus, daß der jugendliche Athlet bereits eine allgemeine Grundausbildung zur Verbesserung der motorischen Grundeigenschaften – vor allem Kraft, Schnelligkeit und Gewandtheit – erhalten hat sowie in die Grundbegriffe der Hammerwurftechnik eingeführt worden ist.

Rahmentrainingsplan für Hammerwerfer
Vorbereitungsperiode (November bis April)

Tag	Übungsschwerpunkte	Min.	Trainingsbeispiel
1. Tag im Freien	Verbesserung der Gewandtheit Verbesserung der Wurftechnik Verbesserung der Wurfkraft allgemeine Ausdauer	15 40 15	Einlaufen und Gymnastik; 5 Steigerungsläufe Technikschulung (Würfe mit 2 und 3 Drehungen), 8–10 Drehungen und Würfe (2 Wurf-hämmer) Dauerlauf
2. Tag in der Halle	Verbesserung der Be-weglichkeit Verbesserung der Gewandtheit Verbesserung der Koordination Verbesserung der Schnelligkeit Verbesserung der speziellen Kraft	15 15 15 35 15	Aufwärmung und Gymnastik; 10 Wurfübungen mit dem Medizinball Startübungen und Kurzsprints Sprungübungen (Hürden, Matten) Krafttraining (Scheibenhantel, Kraftmaschine) oder Circuittraining Spiel
3. Tag im Freien	Verbesserung der Gewandtheit Verbesserung der Wurftechnik Verbesserung der Koordination allgemeine Ausdauer	15 10 30 15	Dehn- und Locke-rungsübungen; 3–5 × 150 m Tempowechselläufe Schwung- und Schockwürfe mit der 6-kg-Stoßkugel, 5 Armkreisschwünge, 5–8 Drehungen ohne Abwurf, 10–15 Drehungen mit Abwurf Dauerlauf

Tag	Übungsschwerpunkte	Min.	Trainingsbeispiel
4. Tag in der Halle	Verbesserung der Beweglichkeit Verbesserung der Gewandtheit Verbesserung der Schnelligkeit Verbesserung der Sprungkraft Verbesserung der allgemeinen Kraft	15 10 10 40 15	Gymnastik Starts und Kurzsprints Schwungübungen mit dem Sandsack, Rundgewicht o. ä.; 10 Schlußsprünge über 6–10 Hürden oder auf der Mattenbahn allgemeines Krafttraining (Scheibenhantel, Kraftmaschine) oder Circuittraining Spiel

Rahmentrainingsplan für Hammerwerfer
Wettkampfperiode (Mai bis September)

Tag	Übungsschwerpunkte	Min.	Trainingsbeispiel
1. Tag Laufbahn, Rasen, Wurfgelände	Verbesserung der Gewandtheit Verbesserung der Koordination Verbesserung der Schnelligkeit Verbesserung der Wurftechnik allgemeine Ausdauer	15 20 30 20	Einlaufen und Gymnastik; 8 Starts und Sprints (30–40–50–60–50–40–30–20 m); 15–20 Würfe mit Drehungen; 10 Diagonalläufe ca. 120 m
2. Tag Laufbahn, Rasen, Wurfgelände	Verbesserung der Beweglichkeit Verbesserung der Koordination Verbesserung der Sprungkraft	15 20 15	Gymnastik; 5 Steigerungsläufe 120–150 m; Mehrsprünge auf dem Rasen (6–8 Zehnsprünge);

Tag	Übungsschwerpunkte	Min.	Trainingsbeispiel
	Verbesserung der all-gemeinen Kraft	35	Drehübungen mit dem Hammer; 5–8 Vierfach- und Fünffachdrehungen allgemeines Kraft-training
		10	Dauerlauf, Auslocke-rung
3. Tag Lauf-bahn, Rasen, Wurf-gelände	Verbesserung der Gewandtheit Verbesserung der Koordination Verbesserung der Schnelligkeit Verbesserung der Wurftechnik	15 20 60	Einlaufen und Gym-nastik; 8–10 Starts und Sprints 20–30 m; 3 × 2 Drehungen oh-ne Abwurf, 3 × 3 Drehungen ohne Ab-wurf, 3 × 4 Drehun-gen ohne Abwurf, 3 × 5 Drehungen oh-ne Abwurf, 10–12 Drehungen mit Abwurf
4. Tag Wurf-gelände	Kontrollübungen oder Wettkampf	20 60	Einlaufen und Gym-nastik; Durchführung eines Trainings unter Wett-kampfbedingungen; 6 Würfe mit 3 Dre-hungen und 6–8 Min. Pausen: Kontrollübungen mit dem überschweren Hammer

Lernkontrollen
Kontrolliere selbst:
- Schnelligkeit
- allgemeine Kraft der Beine und Arme
- spezielle Wurfkraft
- spezielle Sprungkraft
- Drehungen und Abwurf

(Die Angaben beziehen sich auf 15- bis 16jährige Jugendliche)

Schnelligkeit
durch den 30-m-Sprint aus dem Tiefstart

Bewertung:	durchschnittlich	gut	sehr gut
	4,6 Sek.	4,5 Sek.	4,4 Sek.

allgemeine Kraft
Beinkraft durch die halbe Kniebeuge mit der Hantel

Bewertung:	durchschnittlich	gut	sehr gut
	100 kg	115 kg	130 kg

Armkraft durch Bankdrücken

Bewertung:	durchschnittlich	gut	sehr gut
	40 kg	50 kg	60 kg

spezielle Wurfkraft
durch den Wurf mit zwei Anschwüngen und einer Drehung (6,25 kg)

Bewertung:	durchschnittlich	gut	sehr gut
	25 m	25–28 m	28–30 m

spezielle Sprungkraft
durch den Fünfsprung ohne Anlauf

Bewertung	durchschnittlich	gut	sehr gut
	13–13,50 m	13,50–14 m	14,50 m

Drehung und Abwurf
durch den Wurf mit drei Drehungen
In zweiwöchigen Zeitabständen sollten regelmäßige Kontrollwürfe auf Weite mit dem überschweren Wurfgerät (7,25 kg) durchgeführt werden. Ebenso empfehlen sich gelegentliche Kontrollwürfe mit dem leichten Wurfhammer (5 kg).

Die wichtigsten Wettkampfbestimmungen

- Der Hammerwurf erfolgt aus einem Kreis von 2,135 Metern Durchmesser.
- Die Verwendung normaler Handschuhe zum Schutz der Hände ist gestattet.
- Der Werfer darf vor Beginn der Drehung den Hammerkopf auf den Boden innerhalb oder außerhalb des Wurfkreises legen.
- Es gilt nicht als Fehlwurf, wenn der Hammer während der Drehungen den Boden berührt.
- Der Hammerkopf muß aus massivem Eisen oder einem anderen Metall, das nicht weicher als Messing ist, hergestellt sein. Er muß Kugelform haben und den in der *Tabelle 1* dargestellten Bedingungen nachkommen.
- Zum Schutz der Wettkämpfer, Kampfrichter und Zuschauer sind alle Würfe aus einem Schutzgitter heraus auszuführen.

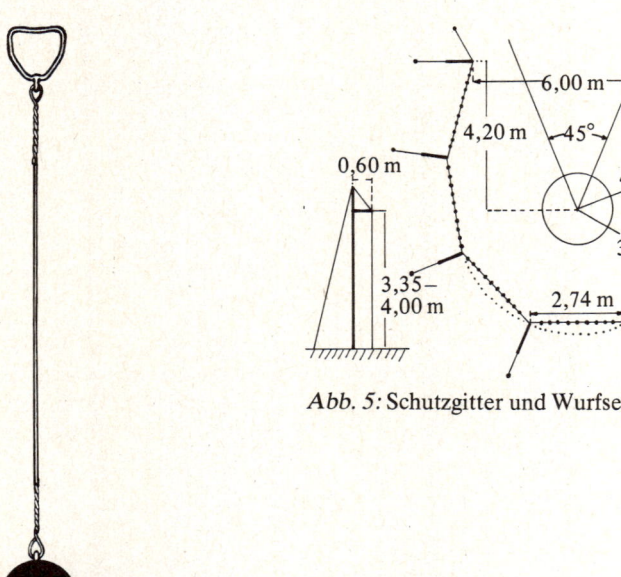

Abb. 5: Schutzgitter und Wurfsektor

Abb. 4: Wurfhammer

Hammer		Männer	Männliche Jugend	
			A	B
Hammer (komplett) Gewicht:	mindestens	7,257 kg	6,25 kg	5,00 kg
Länge: (gemessen von der Innenseite des Handgriffs)	mindestens	117,5 cm	114,5 cm	111,5 cm
	höchstens	121,5 cm	116,5 cm	114,5 cm
Hammerkopf Durchmesser:	mindestens	10,2 cm		
	höchstens	12,0 cm		
Schwerpunkt:	nicht mehr als 6 mm vom Zentrum des Kopfes entfernt			
(Der Hammerkopf muß ohne Verbindungsdraht und ohne Handgriff auf einer horizontalen, scharfkantigen, kreisförmigen Öffnung von 12 mm Durchmesser im Gleichgewicht bleiben.)				
Verbindungsdraht (Stahl) Dicke:	mindestens	3 mm	2 mm	2 mm

Tabelle 1

Regel 55 (ALB) – Messen Stoß und Wurf
4. Die Leistung ist in vollen Zentimetern anzugeben. Bei Diskus-, Speer- und Hammerwurf müssen die Leistungen in geraden Zentimetern angegeben werden, also gegebenenfalls abgerundet werden (z. B. 62,43 m in 62,42 m).

Der Mehrkampf
Technik – Taktik – Training

Der Zehnkampf

Könige der Athleten

«Sie sind der König der Athleten!» Mit diesen Worten ehrte der schwedische König den Zehnkampfsieger Jim Thorpe bei den Olympischen Spielen 1912 in Stockholm. In dem erstmals bei Olympischen Spielen ausgetragenen Zehnkampf war der Indianer Thorpe der gefeierte Athlet. Und auch heute noch werden die Zehnkämpfer wegen ihrer Vielseitigkeit und in Anerkennung ihrer Leistungen als Könige der Athleten bezeichnet.

Die Mehrkämpfe und damit der Zehnkampf haben ihren Ursprung im griechischen Fünfkampf (Pentathlon), das aus einem Kurzstreckenlauf (192 Meter), Weitsprung, Diskuswurf, Speerwurf und Ringkampf bestand. Wenn auch die Reihenfolge der Wettkämpfe nicht geklärt ist, so weiß man doch, daß nach Ausscheidungskämpfen in den ersten vier Disziplinen die beiden Erfolgreichsten im Ringkampf um den Olympiasieg kämpfen mußten.

Seit dem Mittelalter wurden in mehreren europäischen Ländern ‹volkstümliche› Wettkämpfe in vielfältiger Form abgehalten, z. T. als Drei- oder Fünfkampf, kombiniert aus Frei- und Geräteübungen. 1880 gab es beim Frankfurter Turnfest einen Zwölfkampf, der drei volkstümliche Übungen enthielt. Seit 1863 wurde bei fast allen Turnfesten ein Fünfkampf nach griechischem Vorbild ausgetragen, und zwar mit 100-m-Lauf, Hochsprung, Weitsprung, Steinstoßen und Ringkampf. Aber auch andere Übungen wie Dreisprung, Hochweitsprung, Stabhochsprung und Schleuderball wurden in diesen Fünfkämpfen angeboten.

Der Zehnkampf in der heutigen Form hat seinen Ursprung in den USA.

Seit 1884 wurde jährlich der ‹All-Around-Championship› durch folgende zehn Disziplinen ermittelt: 100-Yards-Lauf, Weitsprung, Kugelstoßen, Hochsprung, 800-Yards-Gehen, Hammerwurf, Stabhochsprung, 100-Yards-Hürdenlauf, Gewichtwerfen (25,4 kg), 1-Meilen-Lauf.

Der erste olympische Zehnkampf wurde dagegen nach dem ‹schwedischen› Modell bei den Olympischen Spielen 1912 in Stockholm ausgetragen. Er entspricht in der Disziplinauswahl und Reihenfolge der Übungen dem heutigen Zehnkampf:

1. Tag: 100-m-Lauf, Weitsprung, Kugelstoßen, Hochsprung, 400-m-Lauf

2. Tag: 110-m-Hürdenlauf, Diskuswerfen, Stabhochsprung, Speerwerfen, 1500-m-Lauf

Vor diesem Zehnkampf gab es bei den Olympischen Spielen 1904 in St. Louis im Turnprogramm einen volkstümlichen Dreikampf und 1906 in Athen (10 Jahre Olympische Spiele der Neuzeit) einen Fünfkampf mit 200-m-Lauf, Weitsprung, Diskuswurf, Speerwurf und Ringkampf. Neben dem Zehnkampf wurde von 1912 bis zu den Olympischen Spielen 1924 ein geänderter Fünfkampf mit 200-m-Lauf, Weitsprung, Diskuswurf, Speerwurf und 1500-m-Lauf durchgeführt.

Der erste Olympiasieger, der Indianer Jim Thorpe, mußte wegen Verstoßes gegen die Amateurbestimmungen die Goldmedaille zurückgeben; er hatte in einer Profimannschaft für das Baseballspiel einen kleinen Geldbetrag angenommen. – Interessant ist ein Leistungsvergleich des ersten Olympiasiegers mit dem von 1976.

Thorpe (1912)

100 m	Weit	Kugel	Hoch	400 m	110 Hü	Diskus	Stab	Speer	1500 m
11,2	6,79	12,89	1,87	52,2	15,6	36,98	3,25	45,70	4:40,1
756	776	658	743	712	787	625	601	574	524

= 6756 Punkte

Jenner (1976)

100 m	Weit	Kugel	Hoch	400 m	110 Hü	Diskus	Stab	Speer	1500 m
10,94	7,22	15,35	2,03	47,51	14,84	50,04	4,80	68,52	4:12,61
819	865	809	882	923	866	873	1005	862	714

= 8618 Punkte

Um einen Vergleich zu ermöglichen, wurde die Mehrkampfwertung von 1964 zugrunde gelegt.

In der Geschichte des Zehnkampfs änderte sich die Wertung mehrfach. Die Wertetabelle für die amerikanische Meisterschaft im ‹All-Around-Championship› richtete sich nach den 1883 aufgestellten Rekordleistungen. Diese entsprachen jeweils 1000 Punkten. 1912 wurde nach einer linearen Leistungsprozentwertung mit sogar 1000stel Punkten gewertet. Diese Wertung wurde 1934 durch die ‹Finnenwertung›, eine progressive 1000-Punktewertung, ersetzt, welche eine starke Kluft zwischen Läufen und Sprüngen enthielt. 1951 kam eine verbesserte 1500-Punktewertungstabelle zur Anwendung, die für eine gute Einzelleistung eine progressiv sehr hohe Punktzahl auswies. Schließlich wurde anläßlich der Olympischen Spiele in Tokio 1964 die heutige gültige Wertung eingeführt und 1972 für den Frauen-Fünfkampf und weitere Frauenwettbewerbe korrigiert.

Neue Geräte, höhere Leistungen, eine allzu starke Progression in den Läufen nach der alten Wertung und die zu hohe Wertung der Läufe gegenüber den Würfen machten diese neue Wertung erforderlich. Die Höchstleistung in einer Disziplin wurde nicht mehr so hoch bewertet wie bisher; dadurch lagen die neuen Weltrekorde in der Punktzahl tiefer. Der Zehnkämpfer mit ausgeglichenen Leistungen hatte nun mehr Chancen als der Spezialist mit wenigen guten Disziplinen.

Auffallend schwach fällt auch nach der neuen Wertung der 1500-m-Lauf aus. Hier wäre es sicher wegen der Chancengleichheit notwendig, die Punktzahl anzuheben.

Das Leistungsniveau sank nach Thorpes Olympiasieg (64-Wertung = 6756 Punkte); erst 1928 wurde eine etwas bessere Leistung erzielt (64-Wertung = 6774 Punkte). Ein erster Höhepunkt war 1936 in Berlin mit 7422 Punkten (64-Wertung) erreicht.

Bei den Olympischen Spielen 1960 durchbrach Rafer Johnson mit 8001 Punkten die 8000-Punktgrenze. Vorher hatte Chuan-Kwang-Yang (Formosa) den Weltrekord auf 8063 Punkte heraufgesetzt.

Die Vormachtstellung der Amerikaner und Russen durchbrach 1964 in Tokio der Deutsche Willi Holdorf mit seinem Olympiasieg (7887 Punkte). 1967 stellte Kurt Bendlin mit 8319 Punkten einen neuen Weltrekord auf, der 1969 durch Bill Toomey, Olympiasieger 1968 (8193 Punkte), mit 8417 Punkten übertroffen wurde. 1972 erreichte der Olympiasieger Awilow 8454 Punkte, und 1976 stellte Bruce Jenner mit 8618 Punkten einen neuen olympischen und Weltrekord auf. Trotz dieser großartigen Leistungen ist die Grenze im Zehnkampf noch nicht abzusehen.

Die Technik der Zehnkampfdisziplinen

Der Zehnkämpfer muß ein breites Spektrum technischer Bewegungsabläufe beherrschen: Start, Sprint, Weitsprung, Kugelstoß, Hochsprung, Hürdenlauf, Diskuswurf, Stabhochsprung und Speerwurf. Die Technik der Disziplinen im Zehnkampf unterscheidet sich nicht von der der Einzeldisziplinen.

Da die Technik einen großen Einfluß auf die Leistung hat, muß sich der Zehnkämpfer auf diesem Gebiet ständig verbessern. Bei dem heutigen hohen Standard können die Leistungen nicht durch überwiegend konditionelle Arbeit erreicht werden. Nur auf der Basis einer guten Technik in Verbindung mit der Kondition können sich Erfolge einstellen. Aus der Sicht der Lernenden sind einige Techniken vorteilhaft, andere weniger. So wird beim Hochsprung sicher der Flop gegenüber dem Straddle den Vorzug erhalten, da er eine wesentlich kürzere Zeit der Technikschulung in Anspruch nimmt und mit ihm schneller größere Höhen erzielt werden.

Auch individuelle Einstellungen oder Veranlagungen können eine Rolle spielen, etwa bei der Weitsprungtechnik oder beim Kugelstoßen (Drehstoß- oder Rückenstoßtechnik).

Zur Verbesserung der Bewegungsvorstellung bieten sich visuelle Hilfsmittel an wie Dias, Ringfilme, Video-Aufzeichnungen usw.

Wer eignet sich für den Zehnkampf?

Nach der Veranlagung können drei Typen des Zehnkämpfers unterschieden werden: Läufer-, Springer-, Werfertyp und die Kombinationen: Wurf–Lauf-Veranlagung, Wurf–Sprung-Veranlagung, Lauf–Sprung-Veranlagung, Wurf–Lauf- und Sprungveranlagung.

Angestrebt wird heute nicht der S-Typ (Spezialist auf einem Gebiet), sondern der A-Typ, der in allen Disziplinen ausgeglichen gute Leistungen zeigt.

Der Zehnkämpfer muß neben dem noch zu beschreibenden technischen und konditionellen Vermögen über einen starken Willen zur Leistungssteigerung und Trainingsbelastung über mehrere Jahre hinweg verfügen.

Die Schnelligkeit sollte die herausragende Fähigkeit des Zehnkämpfers sein, da sie in sieben Disziplinen Voraussetzung für eine gute Leistung darstellt. Durch die Einführung des Flop als Hochsprungtechnik erhielt die Schnelligkeit noch mehr Gewicht.

Die Punktbewertung der Läufe gegenüber den Würfen unterstreicht wiederum die vordringliche Förderung der Schnelligkeit in den Läufen (ausgenommen 1500-m-Lauf).

Bei den Läufen nimmt bei Leistungen mit gleichem Abstand die Punktwertung in ihrer Differenz zu; sie ist progressiv, wie der 100-m-Lauf zeigt:

Leistung:	11,8	11,7	11,6	11,5	11,4	11,3	11,2	11,1	11,0	10,9	10,8 (Sek.)
Punkte:	622	643	665	687	710	733	756	780	804	828	853
Differenz:	21	22	22	23	23	23	24	24	24	25	

Dagegen ist die Bewertung bei den Würfen regressiv; die Punktzahl verringert sich in der Differenz bei gleichem Abstand, wie das Kugelstoßen zeigt:

Leistung: 15,48 15,98 16,48 16,98 17,48 17,98 18,48 (Meter)
Punkte: 817 846 875 903 931 959 986
Differenz: 29 29 28 28 28 27

Wer seine Veranlagung für den Zehnkampf ermitteln möchte, kann anhand der folgenden Werte seine Gesamtpunktzahl abschätzen. Es werden nur Durchschnittswerte angegeben; für eine genaue Berechnung muß die Mehrkampfwertung hinzugezogen werden.

Die Jugendwertung liegt gegenüber der Männerwertung in den einzelnen Disziplinen um genau 600 Punkte höher (neue Wertung ab 1977). Nur beim Kugelstoßen differiert sie um wenige Punkte über oder unter 600 Punkte.

Ein Jugendlicher, der im Zehnkampf 10 000 Punkte, 10 500 Punkte oder 11 000 Punkte erreichen möchte, muß folgende Leistungen erbringen:

	Leistung	Punkte	Leistung	Punkte	Leistung	Punkte
100-m-Lauf	12,9	1008	12,7	1044	12,4	1101
Weitsprung	5,12	1000	5,33	1051	5,54	1100
Kugelstoßen	9,25	1000	9,82	1050	10,41	1100
Hochsprung	1,50	994	1,56	1053	1,61	1102
1000-m-Lauf	3:08,4	1000	3:03,0	1050	2:57,8	1100
110-m-Hürden-lauf	20,9	998	20,0	1049	19,2	1099
Diskuswurf	26,83	1000	28,94	1050	31,14	1100
Stabhochsprung	2,59	1000	2,75	1052	2,90	1098
Speerwurf	34,04	998	37,30	1050	40,59	1100
400-m-Lauf	61,0	1001	59,4	1051	57,9	1100
Gesamtpunktzahl		10000		10500		11000

10 000 Punkte entsprechen einer Durchschnittsleistung, 10 500 Punkte einer guten und 11 000 Punkte einer sehr guten Leistung. Der deutsche Jugendrekord (Männliche Jugend, 1977) wird von Jürgen Hingsen mit 13 769 Punkten gehalten.

Für den Achtkampf der Jugend B können aus der Tabelle ebenfalls die Werte errechnet werden, wenn der Speerwurf und 400-m-Lauf nicht bewertet werden (7800 Punkte = Durchschnittsleistung, 8200 Punkte = gute Leistung, 8600 Punkte = sehr gute Leistung).

1
2
3
4

Das Vorbild
Guido Kratschmer (Bundesrepublik Deutschland)
Deutscher Meister im Zehnkampf, Silbermedaillengewinner im Zehnkampf bei den Olympischen Spielen 1976 in Montreal mit 8411 Punkten. Kratschmers Leistungen im olympischen Zehnkampf: 100-m-
Lauf: 10,66 Sek. (890 P.), Weitsprung: 7,39 m (899 P.), Kugelstoßen:
14,74 m (773 P.), Hochsprung: 2,03 m (882 P.), 400-m-Lauf: 48,19
Sek. (889 P.),
110-m-Hürdenlauf: 14,58 Sek. (895 P.), Diskuswurf: 45,70 m (794 P.),
Stabhochsprung: 4,60 m (957 P.), Speerwurf: 66,32 m (837 P.), 1500-
m-Lauf: 4:29,09 Min. (595 P.).

5

6

7

8

9

10

Wie trainiere ich den Zehnkampf?
Der Zehnkampf wird als eigene Disziplin und nicht als Aneinanderreihung von zehn Disziplinen verstanden. Der Zehnkämpfer muß anders trainieren als der Spezialist in einer Disziplin und wird versuchen, in allen Disziplinen einen hohen Standard zu erreichen, ohne Höchstleistungen in einer Disziplin vollbringen zu wollen.
Die umfangreiche Trainingsarbeit ist nur zu bewältigen, wenn Schwerpunkte gebildet werden und übergreifend oder zusammenhängend, das heißt ‹gekoppelt› trainiert wird. Um das Training möglichst effektiv zu gestalten, sollte es vom Sportler und Trainer mit höchster Konzentration durchgeführt werden.

Der Zehnkampf stellt hohe Anforderungen an den Athleten. Er muß die technischen Bewegungsabläufe beherrschen, reaktionsschnell und ausdauernd sein sowie über Sprungkraft, Wurfkraft, Schnelligkeitsausdauer, Kraft, Beweglichkeit und Koordinationsvermögen verfügen.
Technik einerseits und Kondition andererseits müssen in gleichem Maße entwickelt werden, da ohne eine ausreichende Technik bei guter Kraft und Kondition keine guten Leistungen zu vollbringen sind – wie auch umgekehrt. Fehler in der Technik können ihre Ursache in der Kraft oder Kondition haben; daher muß mit der Technik auch die Beweglichkeit und Kraft sowie die allgemeine und spezielle Ausdauer verbessert werden.
Das Training sollte mit ausgeruhter Muskulatur – das gilt vor allem für das Schnelligkeits- und Schnellkrafttraining – durchgeführt werden, was allerdings bei einer beruflichen Anspannung nicht immer zu verwirklichen ist.
Der Zehnkämpfer muß – mehr noch als andere – Selbstdisziplin und für längere Zeit einen Willen zum Training, Wettkampf und zur Leistungssteigerung zeigen.

● *Übungsschwerpunkt:* Erlernen der Techniken im Schüler- und Jugendalter als Hinführung zum Zehnkämpfer
Im Schüler- und Jugendalter wird zunächst Vielseitigkeit angestrebt. Durch die Ausbildung zum Mehrkämpfer wird die beste Grundlage für spätere Höchstleistungen in einer Spezialdisziplin geschaffen. Der Spezialist entwickelt sich also aus dem Mehrkämpfer. Eine vielseitige Ausbildung wird schon von der Grundschule an bis zum Gymnasium durch die Bundesjugendspiele gefördert. – Die Ausbildung zum Zehnkämpfer dauert im Durchschnitt acht Jahre, wobei das Höchstleistungsalter zwischen dem 26. und 32. Lebensjahr liegt.
Zusätzlich zum Schüler-Dreikampf aus Kurzstreckenlauf, Weitsprung und Schlagballweitwurf kann ab dem 10. Lebensjahr der Flop als Hochsprungtechnik erlernt werden.

Als neue Disziplinen für den Schüler, der Mehrkämpfer werden möchte, empfehlen sich ab dem 12. Lebensjahr der Hürdenlauf und Stabhochsprung. Da der Hürdenlauf und vor allem der Stabhochsprung eine lange technische Ausbildung erfordern, muß früh mit der Erarbeitung dieser schwierigen technischen Bewegungsabläufe begonnen werden. Darüber hinaus werden bei diesen Disziplinen die für den Zehnkämpfer wichtigen Eigenschaften entwickelt: Schnelligkeit, Schnellkraft, Beweglichkeit, Gewandtheit und Koordination.

Der Speerwurf kann vor dem Kugelstoßen geschult werden, da für diese Technik nicht so viel Kraft benötigt wird.

Eine dreijährige technische Ausbildung nähme damit schwerpunktmäßig folgenden Verlauf:

Zwölfjährige: Hürdenlauf, Stabhochsprung

Dreizehnjährige: Speerwurf (als Fortführung des Schlagballweitwurfs)

Kugelstoßen (als Disziplin im Mehrkampf der Dreizehn- bis Vierzehnjährigen)

Vierzehnjährige: Diskuswurf

Das konditionelle Training beinhaltet in dem dreijährigen Vorbereitungsprogramm folgende Schwerpunkte:

Zwölfjährige: Schnelligkeit (Kurzstrecken)

Ausdauer (ohne Sauerstoffschuld über längere Zeit)

Beweglichkeit

Dreizehnjährige: Hinzunahme der Schnellkraft

Vierzehnjährige: Hinzunahme des Krafttrainings

Wenn ein Schüler dieses Schwerpunktprogramm sorgfältig durchgeführt hat, wird er den Achtkampf (siehe «Wettkampfbestimmungen») seiner Altersgruppe bestreiten können.

Nach dem Erlernen der Techniken müssen diese vervollkommnet werden. Jeder Zehnkämpfer (Achtkämpfer) hat ‹starke› und ‹schwache› Disziplinen, Disziplinen mit guten und weniger guten Leistungen. Sollen nun ‹schwache› Disziplinen häufiger und intensiver trainiert werden?

Diese Frage ist nicht generell zu beantworten. Da das Training der ‹schwachen› Disziplinen weniger Erfolg bringt und wenig Spaß macht, sollte das nicht im Mittelpunkt des Trainings stehen; vielmehr wird der Athlet mit dem Trainer einen Mittelweg suchen.

Der Athlet muß sich aber klar darüber sein, daß er, wie Friedel Schirmer sagt, mit einer guten Disziplin nicht gewinnen kann, aber mit einer schlechten Disziplin verliert. Hat ein Zehnkämpfer eine besonders schwache Disziplin, so wird er beim heutigen Leistungsstandard nicht siegen können. Einige Disziplinen sollten schwerpunktmäßig trainiert, andere im Rahmenprogramm auf dem erreichten Niveau gehalten werden.

Es sei noch einmal betont, daß die technischen Fertigkeiten im Jugendalter Vorrang vor der Ausbildung der motorischen Eigenschaften Kraft, Ausdauer, Schnelligkeit usw. haben. Bei einem zu intensiven konditionellen Training können sich technische Fehler verfestigen, die nur sehr schwer auszumerzen sind.

Das Training zur Förderung der anaeroben Ausdauer sollte wegen der vegetativen Labilität erst nach der Pubertät auf der Basis der aeroben Ausdauer mit größerer Intensität durchgeführt werden.

● *Übungsschwerpunkt:* Die Technikschulung
   der Zehnkampfdisziplinen

Das Training der technischen Bewegungsabläufe muß sich am Techniktraining der einzelnen Disziplin orientieren. Darüber hinaus sind speziell für den Zehnkampf (Achtkampf) einige Grundsätze zu beachten: Das Training beginnt immer mit einer Aufwärmarbeit. Es wird gleichzeitig als Laufschulung genutzt mit laufverbessernden Übungen wie Koordinationsläufen, Kniehebeläufen, Fußgelenkarbeit und vielfältigen Sprüngen. An Art, Umfang und Intensität sollte diese Aufwärmarbeit vor dem Training und vor den Wettkämpfen gleich sein, damit nicht durch eine Umstellung zur sonstigen Aufwärmarbeit der Beginn des Wettkampfs erschwert wird.

In einer Trainingseinheit werden nicht mehr als höchstens drei Disziplinen technisch geschult. Die Technik wird möglichst immer im vollen Bewegungsablauf trainiert, nicht in einer zu starken Zergliederung. Innerhalb des ganzheitlichen Vollzugs können Einzelelemente betont und herausgehoben werden. Wegen des großen Kräfteverbrauchs werden bei den Würfen und beim Kugelstoß leichtere Geräte benutzt oder Imitationsübungen durchgeführt. Beim Hürdenlauf empfiehlt es sich bisweilen, die Abstände zu verkürzen.

Nicht allgemein Läufe, Sprünge oder Würfe, sondern eine spezielle Wurf- und/oder eine Sprungübung sind in einer Trainingseinheit zu trainieren. Das Lauftraining wird in jeder Trainingseinheit, zum Teil auch schon in der Aufwärmarbeit, berücksichtigt. Einige Technikelemente können die einer anderen Technik günstig beeinflussen, andere haben gegenteilige Wirkung:

Günstig ist es, den *Hitch-kick* als Weitsprungvariante zu wählen, da einige seiner Elemente die Technik des Hürdenlaufs fördern.

Ungünstig wirkt sich die Reihenfolge Diskuswurf–Kugelstoßen aus; es sollte immer zuerst Kugelstoßen, dann Diskuswerfen trainiert werden – ebenso erst Weitsprung, dann Stabhochsprung; erst Stabhochsprung, dann Hochsprung (Straddle); erst Hürdenlauf, dann Straddle.

Insgesamt gilt: Die Disziplinen werden möglichst in der Reihenfolge des Wettkampfs trainiert. Für viele Athleten gibt es die größten Umstellungsschwierigkeiten vom 100-m-Lauf zum Weitsprung und vom Hürdenlauf zum Diskuswurf. Deshalb sollten im Training erst 100-m-Lauf, danach Weitsprung; erst Hürdenlauf und danach der Diskuswurf trainiert werden. Das gilt für die anderen Disziplinen entsprechend.

Zur Gewöhnung an wettkampfmäßige Bedingungen sollten zu Beginn des Techniktrainings, wie im Wettkampf selbst, drei Versuche durchgeführt werden. Dann erst schließt sich die eigentliche Technikschulung an.

Bei einer fehlerhaften Technik sollte die entsprechende Disziplin längere Zeit unberücksichtigt bleiben, um dann ‹von vorn› mit der Technikschulung zu beginnen, anstatt den Fehler auszumerzen.

Es ist nicht generell zu entscheiden, ob ‹schwache› oder ‹starke› Disziplinen intensiver zu fördern sind. Die schwachen Disziplinen werden von dem Athleten häufig nicht gern trainiert. Das Hauptgewicht nur auf diese Disziplinen zu legen, könnte ihm schnell die Lust nehmen, weil nur eine geringe Leistungssteigerung zu verzeichnen ist. Ebenso falsch wäre es, nur die guten Disziplinen zu fördern.

Das mentale Training kann das Techniktraining unterstützen und ist besonders bei Verletzungen sinnvoll, um die Technik auf dem derzeitigen Niveau zu halten. Beim mentalen Training stellt sich der Athlet wiederholt vor, wie er selbst einen technischen Bewegungsablauf durchführt. So wirft er zum Beispiel in der Vorstellung 10- bis 15mal den Speer aus dem Anlauf.

● *Übungsschwerpunkt:* Das Konditionstraining des Zehnkämpfers
Foto 1 (Seite 170) zeigt einen Zehnkämpfer mit den für den Wettkampf erforderlichen Geräten und eine Übersicht über die Anforderungen, die aus konditioneller Sicht an ihn gestellt werden. Das Konditionstraining kann nach den nachfolgenden Tafeln zusammengestellt werden; eine Anleitung dazu geben die Rahmentrainingspläne (siehe Seite 188 ff).

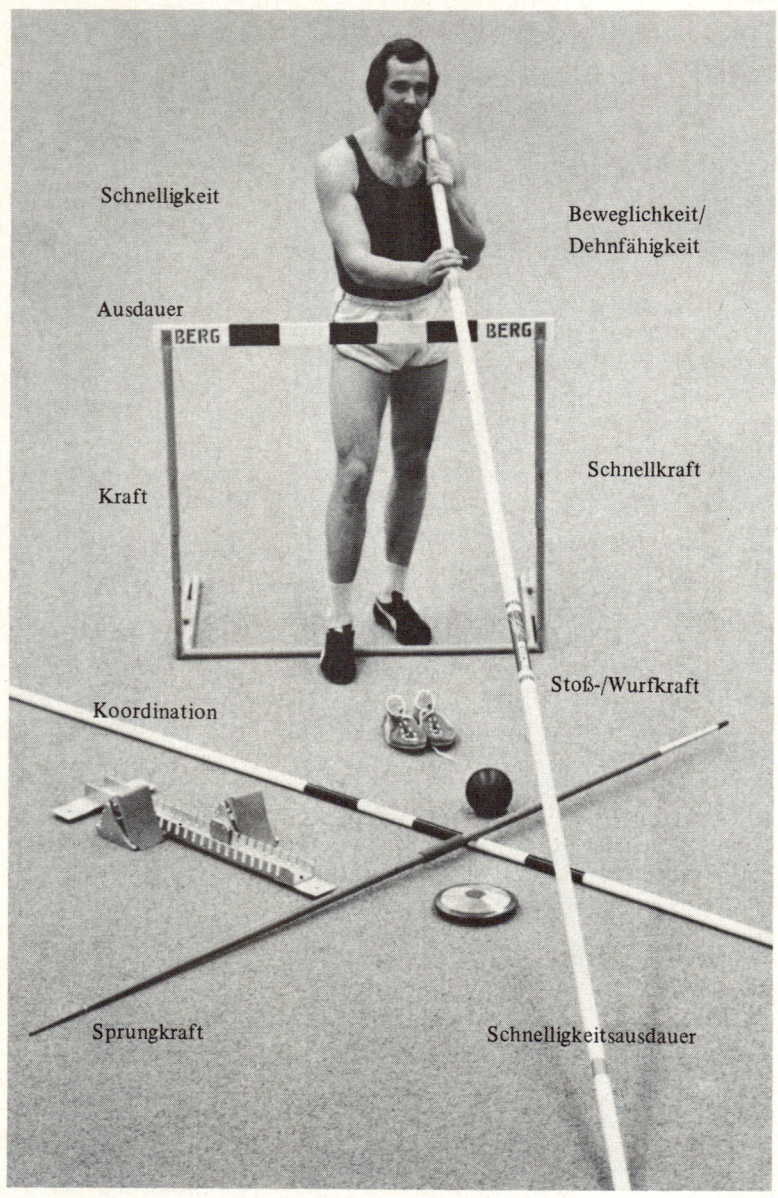

Schnelligkeit

Beweglichkeit/
Dehnfähigkeit

Ausdauer

Kraft

Schnellkraft

Koordination

Stoß-/Wurfkraft

Sprungkraft

Schnelligkeitsausdauer

1

Schnelligkeit

Trainingshinweise

Schnelligkeitsübungen sind mit hoher bis höchstmöglicher Geschwindigkeit möglichst ausgeruht zu Beginn des Trainings und nur bis zum Eintreten der Ermüdung durchzuführen.

Nicht schneller ausführen, als der Stand der technischen Ausbildung es erlaubt.

Voraussetzungen sind u. a. die Funktion zwischen Nerven und Muskeln und die Möglichkeit zur schnellen Kraftentfaltung (Startbeschleunigung, Antrittsvermögen).

Physiologisch sind die Stoffwechselvorgänge im Muskel und die Bereitstellung der Energie unter intensiver Belastung zu verbessern.

Vor dem Training sind die Muskeln zu erwärmen und zu dehnen.

Schnelligkeitsübungen setzen Elastizität und Entspannungsfähigkeit der Muskeln voraus.

Die Willenskraft spielt bei Schnelligkeitsübungen eine bedeutende Rolle.

Die Belastungszeit bei Schnelligkeitsübungen ist relativ kurz, da die Intensität sehr hoch ist.

Die Pause erstreckt sich über circa 4 bis 6 Minuten. Sie wird nach der Übung oder einer Serie bis zur vollen Erholung (Pulsberuhigung, relative Frische) ausgedehnt. Erst dann folgt die neue Belastung.

Die Wiederholungszahl ist wegen der hohen Intensität gering und liegt bei 5 bis 8 Wiederholungen.

Übungsbeispiele

Starts (Hoch- und Tiefstart)
Sprints
Sprints, ‹fliegend›
Sprints auf leicht abfallender Bahn
Koordinationsläufe
Sprint und Koordinationslauf im Wechsel
Reaktionsübungen
Antritte
Skippings
Kniehebeläufe
Steigerungsläufe
Für Stoßer und Werfer:
größere Schnelligkeit durch Stoßen/Werfen mit leichteren (als den Wettkampf-) Geräten
Dehn- und Entspannungsübungen
autogenes Training
Sprünge, Fußgelenkarbeit und Krafttraining siehe unter «Sprungkraft» und «Krafttraining»

Schnelligkeitsausdauer

Trainingshinweise
Die Bewegungsabläufe werden in schneller bis maximaler Geschwindigkeit durchgeführt.

Bei Läufen spricht man von der allgemeinen anaeroben Ausdauer.

Die Leistung wird unter hoher Sauerstoffschuld vollbracht unter Anhäufung von sauren Stoffwechselprodukten und einer Ermüdung des Nervensystems.

Kinder und Jugendliche sind relativ gering anaerob zu belasten (Vorsicht im Training; 180 Pulsschläge pro Minute nicht überschreiten).

Die anaerobe Belastung sollte immer auf der aeroben aufbauen.

Athleten nicht überfordern, sondern sich nach seiner Bereitschaft und seinem Wohlbefinden richten.

Die Belastung beträgt beim Gewichtstraining circa 75 Prozent.

Es werden 6 bis 8 Wiederholungen in 2 bis 3 Serien durchgeführt.

Die Pausen sind verkürzt (unvollständige Pausen), die neue Belastung erfolgt vor der vollen Pulsberuhigung bei circa 120 Schlägen pro Minute.

Im Circuittraining werden mehrere Durchgänge bis zu starker Ermüdung und Sauerstoffschuld durchgeführt.

Es werden keine Pausen gemacht, auch nicht nach den einzelnen Durchgängen.

Übungsbeispiele
3 bis 5 × 100-m-Sprint (etwa im Tempo der Bestzeit + 1 Sek.) mit unvollständigen Pausen (z. B. 100 m gehen)
Tempoläufe
2 × 100 m in Bestzeit + 1 Sek.
2 × 200 m in Bestzeit + 2,5 Sek.
2 × 300 m in Bestzeit + 4 Sek.
Mischläufe:
150 m in Bestzeit + 1,5 Sek.
300 m in Bestzeit + 4 Sek.
200 m in Bestzeit + 2,5 Sek.
150 m in Bestzeit + 1,5 Sek.
Schwelläufe
Läufe mit ständigem Wechsel des Tempos, ähnlich dem Fahrtspiel über 2 bis 5 Minuten
Bergauf- oder Treppenläufe (3 bis 5 × 15 Sek. bergan oder treppauf laufen)
Kurze Intervalläufe in unterschiedlichem Tempo
Tempoläufe bis 200 m
400-m-Lauf + 5 Sek. gegenüber Bestzeit (Variation: 100 m schnell)
Schaltlauf, vorwärts–rückwärts über 100 m (mehrmals vor und zurück)
Sprungarbeit, mittelhohe Beanspruchung, viele Wiederholungen, unvollständige Pausen
aneinandergereihte Sprünge in schneller Form
Circuittraining mit schnellen und schnellkräftigenden Übungen

Kraft

Trainingshinweise
Das Krafttraining zur Vergrößerung der Maximalkraft wird
durch Überwinden schwerer Widerstände oder hoher Gewichte
im langsamen Tempo und damit
möglichst hoher Reizdauer
durchgeführt.
Es wird reine Kraftentwicklung
angestrebt, keine techniknahe
Bewegung.
Auch statische Arbeitsweisen
der Rumpf- und Oberarmmus-
kulatur können verwertet werden (als Ergänzung zu Hause, bei
Verletzung)
Gewichte 85 bis 100 Prozent
(Anfänger mit 60 bis 80 Prozent
beginnen)
Mit verhältnismäßig wenig Vor-
versuchen werden die Maximal-
gewichte angesteuert.
Wiederholungen (2–3 ×)
(nicht bis zur Erschöpfung wiederholen)
Die Pausen werden bis zur vollständigen Erholung ausgedehnt.
Beim isometrischen (statischen)
Krafttraining:
4 Sekunden mit vollem Krafteinsatz halten
Wiederholungen: 2 bis 3
Serien: 2 bis 3
Pausen ebenfalls bis zur vollständigen Erholung
Die Anwendung des statischen
(isometrischen) Krafttrainings
ist täglich als Zusatzprogramm
zu Hause möglich.

Übungsbeispiele
Heben der Hantel mit geschlos-
senen Beinen oder im Ausfall-
schritt (gerade Wirbelsäule!)
Reißen der Hantel
Drücken der Hantel in Rücken-
lage auf der Bank mit unter-
schiedlicher Griffbreite (Foto 2
und 3, Seite 174)
Halbe Kniebeugen mit Absitzen
(Hantel auf Schulter, Fotos 4, 5)
Arbeit am Kräftigungsgerät
(Kraftmaschine) mit hohen Ge-
wichten
Stoßen schwererer Geräte (keine
Abwandlung in Struktur und
Kraft-Zeit-Verlauf der Wett-
kampfbewegung)
Maximalkraftentwicklung mit
hohen Zusatzlasten (z. B. Liegestütze und Klimmzüge mit Zu-
satzlasten)
Mögliches Programm für Kraft-
training mit der Hantel:

Belastg. in % des max. Gew.	Wieder- holungs- zahl	Ausfüh- rungs- tempo	Pausen
70 %	5	schnell	3 Min.
80 %	3	zügig	4 Min.
90 %	1	langsam	5 Min.
80 %	3	zügig	4 Min.
70 %	5	schnell	3 Min.

Isometrische Übungen für das
Stemmbein (Kugel, Diskuswurf,
Speerwurf, Straddle) und den
Druckarm (Stabhochsprung)
Gymnastik zur Dehnung und
Lockerung
Weitere Übungen zur speziellen
Kräftigung der Muskulatur in
Hinsicht auf die Technik der ein-
zelnen Disziplinen siehe dort.

2

3

4   5

Schnellkraft

Trainingshinweise

Schnellstes, explosives Ausführungstempo mit konzentriertem Willenseinsatz; bei zyklischen Bewegungen höchstmögliche Bewegungsfrequenz.

Schnellkraft wird entwickelt durch Steigerung der maximalen Kraft und Erhöhung der Geschwindigkeit. Beide sollten möglichst gleichzeitig entwickelt werden.

Die Ausführung muß in Struktur und Kontraktionsform der Wettkampfübung entsprechen. Der Bewegungsablauf darf sich nicht wesentlich verändern.

Schnellkraftübungen sind gegebenenfalls durch Maximalkrafttraining zu ergänzen.

Da die Übungen explosiv ausgeführt werden sollen, dürfen das Zentralnervensystem und die Muskulatur nicht ermüdet sein.

Die Gewichte sind so zu wählen, daß der Bewegungsablauf nicht zu stark verändert wird.

Gewichtsbelastung: 75 Prozent
Wiederholungen: 6 bis 8
Serien: 2 bis 3
Pausen zwischen den Serien relativ lang bis zur vollständigen Erholung

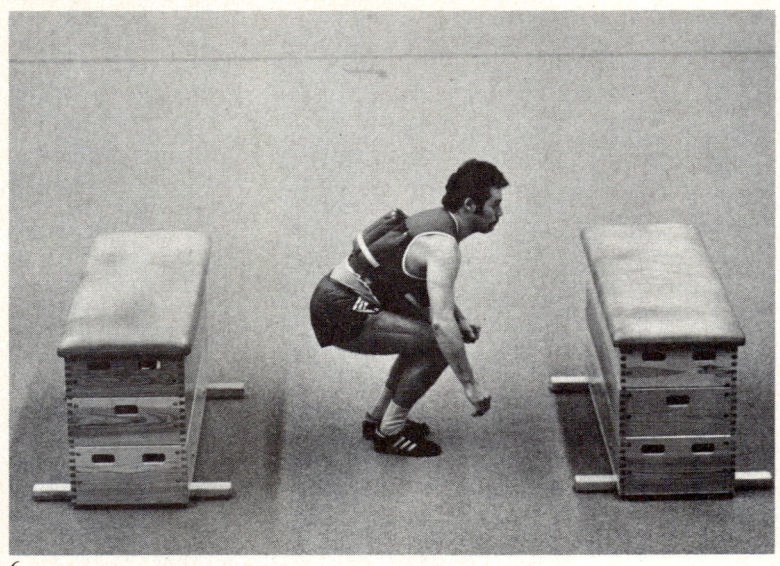

6

7

8

Schnellkraft

Übungsbeispiele

Sprints
Sprungübungen verschiedener Art mit und ohne Belastung:
Schlußsprünge
Hocksprünge (über Hürden)
Strecksprünge
Tiefsprünge (aus dem Niedersprung vom Kasten sofort auf nächsten Kasten) (Foto 6)
Kastensprünge
Sprunglauf bergauf oder als Treppenlauf
Mehrsprünge (mit und ohne Anlauf)

Schrittwechselsprünge
Spezialübungen für Werfer und Kugelstoßer, die mit der Technik verwandt sind:
Reißen (Foto 7 und 8)
Drücken
Stoßen
(techniknah, schwere Geräte)
Gewichtheben und Überwinden schwerer Gegenstände
Circuittraining mit techniknahen und allgemein schnellkräftigenden Übungen

Ausdauer

Trainingshinweise

Ausdauerübungen werden mit geringer Belastung (in bezug auf Intensität oder Gewicht) über einen längeren Zeitraum (mindestens 3 Min.) durchgeführt.
Beim Ausdauertraining soll nur eine geringe oder gar keine Sauerstoffschuld eingegangen werden.
Das Ausdauertraining ist für Kinder und Jugendliche gut geeignet und notwendig zur Entwicklung des Herz-Kreislauf-Systems. Belastung bis zum Puls von 130 Schlägen/Minute
Belastungen im Ausdauertraining:

Läufe:
lange Strecken in geringer Intensität (Puls 130 Schläge/Minute)
Krafttraining:
leichte Gewichte,
langsames Ausführungstempo
hohe Wiederholungszahl (circa 25 Wiederholungen)
Serien: 2 bis 3
Pausen: bis zur Atemberuhigung
Zu intensiv betriebenes Ausdauertraining wirkt sich nachteilig auf die Sprintschnelligkeit und Schnellkraft aus. Daher sollte es in der Vorbereitungsperiode stärker berücksichtigt werden. In der Wettkampfperiode kann der

Leistungsstand durch Laufen über mehrere Minuten beim Ein- und Auslaufen gehalten oder gefördert werden.

Das Ausdauertraining bewirkt eine Verbesserung der Herz-Kreislauf-Funktion, eine Anpassung des Herzens an die langandauernde Belastung durch Vergrößerung des Schlagvolumens und eine Kapillarisierung.

Übungsbeispiele

Dauerlauf (ruhig bis zügig), am besten auf weichem Untergrund (Rasen, Waldboden) und in frischer Luft (Park, Wald)

Fahrtspiel, das im Gelände durchgeführt wird, wobei das Lauftempo wechselnd sich nach den Gegebenheiten des Geländes richtet, z. B. schnell einen Berg hinaufspurten, traben, zügig laufen, treiben lassen usw.

Minutenläufe in langsamem Tempo über 3 bis 10 Minuten

Dreieckslauf nach dem Intervallprinzip mit Seitenlängen von 40 bis 50 m, eine Seite in 15 bis 18 Sekunden laufen; nach drei Laufrunden eine Gehrunde

Intervalltraining mit langen Strecken, geringer Intensität und Pausen bis zur Beruhigung der Atmung

Dauerübungen verschiedener Art mit geringer Intensität, leichten Gewichten und hoher Wiederholungszahl (beim Zehnkämpfer wird im Krafttraining die Schnellkraft und nicht die Ausdauer im Vordergrund stehen)

Spiele wie Basketball, Fußball, Handball

Sprungkraft

Trainingshinweise

Übungen zur Verbesserung der Sprungkraft werden im Sinne des Schnellkrafttrainings mit schnellstem bis explosivem Ausführungstempo und konzentriertem Willenseinsatz durchgeführt.

Die Leistung wird durch die Muskelkraft der Beine bestimmt. Das Maximalkrafttraining fördert die Kraft in den Beinen; durch das Schnellkrafttraining wird die für die Sprungleistung erforderliche schnelle Kraftentfaltung gefördert.

Der Bodenkontakt bei den Sprüngen beträgt zwischen ca. 0,12 Sek. beim Weitsprung bis 0,22 Sek. beim Straddle.

Möglichkeiten zur Durchführung: Überwinden des eigenen Körpergewichts

Sprungkraft

Zusätzliche Gewichte: Manschetten, Gewichtswesten, Partner als Belastung, Hantel, Sandsack usw.
Wiederholungen: 6 bis 8
Serien: 2 bis 3
Pausen bis zur vollständigen Erholung

Übungsbeispiele
Sprünge im Sprunggarten
Schlußsprünge (auch mit Zusatzbelastung) hoch und weit, mehrere Wiederholungen, 2 bis 3 Serien
Schrittwechselsprünge am Ort (mehrere Wiederholungen, mehrere Serien)
Strecksprünge (auch mit Zusatzbelastung) aus der Hocke bis zur Streckung in die Höhe (Foto 9 und 10)

Tiefsprünge zwischen Kästen (auch mit Zusatzbelastung); unmittelbar aus dem Niedersprung erfolgt der nächste Sprung auf den Kasten
Sprunglauf auf Kastentreppe
Hocksprünge über Hürden (mit und ohne Zwischenfedern)
Sprunglauf (mehrere aneinandergereihte Sprünge als Lauf)
Mehrsprünge: Drei- bis Sechssprung aus dem Anlauf oder aus dem Stand (ein- und beidbeinig, auch mit Zusatzbelastung)
Sprünge über die Hochsprunglatte als Hocksprung mit aufrechtem Oberkörper nach Anlauf im 90-Grad-Winkel zur Latte
Drücken mit den Beinen am Kräftigungsgerät (Foto 11 und 12, Seite 180)

9

10

11

12

Stoß-/Wurfkraft

Trainingshinweise

Alle Trainingsformen zur Verbesserung der Stoß-/Wurfkraft werden im Sinne des Schnellkrafttrainings mit schnellstem bis explosivem Ausführungstempo und konzentriertem Willenseinsatz durchgeführt.

Die Leistung wird durch die Kraft der Beine, der Arme und des Rumpfes (Bauch- und Rückenmuskulatur) bestimmt.

Neben dem Maximalkrafttraining, das die allgemeine Kraftentwicklung fördert, steht das Schnellkrafttraining im Vordergrund, da dieses dem zeitlichen Verlauf der Technik entspricht.

Die Übungen können mit leichteren Geräten (Förderung der Geschwindigkeit) und schwereren (Förderung der Kraft) als dem Wettkampfgerät durchgeführt werden.

Die Wege zur Beschleunigung des Geräts sollten möglichst lang sein. Dafür ist eine gute Dehnbarkeit der Muskeln erforderlich.

Expander oder Gummiseilzüge eignen sich als Übungsgeräte für die Wurfdisziplin nicht so gut, da sie mit zunehmendem Zug den Widerstand vergrößern; das entspricht aber nicht der Wettkampftechnik.

Besonders für das Speerwerfen sind Dehnbarkeit der Muskulatur und Beweglichkeit zu fördern.

Das Kugelstoßen und der Diskuswurf zeigen eine Verwandtschaft und können komplex trainiert werden. Allerdings muß das Kugelstoßen dem Diskuswerfen vorangehen.

Der Speerwurf muß, da er weniger Gemeinsamkeiten mit dem Kugelstoß und Diskuswurf hat, durch zusätzliche Übungen trainiert werden.

Wiederholungen: 6 bis 8
Serien: 2 bis 3
Pausen bis zur vollständigen Erholung

Übungsbeispiele

Stoßen und Werfen mit leichten und schweren Geräten aus dem Stand, Angleiten oder Lauf bzw. Drehung

Einarmiges Stoßen (rechts und links) mit der Kurzhantel im Sitzen und in Schrittstellung (mehrere Wiederholungen, 2 bis 3 Serien)

Schockwürfe mit Medizinball, kleinen Kugeln, Eisenringen, Disken (mit höherem und geringerem Gewicht als dem Wettkampfgerät) (Foto 13, Seite 182)

Beidarmige Würfe (mit Bällen, Kugeln, Steinen) über Kopf rückwärts

Beidhändiges Werfen (Fußballeinwurf) mit Medizinball, Kugeln, Steinen aus dem Stand oder nach 2 bis 3 Schritten (Foto 14)

Einarmiges Werfen mit Bällen,

Stäben, kleinen Kugeln, Steinen
Drücken der Hantel mit verschiedenen Gewichten in Rük-
kenlage in höchstmöglichem
Tempo
Kniebeugen und Strecksprünge
mit Hantel auf der Schulter oder
Gewichtsweste zur Verbesserung der Beinkraft
Aus der Rückenlage: Heben der
Hanteln oder Kurzhanteln aus
der Hoch- in die Vorhalte (mehrere Wiederholungen, 2 bis 3 Serien) (Foto 15 und 16)

Aus der Rückenlage auf Bank:
Heben der Kurzhanteln seitlich
bis zur Vorhalte (schnellkräftig
ausführen)
Übungen zur Kräftigung der
Handgelenke und Fingerkraft
(Aufwickeln eines Gewichts am
Seil auf einen Stab, Tennisball-
drücken)
Gymnastik und Krafttraining zur
Entwicklung der Bauch- und
Rückenmuskulatur
Gymnastische Übungen zur
Dehnung

13

14

Beweglichkeit/Dehnfähigkeit

Trainingshinweise
Übungen zur Dehnung und Lok-
kerung der Muskulatur erhalten
und steigern die Beweglichkeit.
Sie werden schwungvoll, fe-
dernd, rhythmisch, nicht ruckar-

tig, evtl. mit Partnerunterstüt-
zung durchgeführt. Die größt-
mögliche Schwingungsweite
(Bewegungsamplitude) ist ein
Kriterium für die Beweglichkeit.

15

16

Die Dehnung und Lockerung der Muskulatur ist notwendig, da das Muskelkrafttraining die Beweglichkeit verringern und einschränken kann.

Folgende Disziplinen setzen eine besonders gute Dehnfähigkeit und Beweglichkeit voraus: Hürdenlauf, Straddle, Stabhochsprung, Speerwerfen.

Dehnbarkeit, Elastizität und Entspannungsfähigkeit sind Voraussetzung für einwandfreie Bewegungsabläufe im Wechselspiel von Anspannung und Entspannung der Muskeln.

Durch eine geringe Dehnfähigkeit wird die Entwicklung von Kraft, Schnelligkeit, Ausdauer und Gewandtheit vermindert.

Die Muskeln können nur aus ihrer größten Dehnung die größte Kraft entfalten.

Kürzere Beschleunigungswege ergeben eine geringere Bewegungsschnelligkeit und dadurch verminderte Leistungen.

Die Kraft der Gegenmuskeln (Antagonisten) ist zu entwickeln, da sie zu einer Erweiterung der Bewegungsamplitude verhelfen.

Die Schulung zur Beweglichkeit soll vor allem im Kindesalter vorgenommen werden.

Dehnübungen sind in einer Wiederholungszahl von 10 bis 15 bis zur Grenze der Bewegungsamplitude durchzuführen. In der Pause zwischen den Übungen Lockerungs- und Entspannungsübungen einfügen.

Übungsbeispiele

Vor-, Hoch- und Seitspreizen der Beine

Hürdensitz

Spagat (Foto 17)

Brücke

Bogenspannung am Reck oder Sprossenwand (Foto 18)

Beidhändig gefaßten Stab etwas über schulterbreit von vorn bis hinter den Rücken zurückführen

Drehung mit Stab auf der Schulter um Körperlängsachse bis zur Verwringung 90 Grad zwischen Schulter und Beckenachse

Vorbeugen im Langsitz und über Fußspitzen hinausgreifen (Foto 19)

Rumpf-, Seit- und Vorbeugen

Ausfallschritt

Dehnung der Brustmuskulatur durch Partner

3- bis 5mal schnelles Übergehen von 10 nahe aneinander gestellten Hürden (Foto 20)

Auswahl von Dehnübungen und Übungen zur Beweglichkeit nach Anforderung der Wettkampfdisziplin siehe dort.

Koordination

Trainingshinweise

Koordination ist die Abgestimmtheit und Zuordnung von einzelnen Bewegungen zu einem Gesamtbewegungsablauf (spezielle Technik). Bewirkt wird die Koordination durch Erregungs- und Hemmungsprozesse des Nervensystems im Zusammen-

17

18

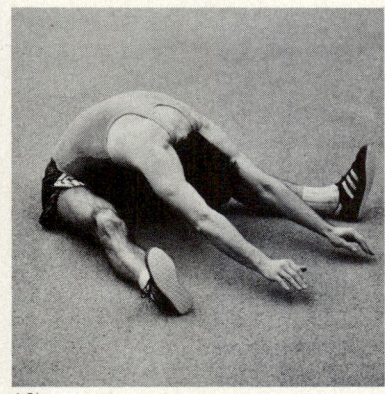

19

20

wirken mit den Muskeln. Sie ist die wichtigste Voraussetzung für das Erlernen und Vervollkommnen der Technik.

Teilbewegungen sollen im zeitlichen Nacheinander und auch gleichzeitig zu einer Gesamtbewegung zusammenwirken.

Durch Techniktraining erreichen wir über Bewegungserfahrungen und Bewegungsvorstellungen eine Automatisation und damit eine Entlastung des Sportlers: Er braucht sich nicht so stark auf den Bewegungsablauf zu konzentrieren und verbraucht durch den rationelleren Krafteinsatz weniger Kraft für die entsprechende Technik. Durch die Bewegungsvorstellung und das Bewegungsgefühl spürt der Athlet, ob ein Versuch gelungen ist oder nicht.

Bedeutung für die sportlichen

Disziplinen bekommt die Bewegungsübertragung (z. B. Kraftstoß aus den Beinen in den Rumpf und in die Arme).

Eine gute Koordination drückt sich aus in Geschicklichkeit (Koordination feinmotorischer Bewegungen der Hand, Finger, Füße und des Kopfs) und Gewandtheit (Koordinationen der Gesamtkörperbewegungen).

Die Koordination kann vom Kindesalter an durch Bewegungsaufgaben und vielseitige Bewegungserfahrung gefördert werden. Nach der Bewegungsvorstellung kann die Koordination unterstützend durch mentales Training gefördert werden.

Übungsbeispiele ·

Lauf-, Hüpf- und Sprungformen in verschiedener Ausführung mit Drehungen, auf unterschiedlichem Untergrund, über Hindernisse usw.

Slalomlauf

Hindernisläufe

Wurf- und Schlagbewegungen mit verschiedenen Geräten

Anpassung an Partner und Geräte durch Partner- und Geräteübungen

Anpassung an einen Rhythmus durch rhythmische Übungen

Übungen mit Kleingeräten: Bällen, Keulen, Reifen, Stäben usw.

Bewegungserfahrung sammeln durch ungewohnte Techniken (Drehstoßtechnik, Flop oder Straddle, verschiedene Weitsprungtechniken) oder Erschwerungen (Diskuswurf nach mehreren Drehungen)

Übungen im Geräteturnen wie Rollen, Überschläge, Balancieren, Aufspringen, Niedersprünge, Überwinden, Klettern, Kriechen, Schwingen (an Tauen, an Ringen, am Barren), Aufwinden (Barren), Aufkerzen (Tau)

Feinmotorik: Greifen, Basteln, Werken

Spiele wie Basketball, Handball, Fußball, Volleyball u. a.

Die Taktik im Zehnkampf
Da der Zehnkämpfer bei den technischen Disziplinen Weitsprung,
Kugelstoßen, Diskus- und Speerwurf nur drei Versuche hat, muß er sich
bemühen, im ersten Versuch ‹auf Sicherheit› zu gehen, um mit den
beiden weiteren Versuchen die Höchstleistung zu erreichen.
Beim Hochsprung und Stabhochsprung will der Athlet mit möglichst
wenig Kraftaufwand eine optimale Höhe springen. Hier ist abzuwägen,
mit welcher Höhe er anfangen soll und auf welche Sprunghöhen er
verzichten kann. Ein Sprung über eine niedrigere Höhe kann Sicherheit
und Selbstvertrauen verleihen.
Im abschließenden 1500-Meter-Lauf spielt die Taktik eine besonders
große Rolle. Da die Punktzahlen aller Athleten bekannt sind, fällt mit
diesem Lauf die endgültige Entscheidung. Bei einem Punktevorsprung
vor dem unmittelbaren Rivalen ist der Athlet bemüht, keine schlechtere oder eine nur wenig schlechtere Zeit als sein Konkurrent zu laufen.
Die Zeit kann vorher berechnet, der Abstand in Metern angegeben
werden. Die optimale Gestaltung des 1500-Meter-Laufs und damit das
Erreichen einer möglichst hohen Punktzahl wird anhand einer Marsch-
tabelle kontrolliert (siehe «Mittel- und Langstreckenlauf», Band 1).
Zur Taktik des Zehnkämpfers gehört auch die Vorbereitung auf den
Wettkampf. Der Athlet sollte frühzeitig aufstehen, um den Körper
allmählich auf die Belastung vorzubereiten. Die Aufwärmphase sollte
im Training immer so gestaltet werden, wie die Vorbereitung auf den
Wettkampf selbst.
Beachtung sollte auch der Lebensführung geschenkt werden mit einer
sinnvollen Ernährung, nicht zu viel Flüssigkeit und ausreichendem
Schlaf zwischen den beiden Wettkampftagen.
Der Zehnkämpfer wird einen Tag vor dem Wettkampf seine Ausrüstungsgegenstände sorgfältig überprüfen. Dazu gehören: Spikes, besondere Schuhe für Weitsprung und Hochsprung, ein zweiter Trainingsanzug und ein wetterfester Anzug zum Überziehen oder eine
Regenhaut, ein Handtuch, eine Wolldecke, Luftmatratze, Regen- oder
Sonnenschirm, Isolierband, Klebeharz, Taschenmesser, Sicherheitsna-
deln.

Rahmentrainingsplan für Zehnkämpfer
Vorbereitungsperiode (November bis April)

Tag	Übungsschwerpunkt	Min.	Trainingsbeispiel
1. Tag Halle/ bei gutem Wetter Sport- platz	Hürdenlauf Diskuswurf Hanteltraining (Schnellkraft)	15	Aufwärmen und in- tensive Gymnastik zum Hürdenlauf, Dehnübungen und Übungen zur Beweg- lichkeit
		30	Technikschulung mit Schwerpunkt Hür- denschritt (Schwung- bein, Nachziehbein, Armeinsatz), Hür- denrhythmus; Über- laufen von 3 × 3 Hür- den; auf der Bahn zum Abschluß 110 m Hürden
		40	Technikschulung mit besonderer Betonung einzelner Elemente im Gesamtbewe- gungsablauf; zwi- schendurch Schock- würfe mit schwereren Geräten (kleinen Ku- geln); auf Platz: Würfe auf Weite zum Abschluß; –
		20	bei schlechtem Wetter oder wechselweise zum Diskuswurf alle 14 Tage in der Halle: Hanteltraining zur Steigerung der Wurf- kraft; Ausführungen schnell zur Verbesse- rung der Schnellkraft

Tag	Übungsschwerpunkt	Min.	Trainingsbeispiel
2. Tag Halle/ Sport- platz	Laufschulung Starts Weitsprung Sprungkrafttraining Kugelstoßen	15	Aufwärmen mit Lauf- schulung (Koordina- tionsläufe, kurze An- tritte, Kniehebeläufe usw.)
		15	5 Starts mit 40-m- Sprints
		25	Mehrere Sprünge aus wenigen Schritten, Absprung von Erhö- hung oder Minitram- polin in Halle zur Verlängerung der Flugbahn
		15	Sprünge auch mit Zu- satzbelastung wie Ge- wichtsweste, Partner und Hantel; Streck- sprünge, Tiefsprünge, Hocksprünge über Hürden usw.
		20	Technikschulung mit z. T. leichteren und schwereren Gewich- ten, Imitationsübun- gen zur Technikaus- führung
2. Tag im Winter	wechselweise zu diesem Training alle 14 Tage eineinhalb Stunden Fahrtspiel		
3. Tag Halle/ Sport- platz	Stabhochsprung Übungen zur Ge- wandtheit (anstatt Stabhoch- sprung, bei schlechtem Wetter in der Halle) Speerwurf Wurfschulung	15	Aufwärmen und Gymnastik, Übungen zur Beweglichma- chung
		40	Technikschulung des Stabhochsprungs
		(40)	Übungen zur Ge- wandtheit, Übungen zur technischen Ver- vollkommnung des

Tag	Übungsschwerpunkt	Min.	Trainingsbeispiel
	(anstatt Speerwurf, bei schlechtem Wetter in der Halle)	30	Stabhochsprungs, Aufwinden am Reck und Tau, Handstand-drücken Technikschulung mit Betonung einzelner Elemente im vollen Bewegungsablauf
		(30)	Wurfschulung für den Speerwerfer mit verschiedenen Geräten (auch als Schnellkraftschulung), Würfe aus dem Stand (Wurfauslage), Schulung des Anlaufrhythmus, Imitationsübungen
4. Tag Halle/ Sport-platz	Hochsprung Schnelligkeit anaerobe Ausdauer Krafttraining	20	Aufwärmen und Gymnastik, Dehnübungen
		20	Technikschulung: Anlauf, Standsprünge, Schwungbein und Armeinsatz ohne Überqueren der Latte, Sprünge mit wenigen Schritten Anlauf auf Technik, nicht auf Höhe
		20	2×150 m ‹fliegend›, 2×300 m (in 400-m-Bestzeit)
		25	Übungen zur Entwicklung der Maximalkraft und Schnellkraft

Rahmentrainingsplan für Zehnkämpfer
Wettkampfperiode (Mai bis September)

Tag	Übungsschwerpunkt	Min.	Trainingsbeispiel
1. Tag Platz	Weitsprung (Sprungkraft) Kugelstoßen Hanteltraining	20	Aufwärmen und Gymnastik; 1 Steigerungslauf 100 m; 1 × 100 m ‹fliegend› Pause
		25	3 Sprünge auf Weite; Weitsprungschulung mit kurzem Anlauf; 2 Sprünge auf Weite
		25	3 Stöße auf Weite (Stoß auf Sicherheit); Schulung von Technikelementen im vollen Bewegungsablauf; 3 Stöße auf Weite
		25	Übungen zur Erhaltung der Maximalkraft; Übungen mit Kurzhantel zur Verbesserung der Schnellkraft
2. Tag Platz	Laufschulung Sprint (Start) Hürdenlauf Diskuswurf	20	Aufwärmen und Gymnastik mit Koordinationsläufen, Skipping, Antritte, Hopserlauf, Kniehebelauf usw.
		15	3–5 Tiefstarts und Sprint 40 m
		30	Schulung der Technikelemente; Schwung- und Nachziehbeineinsatz, Anlauf an erste Hürde, auch aus Tiefstart, Hürdenrhythmus,

Tag	Übungsschwerpunkt	Min.	Trainingsbeispiel
		25	Beweglichkeit, Schwungbein, Nachziehbein, 3 × 5 Hürden überlaufen; 1 × 110 m Hürden 3 Würfe wettkampfmäßig auf Weite (Versuch auf Sicherheit); Technikschulung z. T. mit leichteren Geräten; Schockwürfe mit kleinen Kugeln; 3 Würfe auf Weite
3. Tag Platz	Stabhochsprung Speerwurf	15	Aufwärmen und Gymnastik mit Dehnübungen und Übungen zur Beweglichkeit
		45	Technikschulung, vor allem Anlauf und Einstichbewegung, Sprünge auf Technik, nicht auf Höhe
		30	3 Würfe auf Weite (1. Wurf auf Sicherheit); Technikschulung mit Speer und z. T. leichteren Geräten; Anlaufrhythmus und imitierter Abwurf ohne Gerät; 3 Würfe mit kleinen Kugeln, 2 Würfe mit Speer auf Weite
4. Tag Platz	Wettkampf oder: Hochsprung Schnelligkeit	15	Aufwärmen und Gymnastik
		25	Technikschulung der Floptechnik; Anlauf und imitierte Ab-

Tag	Übungsschwerpunkt	Min.	Trainingsbeispiel
		30–40	sprünge, Sprünge aus dem Stand unter besonderer Betonung des Vorbringens des Beckens; Sprünge aus vollem Anlauf 2 Steigerungsläufe 60 m 2 Koordinationsläufe 60 m 2 × 100 m ‹fliegend› 1 × 200 m ‹fliegend›

Lernkontrollen

In Abständen von circa vier Wochen sollte der Zehnkämpfer (Achtkämpfer) Tests durchführen, um seine Leistungen mit der allgemeinen Norm vergleichen und die eigene Leistungsentwicklung selbst kontrollieren zu können. Die Ergebnisse der Tests geben Aufschluß über die Effektivität des bisherigen Trainings und Hinweise auf die weitere Trainingsplanung.

Für einen 15/16jährigen Mehrkämpfer gelten folgende Normwerte:

	durchschnittlich	gut	sehr gut
Grundschnelligkeit 30 m mit Tiefstart:	4,6 Sek.	4,5 Sek.	4,4 Sek.
Schnelligkeitsausdauer 100 m fliegend	Bestzeit – 6/10 Sek.	Bestzeit – 7/10 Sek.	Bestzeit – 8/10 Sek.
Sprungkraft Fünfsprung ohne Anlauf 13–13,50 m		13,50–14 m	14–14,50 m
Ausdauer 3-Minuten-Lauf (zurückgelegte Strecke): 950 m		1000 m	1100 m
Grundkraft Armkraft/Bankdrücken 40 kg		50 kg	60 kg
Beinkraft/halbe Kniebeugen	100 kg	115 kg	130 kg

Wettkampfbestimmungen
● Klasseneinteilung und Disziplinen
Männer, Zehnkampf
1. Tag: 100 Meter, Weitsprung, Kugelstoß, Hochsprung, 400 Meter
2. Tag: 110-Meter-Hürdenlauf, Diskuswurf, Stabhochsprung, Speer-
     wurf, 1500 Meter
Die Wettbewerbe müssen in dieser Reihenfolge an zwei aufeinanderfolgenden Tagen durchgeführt werden.
Männliche Jugend (17/18 Jahre), Zehnkampf
1. Tag: 100 Meter, Weitsprung, Kugelstoß (6,25 Kilogramm), Hoch-
     sprung, 1000 Meter
2. Tag: 110-Meter-Hürdenlauf (1,00 Meter Höhe, 8,90 Meter Ab-
     stand), Diskuswurf (1,75 Kilogramm), Stabhochsprung, Speer-
     wurf (800 Gramm), 400 Meter
Jugend B (15/16 Jahre), Achtkampf
1. Tag: 100 Meter, Weitsprung, Kugelstoß (5 Kilogramm), Hoch-
     sprung, 1000 Meter
2. Tag: 110-Meter-Hürdenlauf (91,4 Zentimeter Höhe, 8,60 Meter
     Abstand), Diskuswurf (1,5 Kilogramm), Stabhochsprung
Die Teilnahme an einem Acht- oder Zehnkampf der Jugendlichen
schließt den Start bei weiteren Wettbewerben an diesem Tage aus.
Auf den Fünfkampf der Männer und der männlichen Jugend wird in
den vorangegangenen Ausführungen hier nicht näher eingegangen. Er
setzt sich aus folgenden Disziplinen zusammen und wird an einem Tag
durchgeführt.

Männer:	Weitsprung, Speerwurf, 200 Meter, Diskus-wurf, 1500 Meter
Männliche Jugend und Jugend B:	100 Meter, Weitsprung, Kugel (Männliche Jugend = 6,25 Kilogramm, Jugend B = 5 Kilogramm), Hochsprung, 1000 Meter

● Allgemeine Bestimmungen (nach Regel 61 der DLO)
Beim Weitsprung und allen Stoß- und Wurfwettbewerben sind je drei
Versuche gestattet, beim Hoch- und Stabhochsprung je drei Versuche
über jede Höhe.
Den abschließenden Laufwettbewerb jedes Mehrkampfs müssen die
nach dem vorletzten Wettbewerb sechs Besten der Gesamtwertung im
gleichen Lauf bestreiten.
Die Laufzeit jedes Teilnehmers muß von mindestens zwei Zeitnehmern
gestoppt werden. Bei Differenzen gilt die schlechtere Zeit. Das elektri-
sche Meßverfahren ist zulässig.
Verursacht ein Wettkämpfer in einem Lauf drei Fehlstarts, ist er in
diesem Wettbewerb zu disqualifizieren (er kann aber am Zehnkampf

weiter teilnehmen).

Die einzelnen Punktzahlen sowie die Gesamtpunktzahl sollen den Wettkämpfern nach Beendigung eines jeden Wettbewerbs bekanntgegeben werden.

Bei Gleichstand in der Gesamtpunktzahl hat der Teilnehmer den Vorrang, der in der Mehrzahl der einzelnen Wettbewerbe die höhere Punktzahl erreicht hat. Besteht dann noch Gleichstand, hat der Teilnehmer mit der höchsten Einzelpunktzahl aus einem Wettbewerb den Vorrang.

Ein Wettkämpfer, der im Fünf- oder Zehnkampf (Achtkampf) an einem Wettbewerb nicht teilnimmt, schließt sich selbst von der weiteren Teilnahme und der Wertung im Gesamtergebnis aus.

Fünfkampf der Frauen

Gleiche Punktzahl – und doch einmal Gold und einmal Silber
Der Fünfkampf der Frauen bei den Olympischen Spielen in Montreal überraschte mit einem außergewöhnlichen Ergebnis. Nach dem letzten Wettbewerb haben Siegrun Siegl und Christine Laser jeweils 4745 Punkte erreicht. Olympiasiegerin war aber nur eine: Siegrun Siegl. Man mag darüber streiten, inwieweit Regeln gerecht oder ungerecht sind; in diesem Fall standen sie auf der Seite Siegrun Siegls. Bei gleicher Punktzahl entscheidet nämlich nach den internationalen Regeln die Anzahl der im direkten Vergleich zwischen den beiden Konkurrentinnen gewonnenen Wettbewerbe. Siegrun Siegl war im 100-Meter-Hürdenlauf, Weitsprung und 200-Meter-Lauf Christine Laser überlegen, die nur im Kugelstoßen und Hochsprung siegen konnte.
Diese Entscheidung in Montreal hat – wie auch beim Fünfkampf der Olympischen Spiele in München, wo Mary Peters mit nur zehn Punkten Vorsprung Heide Rosendahl bezwang – gezeigt, wieviel Spannung und Dramatik in diesem Mehrkampf der Frauen liegt, der erst seit 1964 zu den olympischen Disziplinen gehört.
Den derzeitigen Weltrekord hält Nadeshda Tkatschenko (UdSSR) mit 4839 Punkten. Eine sehr gute Leistung nach Heide Rosendahl (4791 Punkte bei den Olympischen Spielen 1972) bot 1977 Eva Wilms durch den zeitweiligen Weltrekord mit 4823 Punkten.

Die Technik der Disziplinen im Fünfkampf
Im Fünfkampf unterscheidet sich die Technik der Disziplinen nicht von der Technik der Einzelkämpferin.
Zu Beginn der Ausbildung zur Mehrkämpferin hat die Technikschu-

lung Vorrang vor dem Konditionstraining. Sie beginnt im Alter von 13 bis 15 Jahren und erfordert bis zum Erreichen eines guten technischen Leistungsstands drei bis vier Jahre. Ziel ist eine Mehrkämpferin mit technisch hohem Niveau ohne besondere Stärken – und wichtiger noch: ohne besondere Schwächen. Es empfiehlt sich, für einen größeren Zeitraum (zum Beispiel im Jahreszyklus) Schwerpunkte im Techniktraining zu bilden. Zu Beginn werden mit der Schnelligkeitsentwicklung schwerpunktmäßig (Reihenfolge nicht verbindlich) der Tiefstart, Sprint, Hürdenlauf, Weitsprung und Flop gefördert. Bei zunehmender Kraft kommt der Kugelstoß hinzu und die Schnelligkeitsausdauer.

Als Hochsprungtechnik empfiehlt sich für die Fünfkämpferin der Flop, da er im Absprung und Schwungbeineinsatz große Ähnlichkeit mit dem Weitsprung zeigt. Zudem wird für die Technik eine kürzere Lernzeit benötigt, und Erfolge stellen sich schneller ein.

Wer eignet sich für den Fünfkampf?
Der Fünfkampf wurde bisher von Athletinnen mit einer Lauf-Sprung-Veranlagung bevorzugt. Häufig waren es Sprinterinnen mit Hochsprungtalent, die meist Schwächen im Kugelstoß zeigten. Inzwischen geht auch hier – wie bei den Männern – die Entwicklung zu einem neuen Mehrkämpferinnentyp mit ausgeglichen guten Leistungen. Die Fünfkämpferin sollte kräftig und nicht zu klein sein (etwa 1,75 Meter), da die Größe beim Kugelstoß und Hochsprung eine wesentliche Rolle spielt.

Als dominierende Eigenschaft benötigt die Fünfkämpferin Schnelligkeit, da drei Disziplinen, wenn der Flop als Hochsprungtechnik bevorzugt wird, maßgeblich durch sie bestimmt werden. Darüber hinaus braucht sie Kraft für das Kugelstoßen und Schnelligkeitsausdauer für den 800-m-Lauf.

Die Punktwertung der Weiblichen Jugend liegt gegenüber der Frauenwertung in den einzelnen Disziplinen um genau 300 Punkte höher (neue Wertung ab 1977).
Wer seine Veranlagung zum Fünfkampf ermitteln möchte, kann nach der folgenden Tabelle seine Gesamtpunktzahl abschätzen. Es werden Durchschnittswerte für Leistungen mit einer Gesamtpunktzahl von 4000 Punkten, 4500 Punkten und 5000 Punkten angegeben (im Fünfkampf der Weiblichen Jugend B werden 100 statt 800 Meter gelaufen; siehe «Wettkampfbestimmungen» am Ende des Kapitels).

100 m Hürden	Kugel- stoß	Hoch- sprung	Weit- sprung	800 m	(100 m)	Ges. Punktzahl
17,6	8,74	1,30	4,30	2:47,0	14,0	
805 P.	801 P.	788 P.	802 P.	804 P.	(804)	4000 P.
16,5	10,14	1,39	4,69	2:36,7	13,4	
898 P.	899 P.	900 P.	901 P.	902 P.	(902)	4500 P.
15,5	11,72	1,47	5,10	2:26,7	12,8	
995 P.	1002 P.	993 P.	1001 P.	1009 P.	(1009)	5000 P.

4000 Punkte entsprechen dabei einer Durchschnittsleistung, 4500 Punkte einer guten Leistung und 5000 Punkte einer sehr guten Leistung.

Deutsche Rekorde:
Frauen
Eva Wilms – 4823 Punkte
(13,83 Sek., 20,95 m, 1,74 m, 6,29 m, 2:19,66 Min.)
Weibliche Jugend (unter Frauenbedingungen)
Sabine Everts – 4366 Punkte
(13,71 Sek., 10,85 m, 1,81 m, 6,14 m, 2:16,1 Min.)
Weibliche Jugend
Brigitte Holzapfel – 5827 Punkte
(14,1 Sek., 10,14 m, 1,80 m, 6,12 m, 11,8 Sek.)
Weibliche Jugend B
Astrid Beiersdorf – 5673 Punkte
(14,6 Sek., 11,82 m, 1,68 m, 5,92 m, 12,0 Sek.)

Weltrekord Frauen:
Nadeshda Tkatschenko (UdSSR) – 4839 Punkte
(13,49 Sek., 15,93 m, 1,80 m, 6,49 m, 2:10,62 Min.)

1   2

Das Vorbild

Heide Rosendahl (Bundesrepublik Deutschland)
Deutsche Meisterin im Fünfkampf und
Silbermedaillengewinnerin im Fünfkampf bei den
Olympischen Spielen 1972 in München mit 4791 Punkten

Heide Rosendahls Leistungen im olympischen Fünfkampf:
100-m-Hürdenlauf: 13,34 Sek.   (953 P.)
Kugelstoßen: 13,86 m   (830 P.)
Hochsprung: 1,65 m   (885 P.)

Weitsprung: 6,83 m   (1082 P.)
200-m-Lauf: 22,96 Sek.   (1041 P.)

3

4   5

Wie trainiere ich den Fünfkampf?

Der Fünfkampf der Frauen muß – wie der Zehnkampf der Männer –
‹komplex› trainiert werden, da das umfangreiche Pensum nur durch
Schwerpunktbildung und übergreifendes Training zu bewältigen ist.
Kondition und Technik sollten in nahezu gleichem Verhältnis entwik-
kelt werden, da für eine gute Technik die entsprechende Kraft und
Kondition vorausgesetzt werden müssen. Im Jugendalter und im
Grundlagen- bzw. Aufbautraining steht das Techniktraining im Vordergrund; dieses Verhältnis verschiebt sich mit zunehmendem Alter
zugunsten des Konditionstrainings.
Das Erlernen der Technik der Disziplinen im Schüler- und Jugendalter
gilt in gleicher Weise für die weibliche wie für die männliche Jugend
und ist im Kapitel «Der Zehnkampf» nachzulesen.
Eine dreijährige technische Ausbildung zur Fünfkämpferin nimmt etwa folgenden Verlauf:

Zwölfjährige: Sprint, Hürdenlauf, 800-m-Lauf
Dreizehnjährige: Hochsprung (Flop), Weitsprung
Vierzehnjährige: Kugelstoßen

Konditionstraining im dreijährigen Vorbereitungsprogramm:
Zwölfjährige: Schnelligkeit, Beweglichkeit, Ausdauer
Dreizehnjährige: Hinzunahme der Schnellkraft
Vierzehnjährige: Hinzunahme des Krafttrainings

● *Übungsschwerpunkt:* die Technikschulung der Disziplinen des Fünf-
kampfs
Das Training des technischen Bewegungsablaufs orientiert sich an der
Technik der Einzeldisziplinen. Es ist verstärkt in der Vorbereitungsperiode und darüber hinaus über das ganze Jahr hinweg durchzuführen. –
Die Grundsätze zur Technikschulung im Zehnkampf gelten sinngemäß
auch für den Fünfkampf und brauchen hier nicht noch einmal beschrieben zu werden.
Frauen sollten häufiger als Männer leichtere Geräte zur Technikschulung benutzen. Die geringeren Abstände im Hürdenlauf bei der Technikschulung dürfen nicht dazu führen, daß sich die Athletin zu sehr an
sie gewöhnt und sich später nur schwer umstellen kann.
Das Trainieren der Disziplinen in der Reihenfolge des Wettkampfs gilt
für Frauen wie für Männer.

● *Übungsschwerpunkt:* das Konditionstraining der Fünfkämpferin
Das Konditionstraining der Fünfkämpferin prägt vor allem die Schnel-
ligkeitsarbeit, da drei Disziplinen (wenn der Flop gesprungen wird)

hauptsächlich durch sie bestimmt werden und nur zwei Disziplinen
durch die Kraft (Kugelstoßen) und Schnelligkeitsausdauer (800-m-
Lauf).
Nach der Einführung des 800-m-Laufs muß auch das Training zur
Ausdauer und Schnelligkeitsausdauer ins Programm aufgenommen
werden. Die Fünfkämpferinnen Jugend B laufen im abschließenden
Wettbewerb statt der 800 Meter weiterhin 100 Meter.
Trainingsformen zum Konditionstraining können aus den entsprechenden Tafeln des Zehnkämpfers entnommen und in die als Beispiel für die
Fünfkämpferin gegebenen Trainingspläne eingefügt bzw. durch sie variiert werden. So können weitere Übungen zum Sprungkrafttraining,
zum Schnelligkeitstraining, für das Kugelstoßen usw. dort entnommen
werden.
Auch die Frauen müssen ein Krafttraining zur Entwicklung der Maximalkraft und Schnellkraft mit etwas geringeren Gewichten durchführen
(im Maximalkrafttraining mit 60 bis 90 Prozent bei vier bis acht Wiederholungen). Als Organisationsform eignet sich das Circuittraining
mit kräftigenden und schnellkräftigenden Übungen.

Rahmentrainingsplan für Fünfkämpferinnen
Vorbereitungsperiode (November bis April)

Tag	Übungsschwerpunkt	Min.	Trainingsbeispiel
1. Tag Halle/ bei gutem Wetter Platz	Hürdenlauf Kugelstoßen Hanteltraining	15	Aufwärmen und in-tensive Gymnastik für Hürdenlauf mit Dehn-übungen und Übun-gen zur Beweglichkeit
		30	Vorbeigehen und Vorbeilaufen an den Hürden und Nach-ziehbein über die Hürde ziehen, Rhyth-mus zwischen den Hürden verbessern, evtl. mit verkürzten Abständen, Armar-beit im Rhythmus des Hürdenlaufs, Koordi-nation der Arm- und Beinbewegung,

Tag	Übungsschwerpunkt	Min.	Trainingsbeispiel
		20	Überlaufen von 6–8 × 3 Hürden. Technikschulung Kugelstoßen mit z. T. leichteren und schwereren Kugeln, Standstöße, Imitationsübungen zum Angleiten und Ausstoßen der Kugel, 10–15 Stöße aus vollem Bewegungsablauf mit leichterer Kugel oder Medizinball
		20	Hanteltraining zur Verbesserung der Schnellkraft, besonders für das Kugelstoßen, Strecksprünge mit Hantel und Stoßen der Hantel (6–8 Wiederholungen, 2–3 Serien)
2. Tag Halle/ Platz	Laufschulung Hochsprung Krafttraining	20	Aufwärmen und Gymnastik mit Trainingsformen zur Laufschulung (Koordinationsläufe, Skippings, Kniehebeläufe, Antritte usw.)
		30	Technikschulung des Flop: Anlauf, Standsprünge unter Betonung des Vorbringens des Beckens, Beachtung des Schwungbein- und Armeinsatzes, Sprünge mit kurzem Anlauf auf Technik, nicht auf Höhe

Tag	Übungsschwerpunkt	Min.	Trainingsbeispiel
		30	Übungen zur Entwicklung der Maximalkraft: halbe Kniebeugen mit Absitzen, aus halber Kniebeuge bis in den Zehenstand drücken, Drücken und Stoßen mit Hantel, Übungen zur Kräftigung der Bauch- und Rückenmuskulatur, evtl. mit Zusatzgewichten (allgemein ca. 4 Wiederholungen, 2 Serien)
3. Tag Halle/ Platz	Laufschulung Weitsprung Start Schnelligkeit	15	Aufwärmen und Gymnastik mit Trainingsformen zur Laufschulung
		25	Technikschulung Weitsprung aus verkürztem Anlauf, ca. 15–20 Sprünge, aus 3, 5 oder 7 Schritten Anlauf, Absprung von Erhöhung oder Minitrampolin in der Halle zur Verlängerung der Flugbahn, Drei- und Fünfsprünge, ein- und beidbeinig, mit und ohne Anlauf
		20	6 Starts mit 40-m-Sprint
		30	Steigerungsläufe 2 × 60 m, Koordinationsläufe 2 × 60 m,

Tag	Übungsschwerpunkt	Min.	Trainingsbeispiel
			1 × Sprint und Koordinationslauf im Wechsel über 100 m; 2 × 100 m ‹fliegend›
4. Tag Wald/ Halle	Ausdauer Kraft/ Beweglichkeit	60 20	Fahrtspiel Circuittraining mit besonderer Zielsetzung, z. B. für Sprung oder Kugelstoß

Rahmentrainingsplan für Fünfkämpferinnen
Wettkampfperiode (Mai bis September)

Tag	Übungsschwerpunkt	Min.	Trainingsbeispiel
1. Tag Platz	Laufschulung Start Schnelligkeit Sprungschulung	15	Aufwärmen und Gymnastik mit laufverbessernden Übungen wie Koordinationsläufen, Skippings, kurzen Steigerungsläufen, Antritten nach Pfiff als Reaktionsübungen für den Start
		20	5–6 Tiefstarts mit 40-m-Sprint
		30	2 Koordinationsläufe 60 m, 2 Steigerungsläufe 60 m, 1 × 100 m aus dem Tiefstart, 2 × 100 m ‹fliegend›

Tag	Übungsschwerpunkt	Min.	Trainingsbeispiel
		25	Sprungläufe und Mehrfachsprünge auf dem Rasen (ein- und beidbeinig), 5 x Überspringen von 5 Hürden, beidbeinig mit Zwischenfedern, 10 Sprünge in die Grube aus 5 Schritten Anlauf
2. Tag Platz	Hürdenlauf Kugelstoßen Ausdauer	20	Aufwärmen und intensive Gymnastik für den Hürdenlauf
		30	Technikschulung Hürdenlauf: Übungen für das Schwungbein, aktives Landen mit Schwungbein hinter der Hürde, flaches Überlaufen der Hürde, Tiefstart und Anlauf an die erste Hürde, 3×5 Hürden überlaufen, 1×100-m-Hürdenlauf
		30	3 Stöße wettkampfmäßig auf Weite (1. Stoß auf Sicherheit), Schulung des Angleitens, der Stoßauslage, des Ausstoßens der Kugel als Schwerpunkte im vollen Bewegungsablauf, 6 Stöße mit kleineren Kugeln,

Tag	Übungsschwerpunkt	Min.	Trainingsbeispiel
			3 Stöße mit Wettkampfkugel auf Weite
		10	1 × 800 m Tempolauf
3. Tag Platz	Kugelstoßen Hochsprung Krafttraining	15	Aufwärmen und Gymnastik
		10	nach 3 Stößen ‹auf Technik› 3 Stöße wettkampfmäßig auf Weite
		30	Technikschulung des Flop: Sprünge aus kurzem Anlauf zur Verbesserung der Technik über der Latte, Vorbringen des Beckens, Hochschlagen der Unterschenkel, Anlauf und Absprungimitation, Sprünge aus vollem Lauf
		30	Übungen zur Erhaltung der Maximalkraft nach dem Programm der Vorbereitungsperiode, Übungen zur Verbesserung der Schnellkraft für das Kugelstoßen
4. Tag Platz	Wettkampf oder: Weitsprung Schnelligkeit	15	Aufwärmen und Gymnastik
		30	3 Sprünge wettkampfmäßig auf Weite, Sprünge aus 3, 5, und 7 Schritten Anlauf, Schwungbein- und Armeinsatz, Verbesserung des An-

Tag	Übungsschwerpunkt	Min.	Trainingsbeispiel
		30	laufs, 2 Sprünge auf Weite 1 Koordinationslauf 60 m, 1 Kniehebelauf 40 m, Tempoläufe: 100–150–200–150–100 m

Lernkontrollen
Im Abstand von circa vier Wochen sollte die Fünfkämpferin Tests durchführen, um die Leistungsentwicklung selbst zu erkennen und daraus Schlüsse für die weitere Trainingsplanung ziehen zu können.

Schnelligkeit: Lauf über 30 Meter aus dem Tiefstart
Schnelligkeitsausdauer: 100 Meter ‹fliegend›
Sprungkraft: Fünfsprung ohne Anlauf
Armkraft: Bankdrücken
Beinkraft: halbe Kniebeugen

Wettkampfbestimmungen
Klasseneinteilung und Disziplinen
Frauen:
1. Tag: 100 Meter Hürden, Kugelstoßen, Hochsprung
2. Tag: Weitsprung, 800 Meter

Weibliche Jugend und Jugend B:
1. Tag: 100 Meter Hürden (8,00 Meter Abstand), Kugelstoßen (4 kg), Hochsprung
2. Tag: Weitsprung, 800 Meter (Jugend B 100 Meter)

Die Wettbewerbe werden in dieser Reihenfolge an zwei aufeinanderfolgenden Tagen durchgeführt. Muß der Frauen-Fünfkampf aus zwingenden Gründen an einem Tag ausgetragen werden, sind die Wettbewerbe des ersten Tages am Vormittag und die des zweiten Tages am Nachmittag durchzuführen.
Die Regeln über Anzahl der Versuche, Teilnehmerkreis am abschließenden Wettbewerb des Mehrkampfs, Zeitnahme, Fehlstarts, Bekanntgeben der Punktzahlen, Sieger bei Gleichstand der Punktzahlen und Ausschluß vom Wettkampf bei Nichtteilnahme an einem Wettbewerb siehe unter «Wettkampfbestimmungen» beim Zehnkampf!

Schülermehrkämpfe

Claudia springt Schulrekord!
Mit 4,25 Meter sprang die neunjährige Claudia Schulrekord. Sie war stolz auf ihre Leistung und wollte im Dreikampf bei den Bundesjugendspielen eine Ehrenurkunde des Bundespräsidenten erringen. Im 50-m-Lauf ereichte sie mit 7,9 Sekunden noch einmal viele Punkte, doch dann kam ihre Schwäche: Im Schlagballweitwurf erhielt sie für 18 Meter nur 72 Punkte. Claudia zeigt für ihr Alter hervorragende Leistungen im 50-m-Lauf und Weitsprung. Wenn sie das Werfen noch verbessern könnte, dann wäre sie eine ausgezeichnete Mehrkämpferin.
Jeder kann schon im Schüleralter (bis 14 Jahre) gute Mehrkampfleistungen erreichen, sofern regelmäßig und systematisch trainiert wird. Das Mehrkampftraining bildet in diesem Alter beste Voraussetzung für spätere Leistungen in einer Einzeldisziplin. Die Muskeln sind vielseitig durchgebildet, die Ausdauer wächst. Nicht zuletzt drückt sich die allseitige körperliche Durchbildung in der Gesundheit, allgemeinen Leistungsfähigkeit und Körperhaltung aus.

Die Technik der Disziplinen der Schülermehrkämpfe
In den folgenden Abschnitten erhalten Schüler Anregungen, wie sich ein Training aufbauen und durchführen läßt.
Sicher werden sich die Leistungen dadurch verbessern, was man bei den Bundesjugendspielen in der Schule oder bei den Wettkämpfen des Deutschen Leichtathletik-Verbandes erproben kann. Zur besseren Vorstellung informieren die Bildreihen und Beschreibungen, wie der Start, der Weitsprung, der Schersprung und der Schlagballwurf richtig ausgeführt werden.

1   2   3

Der Start

Die Läufe beginnen aus dem Hochstart (stehend in aufrechter Körperhaltung) oder aus dem Tiefstart (siehe Bildreihe). Auf das Kommando «Auf die Plätze» geht der Läufer in den Startblock. Das kräftigere (geschicktere) Bein sollte am vorderen Startblock stehen. Das hintere Bein berührt den Boden mit dem Knie, das andere nicht (Foto 1).

Auf das Kommando «Fertig» wird die Stellung wie auf Foto 2 eingenommen. Dabei drücken die Füße fest gegen die Startblöcke. Der Oberkörper ist etwas nach vorn geschoben; das Becken darf nicht viel höher als die Schultern sein. Der Kopf wird so gehalten, daß der Blick etwa zwei Meter nach vorn auf die Bahn gerichtet ist.

Bei «Los» (meist Schuß oder Ruf) läuft man mit kräftigen Schritten los (Fotos 3 bis 6). Die Arme unterstützen die Beine. Nicht zu schnell aufrichten und nicht mit zu kurzen trippelnden oder zu langen Schritten loslaufen! Die Füße berühren nur mit den Fußballen (Fußspitzen) den Boden.

Spiele

Durch Spiele in der Schule oder mit mehreren Kindern gemeinsam auf dem Sportplatz können die Reaktionen und der Start mit Antritt verbessert werden. Folgende Spiele eignen sich:

- Schwarz oder Weiß
- Nummernwettlauf
- Einholen (zwei Kinder laufen hintereinander her, auf Pfiff muß der hintere den vorderen Läufer einholen)
- Schaltlaufen (im Lauf vom Vorwärts- auf das Rückwärtslaufen umschalten, mehrere Male vor- und zurückschalten)

4   5   6

● Übungsformen zum Erlernen und Verbessern des Starts

Traben – Pfiff –   Springen in Schritthocke – Pfiff – Starten
Traben – Pfiff –   mit halber Drehung in
                        Schritthocke springen,
                        dabei mit den Händen auf
                        den Boden fassen   – Pfiff – Starten

Aus dem Stütz auf den Händen: zweimal mit den Beinen in Schrittstellung wippen und Beine dabei vom Boden lösen. Sobald die Beine
wieder den Boden berühren, starten.
Nun wird der Start vom Startblock geübt. Die Blöcke sollten eine
Fußlänge auseinander stehen. Nach dem Start noch 20 bis 30 Meter
laufen.
An einem Trainingstag sollten Schüler etwa drei- bis fünfmal starten
und 20 bis 30 Meter laufen.

Der Kurzstreckenlauf

Beim Kurzstreckenlauf (Sprint) läuft man mit schnellen, kräftigen, aber nicht mit langgezogenen oder trippelnden Schritten. Ein kräftiger Schritt zeigt sich durch den Abstoß vom hinteren Bein, das bis in die Fußspitzen gestreckt ist. Nur die Fußballen (Fußspitzen) berühren den Boden, und die Füße setzen gerade hintereinander auf. Sie zeigen mit der Fußspitze genau in Laufrichtung. Das abstoßende Bein wird bis in die Zehenspitze gestreckt, das andere (Schwungbein) mit dem Knie hoch nach oben geschwungen. Die Arme sind im Ellbogen gebeugt und unterstützen durch kräftiges Mitpendeln in Laufrichtung – nicht quer über die Brust – die Arbeit der Beine. Der Oberkörper hat eine leichte Vorneigung, die Hände werden locker gehalten und nicht zur Faust geballt.

Besonders beachten: Schritte nicht zu lang ziehen – nicht mit trippelnden Schritten laufen – Kopf nicht in den Nacken hängenlassen – Schultern ruhig halten.

● Übungsformen zur Verbesserung des Kurzstreckenlaufs (Sprints)

Laufen mit hohem Anheben der Knie (Foto 1)

Laufen auf der Stelle mit hohem Anheben der Knie (Skipping); die Arme werden kräftig mitgeschwungen

Schnell Treppen oder einen Berg hinauflaufen

Einen Weg, der nur ein wenig bergab geht, schnell hinunterlaufen

Steigerungsläufe: langsam beginnen und immer schneller werden bis zur Höchstgeschwindigkeit

Pferdchenlauf (Foto 2)

1   2

Spiele:
Wer fürchtet sich vorm schwarzen Mann?
Hase und Jäger
Fangen (Nachlaufen)
Komm mit – Lauf weg
Sechstagerennen
Nummernwettlauf
Laufstaffeln

So kann die Ausdauer verbessert werden
Obwohl im Dreikampf keine langen Strecken gelaufen werden, sollten auch Schüler durch längere Läufe die Leistungsfähigkeit von Herz, Kreislauf und Atmung steigern. Aus folgenden Möglichkeiten kann wechselweise eine Trainingsform ausgesucht werden:
Dauerlauf (auch im Wald oder Park)
Dreiecklauf: Lauf um ein Dreieck mit 30 bis 40 Meter Seitenlänge. Nach drei Runden Dauerlauf wird eine Gehpause eingelegt. Dann folgt der nächste Dauerlauf über drei Runden (*Abbildung 1*).
Minutenläufe: Nach einem Programm werden folgende Zeiten gelaufen: zwei Minuten – Gehpause, drei Minuten – Gehpause, vier Minuten – Gehpause, zwei Minuten – Gehpause.

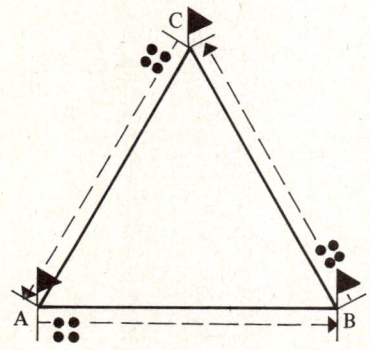

Abb. 1: Dreiecklauf

Der Weitsprung

Von der Geschwindigkeit im Anlauf und vom Absprung, das heißt wie
kräftig der Sportler vom Boden abstößt, hängt die Weite ab. Der Anlauf
sollte nicht zu lang sein, weil man sonst ermüdet. Bewährt haben sich 12
bis 16 Laufschritte. Immer mit dem gleichen Fuß den Anlauf beginnen.
Wer ihn häufiger übt, wird allmählich einen gleichmäßigen Anlauf
bekommen und leichter den Balken oder die Absprungzone treffen.
Schüler bis zehn Jahre (nach den Deutschen Leichtathletikbestimmungen) und bis 14 Jahre (bei den Bundesjugendspielen) dürfen aus der
Absprungzone springen (siehe *Abbildung 2*, Seite 218).
Vor dem Balken darf man die Schritte nicht verlängern oder trippeln.
Claudia springt den Schrittweitsprung. Nach dem Absprung schwingt
das Schwungbein weit nach vorn, und dieser Schritt wird möglichst
lange beibehalten. Die Beine werden ziemlich spät zur Landung nach
vorn gebracht. Die Arme sollen zuerst durch das Nach-oben-Schwin-
gen den Absprung (Nach-oben-Fliegen) unterstützen und werden bei
der Landung zu den Fußspitzen nach vorn geführt. Claudias Armfüh-
rung ist noch zu verbessern. Bei der Landung in den Knien nachgeben!
Besonders beachten: vor dem Absprung aufrichten – den letzten Schritt
nicht zu lang machen – den Kopf nicht in den Nacken fallen lassen –
beim Absprung das Absprungbein strecken – bei der Landung nicht mit
den Händen nach hinten abstützen.

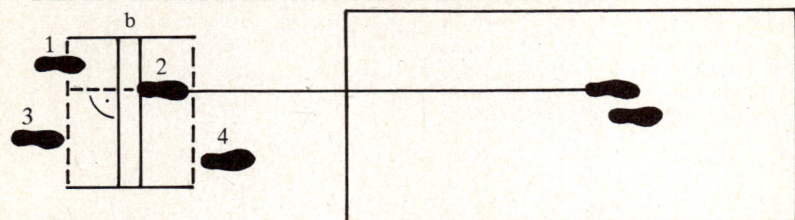

Abb. 2: Absprungraum
1 und 2 zeigen gültige Versuche.
3 und 4 zeigen ungültige Versuche.

● Übungsformen zum Erlernen und Verbessern des Weitsprungs
Anlauf:
Immer mit dem gleichen Bein loslaufen, immer die gleiche Strecke
zurücklegen. Die Länge des Anlaufs nicht nur als Anlauf in die Grube,
sondern auch auf der Aschenbahn überprüfen. Wer den Balken (Ab-
sprungzone) nicht genau trifft, muß etwas vor- oder zurückgehen.
Sprungkraft:
Hopserlauf
Sprunglauf (mehrere aneinandergereihte Sprünge als Lauf)
Strecksprünge (aus tiefer Hocke hochspringen) (Foto 3 und 4)
Weitsprung aus dem Stand (Schlußsprung)
Wechselsprünge
Hinken rechts und links
Sprünge mit fünf Schritten Anlauf in die Grube
von Anhöhe (bis 80 cm, nicht höher) in weichen Sand hinunterspringen
Springen mit der Hüfte an die Hände von zwei Partnern (Foto 5)
Sprünge auf Kastentreppe oder über kleine Kästen
Zonenspringen nach Noten (Zensuren)
Sprünge auf dem kleinen und großen Trampolin

Staffeln
Sprünge über niedrige Hindernisse (Sprunglauf) als Staffel
Fünf Sprünge hintereinander aus fünf Meter Anlauf. Wer kommt am
weitesten?
Hüpfstaffeln auf ein und zwei Beinen
Sprünge von einem Kreis (Reifen) von Linie zu Linie, von Matte zu
Matte (Foto 6)

3

4

5

6

Der Hochsprung

Bevor der Flop mit etwa zehn Jahren erlernt werden kann, sollte der Schersprung gewählt werden. Dieser Sprung ist mit dem Flop verwandt und somit eine gute Vorübung. Beim Schersprung wird aus dem schrägen Anlauf mit dem Bein abgesprungen, das weiter von der Latte entfernt ist. Das lattennahe Bein schwingt beim Absprung fast gestreckt nach oben. Bei der Überquerung der Latte kommt es zu einer Bewegung wie bei einer Schere: Wenn das Schwungbein nach unten gedrückt wird, schwingt das Absprungbein nach oben. Der Oberkörper soll nach vorn geneigt sein.

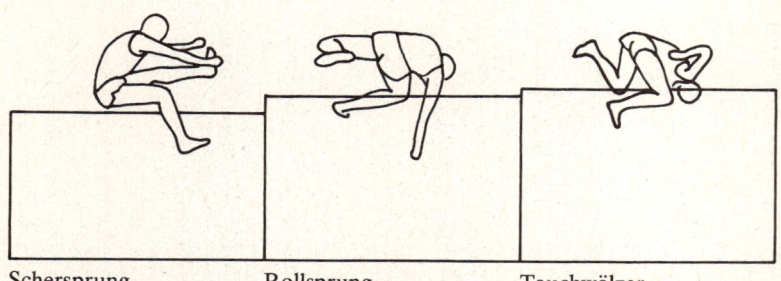

Schersprung   Rollsprung   Tauchwälzer

● Übungsformen zum Erlernen und Verbessern des Hochsprungs
Viele Übungen vom Weitsprung können übernommen werden. Zusätzlich sollten jetzt Sprünge in die Höhe ausgeführt werden: an hohe Äste springen, einen hoch aufgehängten Ball mit dem Kopf zu erreichen versuchen, hochspringen, dabei im Sprung einmal ganz drehen und weich, in den Knien nachgebend, auf zwei Beinen landen, mit dem Schwungbein nach hochgehängten Bällen treten.
Die Sprunghöhe kann gemessen werden, indem man an einer Wand hochspringt und mit der Hand anschlägt, die zuvor mit Kreide eingerieben wurde. Der Abdruck der Hand an der Wand läßt erkennen, wie hoch man gesprungen ist. Diese Höhe kann mit der Körpergröße oder anderen Schülern verglichen werden (siehe «Sprungkrafttest» auf Seite 268 von «Leichtathletik 1»)

Schersprung   Rollsprung   Tauchwälzer

Der Schlagballwurf

Beim Anlauf von drei bis fünf Schritten wird der Wurfarm auf den letzten drei Schritten etwa in Schulterhöhe zurückgestreckt. Große Bedeutung beim Wurf hat der ‹Impulsschritt›, das ist der vorletzte Schritt. Beim Rechtshänder wird das rechte Bein flach nach vorn gebracht; der Oberkörper dreht sich nach rechts zum zurückgestreckten Arm, die Wurfhand wird möglichst weit hinter den Körper genommen. Beim letzten Schritt beginnt der Abwurf mit möglichst weitem Weg (Ball im ausgestreckten Arm weit hinter dem Körper). Der Ball wird möglichst schnell, wie bei einem Schlag, nach vorn über Kopfhöhe abgeworfen. Dabei soll das linke Bein möglichst lange am Boden bleiben und sich strecken. – Die Armhaltung muß Claudia noch verbessern. *Besonders beachten:* den Ball nur mit Daumen, Zeige- und Mittelfinger greifen (Foto 7) – aus langem, nach hinten gehaltenem Arm werfen – den Wurfarm über den Kopf und nicht seitlich am Körper vorbeiführen – nicht mit dem Oberkörper beim Wurf zur Seite ausweichen – das linke Bein im Abwurf strecken – hinter dem abgeworfenen Ball herblicken.

7

● Übungsformen zum Erlernen und Verbessern des Schlagballwurfs
Möglichst viele Möglichkeiten zum Werfen mit Steinen, Tannenzapfen,
Knüppeln usw. sollten genutzt werden.
Zielwerfen, auch aus dem Lauf
Ball von hinten annehmen oder anreichen lassen und aus dem Stand
werfen (mehrere Bälle hintereinander) (Foto 8, S. 224)
In einer begrenzten Zeit möglichst viele Bälle gegen die Wand werfen
(Wer schafft die meisten?)
Auf den Boden prellen (Zielwürfe in Kreise auf dem Boden)
Ein- und beidarmiger Medizinballwurf
Würfe aus der Schrittstellung, Wurfarm weit zurück (Foto 9, Seite 224)
Aus dem Angehen mit weit zurückgehaltenem Arm wird der Anlauf
zum Schlagballwurf gelernt:
Gehen: rechts–links–Wurf
Gehen: links–rechts–links–Wurf
Gehen: links–rechts (schnell)–links–Wurf (das rechte Bein muß schnell
und flach über den Boden nach vorn gebracht werden). Dann aus dem
Laufen (Arm mit Ball unten, auf den letzten drei Schritten erst zurück-
nehmen).
Die letzten drei Schritte anschließend wie vorher: links–rechts
(schnell)–links–Wurf
Wurf mit Wurfstäben; dabei ist die Flugbahn besonders gut zu erken-
nen (Foto 10, Seite 224)

Spiele
Hase und Jäger – Handball – Treibball – Hochgeworfenen Ball treffen
– Haltet die Seiten frei – Burgball – Schlagball – Völkerball

8   9

10

Leistungen in der Jahresübersicht
Wer seine Leistungen im Jahresverlauf notiert, kann Fortschritte oder
Rückschläge leicht erkennen und danach das Training einrichten.
Es empfiehlt sich, nicht nur die Disziplinen zu trainieren, die man gern
mag, sondern sich besonders in den Disziplinen zu verbessern, die man
nicht so gut kann.
In der folgenden Übersicht können die Leistungen eingetragen werden.

Leistungen 197

		Kurzstrecke	Weitsprung	Hochsprung	Schlagballwurf
Datum					
Leistung					
Punkte					
Datum					
Leistung					
Punkte					
Jahres-best-leistungen	D				
	L				
	P				

Wertungstabelle für die Bundesjugendspiele
Nach den Wertungstabellen für die Bundesjugendspiele können anhand der Leistungen die Punktzahlen errechnet werden. Im Dreikampf bekommt man ab 150 Punkten eine Urkunde und ab 230 Punkten eine Ehrenurkunde des Bundespräsidenten.

Wertungstabelle für die Bundesjugendspiele 1978 — Sommerspiele — Männliche Jugend

Jahrgang	1970	1969	1968	1967	1966	1965
Alter	8	9	10	11	12	13
Punkte	0–100	0–100	0–100	0–100	0–100	0–100
50-m-Lauf	12,7–8,4	12,3–8,1	11,8–7,8	11,3–7,5	11,2–7,3	–
75-m-Lauf	–	–	–	15,7–10,9	15,5–10,7	15,3–10,5
100-m-Lauf	–	–	–	–	–	19,9–13,4
1000-m-Lauf	–	–	5:52–3:33	5:47–3:26	5:40–3:19	5:30–3:09
40-m-Hürdenlauf	13,6–8,1	13,0–7,7	12,5–7,5	11,5–6,8	10,3–6,7	–
60-m-Hürdenlauf	–	–	–	–	–	15,4–9,9
Weitsprung	1,20–3,50	1,45–3,85	1,65–4,19	1,83–4,55	1,97–4,80	2,28–5,06
Hochsprung	40–90	45–105	54–116	65–127	78–133	82–143
Stabhochsprung	–	–	–	–	80–215	85–225
Schlagball 80 g	4,50–33,10	6,00–36,00	9,00–44,50	12,00–57,50	13,50–61,50	16,00–66,50
Handball*	4–19,50	4,75–21,50	5,60–23,50	6,40–26,50	8,00–29,50	9,25–32,00
Wurfball 200 g	–	–	–	8,00–50,50	8,50–53,50	11,00–57,50
Schleuderball 1 kg	–	–	–	–	–	–
Kugelstoß 4 kg	–	–	–	–	–	3,50–11,00
Kugelstoß 5 kg	–	–	–	–	–	–
Kugelstoß 6,25 kg	–	–	–	–	–	–

Bei Mehrkampf ohne Schwimmen Gutschrift: von 20 Punkten	Abzeichen «Seepferdchen»		Dt. Jugendschwimmabz. Bronze		Dt. Jugendschwimmabz. Silber	
von 25 Punkten	Freischwimmer		Dt. Jugendschwimmabz. Silber		Dt. Jugendschwimmabz. Gold	

Die einzelnen Punktwerte sind auf der Wettkampfkarte ersichtlich.
* Handball bis 14 Jahre 325–400 g, ab 14 Jahre 425–475 g.

1964	1963	1962	1961	1960	1959	1958
14	15	16	17	18	19	20
0−100	0−100	0−100	0−100	0−100	0−100	0−100
−	−	−	−	−	−	−
14,7−9,9	14,3−9,4	−	−	−	−	−
19,0−12,8	18,1−12,5	17,1−12,2	16,5−11,9	16,3−11,8	15,9−11,5	15,8−11,4
5:10−3:00	4:52−2:54	4:36−2:50	4:24−2:48	4:20−2:45	4:18−2:44	4:18−2:44
−	−	−	−	−	−	−
15,1−9,7	14,2−9,2	18,8−12,0	18,4−11,7	17,9−11,5	17,1−11,3	16,8−11,1
2,49−5,38	2,73−5,69	2,94−6,01	3,12−6,17	3,29−6,32	3,38−6,42	3,44−6,46
86−152	93−160	98−169	102−172	107−177	111−182	113−184
90−235	95−250	100−265	105−280	110−295	115−310	120−310
18,50−71,50	22−78	−	−	−	−	−
11,50−36,00	12,75−39,75	15,25−43,50	−	−	−	−
13,50−63,50	15,50−72,00	18,00−80,00	−	−	−	−
11,25−42,75	15,00−45,50	18,00−48,25	20,00−50,25	23,50−53,50	24,75−55,25	22,25−55,50
3,80−11,50	−	−	−	−	−	−
−	3,69−11,36	4,13−12,37	4,83−12,71	5,31−13,16	−	−
−	−	−	4,24−11,47	4,43−12,39	4,68−12,49	5,07−12,83

Dt. Jugendschwimmabz. Gold	Dt. Rettungsschwimmabzeichen Bronze
Dt. Rettungsschwimmabz. Bronze	Dt. Rettungsschwimmabzeichen Silber

Wertungstabelle für die Bundesjugendspiele 1978 — Sommerspiele — Weibliche Jugend

Jahrgang	1970	1969	1968	1967
Alter	8	9	10	11
Punkte	0–100	0–100	0–100	0–100
50-m-Lauf	12,7–8,4	12,4–8,2	12,0–8,0	11,5–7,7
75-m-Lauf	–	–	–	15,9–11,1
100-m-Lauf	–	–	–	–
600-m-Lauf	–	–	3:55–2:05	3:47–2:00
800-m-Lauf	–	–	–	–
Hürdenlauf*	13,6–8,1	13,1–7,8	12,5–7,5	12,0–7,3
Weitsprung	1,20–3,50	1,40–3,80	1,55–4,09	1,68–4,40
Hochsprung	40–90	45–104	49–111	57–119
Schlagball 80 g	1–25	2,00–27,50	3,50–30,50	5,00–33,00
Handball 325–400 g	1–14	1,50–17,50	2,25–21,00	3,25–23,25
Schleuderball 1 kg	–	–	–	–
Vollball 800 g	–	–	–	–
Kugelstoß 3 kg	–	–	–	–
Kugelstoß 4 kg	–	–	–	–

Bei Mehrkampf ohne Schwimmen Gutschrift: von 20 Punkten	Abzeichen «Seepferdchen»		Dt. Jugendschwimmabz. Bronze	
von 25 Punkten	Freischwimmer		Dt. Jugendschwimmabz. Silber	

* 8–12 Jahre 40 m, ab 13 Jahre 60 m.

1966	1965	1964	1963	1962/61	1960/58
12	13	14	15	16/17	18/20
0−100	0−100	0−100	0−100	0−100	0−100
11,4−7,5	11,1−7,3	−	−	−	−
15,7−11,0	15,5−10,8	15,5−10,7	15,5−10,6	15,4−10,4	15,3−10,3
−	20,0−14,1	20,0−14,0	20,0−13,9	19,8−13,6	19,6−13,4
3:38−1:56	3:28−1:53	3:18−1:50	−	−	−
−	−	−	4:54−2:45	4:44−2:42	4:34−2:39
11,1−7,1	17,5−9,8	17,1−9,7	16,8−9,6	16,7−9,5	16,6−9,4
1,84−4,66	2,03−4,76	2,12−4,83	2,13−4,85	2,19−4,87	2,23−4,90
62−129	69−133	71−136	72−140	75−143	79−145
6,50−35,00	8−40	8,50−41,50	8,75−44,00	9,00−49,00	9,50−50,00
5,50−26,00	7,00−27,00	8,00−28,00	8,25−30,00	8,50−31,00	9,25−32,00
−	8,00−33,50	8,75−34,00	10,25−35,50	11,50−37,00	12,50−38,00
−	5,25−21,00	6,00−21,50	7,00−22,00	7,75−23,50	8,50−24,75
−	1,44−7,84	1,56−8,12	−	−	−
−	−	−	1,69−8,41	1,82−8,70	1,96−9,00

Dt. Jugendschwimmabz. Silber	Dt. Jugendschwimmabz. Gold	Dt. Rettungsschwimmabz. Bronze
Dt. Jugendschwimmabz. Gold	Dt. Rettungsschwimmabz. Bronze	Dt. Rettungsschwimmabz. Silber

Anhang

Wettkämpfe und Wettkampfarten

Ausgabe 1977, hrsg. vom Deutschen Leichtathletikverband, aus: ALB (Amtliche Leichtathletik Bestimmungen)

Für die Austragung aller Leichtathletikwettkämpfe sind die Bestimmungen der DLO in Verbindung mit der Wettkampfordnung nach den Regeln der Internationalen Amateur-Athletic-Federation (IAAF) maßgebend.

1. Abschnitt: Klasseneinteilung der Vereine

A-Klasse = Vereine mit einer leistungsstarken Leichtathletikabteilung

B-Klasse = Vereine mit einer kleineren Leichtathletikabteilung

C-Klasse = Vereine, die Leichtathletik als Ergänzungssport betreiben, wie Fußball-, Handball-, Schwerathletik-, Box-, Rudervereine und dgl.

D-Klasse = Kleine Vereine ohne Leichtathletikanlage am Ort.

2. Abschnitt: Einteilung der Altersklassen

Für die Teilnahme an Leichtathletik-Wettkämpfen gilt folgende Altersklassen-Einteilung.

Der Übergang von einer Altersklasse zur nächsten vollzieht sich immer mit Beginn des Kalenderjahres, in dem das betreffende Lebensjahr vollendet wird.

A. Männer

1. Allgemeine Klasse
Beginnend mit dem Jahr, in dem das 19. Lebensjahr vollendet wird.

2. Juniorenklasse
Die Jahre, in denen das 19., 20. und 21. Lebensjahr vollendet wird.

3. Altersklasse I
Von dem Jahr ab, in dem das 32. Lebensjahr vollendet wird.

4. Altersklasse II
Von dem Jahr ab, in dem das 36. Lebensjahr vollendet wird.

5. Altersklasse III
Von dem Jahr ab, in dem das 40. Lebensjahr vollendet wird.

6. Altersklasse IV
Von dem Jahr ab, in dem das 45. Lebensjahr vollendet wird.

7. Altersklasse V
Von dem Jahr ab, in dem das 50. Lebensjahr vollendet wird.

8. Altersklasse VI
Von dem Jahr ab, in dem das 55. Lebensjahr vollendet wird.

9. Altersklasse VII
Von dem Jahr ab, in dem das 60. Lebensjahr vollendet wird.

B. Frauen

1. Allgemeine Klasse
Beginnend mit dem Jahr, in dem das 19. Lebensjahr vollendet wird.

2. Juniorinnen
Die Jahre, in denen das 19., 20. und 21. Lebensjahr vollendet wird.

3. Altersklasse I
Von dem Jahr ab, in dem das 30. Lebensjahr vollendet wird.

4. Altersklasse II
Von dem Jahr ab, in dem das 35. Lebensjahr vollendet wird.

5. Altersklasse III
Von dem Jahr ab, in dem das 40. Lebensjahr vollendet wird.

6. Altersklasse IV
Von dem Jahr ab, in dem das 45. Lebensjahr vollendet wird.

7. Altersklasse V
Von dem Jahr ab, in dem das 50. Lebensjahr vollendet wird.

8. Altersklasse VI
Von dem Jahr ab, in dem das 55. Lebensjahr vollendet wird.

9. Altersklasse VII
Von dem Jahr ab, in dem das 60. Lebensjahr vollendet wird.

C. Männliche und weibliche Jugend

1. Jugend A
Die Jahre, in denen das 17. und 18. Lebensjahr vollendet wird.

2. Jugend B
Die Jahre, in denen das 15. und 16. Lebensjahr vollendet wird.

D. Schüler- und Schülerinnenklassen

1. Schüler(innen) A
Die Jahre, in denen das 13. und 14. Lebensjahr vollendet wird.

2. Schüler(innen) B
Die Jahre, in denen das 11. und 12. Lebensjahr vollendet wird.

3. Schüler(innen) C
Die Jahre, in denen das 9. und 10. Lebensjahr vollendet wird.

4. Schüler(innen) D
Bis zu dem Jahr, in dem das 8. Lebensjahr vollendet wird.

E. Übergangsmöglichkeiten innerhalb der Klasseneinteilung

1. Für Altersklassen
Männer und Frauen der Altersklassen dürfen bei derselben Veranstaltung in der gleichen Disziplin nur in einer Altersklasse starten. Damit wird eine getrennte Wertung für eine höhere Altersklasse nicht ausgeschlossen.

2. Für Jugend- und Schülerklassen

a) Grundlage für das Wettkampfprogramm bildet die durch das Alter gegebene Zugehörigkeit zu den Klassen Jugend A oder B, Schüler(innen) A, B, C oder D (siehe 4. Abschnitt D, E und F). Jugendliche und Schüler(innen) dürfen auch in der nächsthöheren Klasse, aber nur innerhalb ihres Wettkampfprogramms, starten.

Weibliche A-Jugendliche dürfen am Frauen-Fünfkampf, männliche A-Jugendliche am Männer-Fünf- und Zehnkampf teilnehmen. Jugendliche der Klasse B sind nur nach Ausstellung einer Starterlaubnis gemäß Abschnitt b) dieser Bestimmung in der Männer- bzw. Frauenklasse teilnahmeberechtigt. Schüler(innen) der Klasse B dürfen in der Klasse A und Schüler(innen) der Klasse C in der Klasse B an allen Sprung- und Wurfwettbewerben teilnehmen.

Schüler der Klasse A dürfen an Läufen über 800 m und 1500 m der Jugend B teilnehmen und im Falle eines Antrages zu Abschnitt b) dieser Bestimmung soll die 1000-m-Qualifikationszeit als Maßstab für die Erlaubnis zum Start bei 800-m-und 1500-m Läufen der A-Jugend gelten.

Grundsätzlich dürfen Jugendliche und Schüler(innen) bei derselben Veranstaltung in der gleichen Disziplin sowie bei Wald- und Crossläufen nur in einer Altersklasse starten.

Eine Überführung von Jugendlichen bzw. Schülern und Schülerinnen in eine höhere Altersklasse ist ausgeschlossen.

b) Soll eine Altersklasse übersprungen werden, ist eine vom Verein des Aktiven bei dem (der) Jugendwart(in) bzw. dem Schülerwart des zuständigen Landesverbandes zu beantragende und dort auszustellende begrenzte Starterlaubnis notwendig. Mit dem Antrag ist der Nachweis vorzulegen, daß bei einer amtlich beaufsichtigten Veranstaltung des laufenden Wettkampfjahres in dem betreffenden Einzelwettbewerb die Mindestleistung für Deutsche Jugend- bzw. Schülermeisterschaft des laufenden Jahres erfüllt worden ist. Auf diesen Wettbewerb ist die Starterlaubnis zu beschränken; bei Läufen ist der Einsatz in Staffeln eingeschlossen, aber nur für die festgelegte und genehmigte Streckenlänge.

Die Starterlaubnis ist vor dem Wettkampf dem Veranstaltungsleiter vorzulegen; sie gilt nur für das laufende Wettkampfjahr und die anschließende Hallensaison bis zum 31. März des nächsten Jahres.

c) Die vorstehenden Bestimmungen gelten grundsätzlich nicht für die DMM/DJMM/DSMM. In diesen Mannschaftskämpfen sind generell in der DMM nur Männer und Frauen, in der DJMM nur Jugendliche und in der DSMM nur Schüler(innen) gemäß Ausschreibung teilnahmeberechtigt.

Erläuterung

Aus den vorstehenden Bestimmungen ergeben sich folgende Möglichkeiten:

Zuständige Altersklasse	Möglichkeiten in der Klasse:	Mit Sondergenehmigung in der Klasse:
Schü D	Schüler C Dreikampf	Schüler B —
Schü C	Schüler B 60 m Hürden, Hoch- und Weitsprung, Ballwurf (200 g), Waldläufe bis 2000 m Straßenläufe bis 5000 m, Gehen 1000, 3000, 5000 m	Schüler A Hoch- und Weitsprung

Zuständige Alters- klasse	Möglichkeiten in der Klasse:	Mit Sondergenehmigung in der Klasse:
Schü B	Schüler A Hoch-, Stabhoch- und Weitsprung, Kugelstoß, Diskus-, Hammer-, Speer- und Ballwurf (200 g), Waldläufe bis 3000 m Straßenläufe 5 u. 10 km Gehen 1000, 3000, 5000 m	Jugend B Hoch- und Weitsprung
Schü A	Jugend B 100 m, 4 mal 100-m-Staffel, 800, 1000, 1500, 3000 m 3 mal 1000-m-Staffel, Hoch-, Stabhoch- und Weitsprung, Kugelstoß, Diskus-, Hammer-, Speer- und Ballwurf (200 g), Waldläufe bis 5000 m Straßenläufe bis 10 km Gehen 5000, 10 000 m	Jugend A 100 m, 4 mal 100-m-Staffel, 800, 1000, 1500 m 3 mal 1000-m-Staffel, Hoch-, Stabhoch- und Weit- sprung, Kugelstoß, Diskus-, Hammer- und Speerwurf, 3000-m-Gehen
mJgd B	Jugend A 100, 200, 400, 800, 1000, 1500 3000, 5000 m (diese Strecken in Staffeln), 110 m Hürden, Hoch-, Stabhoch-, Weit- und Dreisprung, Kugelstoß, Diskus-, Hammer- und Speerwurf, Fünfkampf, Waldläufe bis 5000 m 10-km-Straßenläufe Gehen bis 20 000 m	Junioren/Männer 100, 200, 400, 800, 1500, 3000, 5000 m, diese Strecken auch in Staffeln, 110 m Hürden, Hoch-, Stabhoch-, Weit- und Dreisprung, Kugelstoß, Diskus-, Hammer- und Speerwurf, 5000-m-Gehen
mJgd A	Junioren und Männer 100, 200, 400, 800, 1000, 1500, 3000 und 5000 m, 110 m und 400 m Hürden, 2000 m Hindernis (diese flachen Strecken auch in Staffeln), Hoch-, Stabhoch-, Weit- und Dreisprung, Kugelstoß, Diskus-, Hammer- und Speerwurf, Gehen bis 20 000 m, Cross- und Waldläufe bis 10 000 m, Straßenläufe 10 und 25 km	
Schi D	Schülerinnen C Dreikampf Waldläufe bis 1000 m	Schülerinnen B –
Schi C	Schülerinnen B 60 m Hürden, Hoch- und Weitsprung, Schlagballwurf, Waldläufe bis 2000 m 5000-m-Straßenläufe Gehen 1000, 3000 m	Schülerinnen A Hoch- und Weitsprung

Zuständige Altersklasse	Möglichkeiten in der Klasse:	Mit Sondergenehmigung in der Klasse:
Schi B	Schülerinnen A Hoch- und Weitsprung, Kugelstoß, Diskus-, Speer- und Ballwurf (200 g), Waldläufe bis 3000 m Straßenläufe 5 u. 10 km Gehen 1000, 3000 m	Jugend B Hoch- und Weitsprung
Schi A	Jugend B 100 m, 4 mal 100-m-Staffel, 800, 1500 m 3 mal 800-m-Staffel, Hoch- und Weitsprung, Kugelstoß, Diskus-, Speer und Ballwurf (200 g), Waldläufe bis 4000 m 10 000-m-Straßenläufe Gehen 3000, 5000 m	Jugend A 100 m, 800, 1500 m 4 mal 100-m-Staffel, 3 mal 800-m-Staffel, Hoch- und Weitsprung, Kugelstoß, Diskus- und Speerwurf
wJgd B	Jugend A Alle Laufstrecken einschl. 100 m Hürden, alle Sprung- und Wurfdisziplinen, Fünfkampf, Waldläufe bis 5000 m 10 000-m-Straßenläufe Gehen 3000, 5000, 10 000 m	Juniorinnen/Frauen 100, 200, 400, 800 m, diese Strecken auch in Staffeln, 1500, 3000 m, 100 m Hürden, alle Sprung- und Wurfdisziplinen
wJgd A	Juniorinnen und Frauen 100, 200, 400, 800 (diese Strecken auch in Staffeln), 1500, 3000 m, 100 und 400 m Hürden, Hoch- und Weitsprung, Kugelstoß, Diskus- und Speerwurf, Fünfkampf, Wald- und Crossläufe bis 7500 m, Stra ßenläufe 10 und 25 km, Gehen 3000, 5000, 10 000 m.	

3. Abschnitt: Wettkampfarten

A. Einzelwettbewerbe und Staffeln für Männer

Lauf: 100, 200, 300, 400, 500, 600, 800, 1000, 1500, 2000, 3000, 5000, 7500, 10 000 m, 15, 20, 25, 30, 35, 40 km, Marathonlauf (42,195 km) und längere Straßenläufe, 1 und 2 Stunden, 4 mal 100-m-, 4 mal 200-m-, 4 mal 400-m-, 4 mal 800-m-, 3 mal 1000-m-, 4 mal 1500-m-Staffel (weitere Staffeln in beliebiger Zusammensetzung).

Hürdenlauf: 110, 200 und 400 m, 3000-m-Hindernislauf.

Sprung: Hoch-, Stabhoch-, Weit- und Dreisprung.

Wurf: Kugelstoß. Diskus-, Hammer- und Speerwurf, Steinstoß, Schleuderballwurf.

Gehen: 3, 5, 10, 15, 20, 25, 30, 35, 50 km, 1 und 2 Stunden.

B. Einzelwettbewerbe und Staffeln für Junioren

Lauf:	100, 200, 300, 400, 500, 800, 1000, 1500, 2000, 3000, 5000, 10 000 m, längere Straßenläufe bis zur Marathonstrecke und Staffeln wie Männer.
Hürdenlauf:	110, 200 und 400 m, 2000-m- und 3000-m-Hindernislauf.
Sprung:	Hoch-, Stabhoch-, Weit- und Dreisprung.
Wurf:	Kugelstoß, Diskus-, Hammer- und Speerwurf.
Gehen:	3, 5, 10, 15, 20 km und 1 Stunde.

C. Einzelwettbewerbe und Staffeln für Frauen und Juniorinnen

Lauf:	60, 100, 200, 400, 800, 1000, 1500, 3000, 5000, 10 000 m und längere Straßenläufe.
	4 mal 100-m-, 4 mal 200-m-, 4 mal 400-m-, 3 mal 800-m- und 4 mal 800-m-Staffel (weitere Staffeln in beliebiger Zusammensetzung).
Hürdenlauf:	100, 200 und 400 m.
Sprung:	Hoch- und Weitsprung.
Wurf:	Kugelstoß, Diskus- und Speerwurf.
Gehen:	3000, 5000, 10 000, 15 000, 20 000 m.

D. Einzelwettbewerbe und Staffeln für männl. Jugend und Schüler

Jugend A

Lauf:	100, 200, 400, 800, 1000, 1500, 3000, 5000 m, 4 mal 100-m-, 4 mal 400-m-, 3 mal 1000-m-Staffel. Olympische Staffel (800, 200, 200, 400 m), Schwedenstaffel (400, 300, 200, 100 m), 10 mal 1/2-Runde-Staffel.
	Wald- u. Crossläufe bis höchstens 10 000 m.
	Straßenläufe 10, 25 km.
Hürdenlauf:	110, 400 m.
	2000-m-Hindernislauf.
Sprung:	Hoch-, Stabhoch-, Weit- und Dreisprung.
Wurf:	Kugelstoß (6,25 kg), Diskus- (1,75 kg),
	Hammer- (6,25 kg) und Speerwurf (800 g).
Gehen:	3000, 5000, 10 000, 20 000 m.

Jugend B

Lauf:	100, 200, 400, 800, 1000, 1500, 3000, 5000 m, 4 mal 100-m-, 3 mal 1000-m-Staffel.
	Wald- u. Crossläufe bis höchstens 5000 m.
	Straßenläufe 10, 25 km.
Hürdenlauf:	110, 300 m, 1500-m-Hindernislauf.
Sprung:	Hoch-, Stabhoch-, Weit- und Dreisprung.
Wurf:	Kugelstoß (5 kg), Diskus- (1,50 kg),
	Hammer- (5 kg), Speer- (600 g)
	und Ballwurf (200 g).
Gehen:	3000, 5000, 10 000, 15 000, 20 000 m.

Schüler A

Lauf:	100, 1000, 2000, 3000 m, 4 mal 100-m-Staffel, 3 mal 1000-m-Staffel.
	Waldläufe bis höchstens 5000 m.
	Straßenläufe 5, 10 km.
Hürdenlauf:	80 m.
Sprung:	Hoch-, Stabhoch- und Weitsprung.
Wurf:	Kugelstoß (4 kg), Diskus- (1 kg),
	Hammer- (5 kg), Speer- (600 g)
	und Ballwurf (200 g).
Gehen:	1000, 3000, 5000, 10 000 m.

Schüler B

Lauf:	75, 800, 1500 m,
	4 mal 75-m-, 3 mal 800-m-Staffel.
	Waldläufe bis höchstens 3000 m.
	Straßenläufe 5, 10 km.
Hürdenlauf:	60 m.
Sprung:	Hoch- und Weitsprung.
Wurf:	Ballwurf (200 g).
Gehen:	1000, 3000, 5000 m.

Schüler C

Lauf:	50, 600, 1000 m,
	4 mal 50-m-, 3 mal 600-m-Staffel.
	Waldläufe bis höchstens 2000 m.
	Straßenläufe 5 km.
Hürdenlauf:	60 m.
Sprung:	Hoch- und Weitsprung. (Der Weitsprung wird aus einem 80-cm-Absprungraum ausgeführt; Messen gemäß Regel 45, 4).
Wurf:	Schlagballwurf (80 g).
Gehen:	1000, 3000, 5000 m.

Schüler D

Lauf:	Waldläufe bis höchstens 1000 m.

E. Einzelwettbewerbe und Staffeln für weibliche Jugend und Schülerinnen

Jugend A

Lauf:	100, 200, 400, 800, 1500, 3000 m, 4 mal 100-m- und 3 mal 800-m-Staffel.
	Wald- und Crossläufe bis höchstens 7500 m.
	Straßenläufe 10, 25 km.
Hürdenlauf:	100, 400 m.
Sprung:	Hoch- und Weitsprung.
Wurf:	Kugelstoß (4 kg), Diskus- (1 kg), Speer- (600 g) und Ballwurf (200 g).
Gehen:	3000, 5000 10 000 m.

Jugend B

Lauf:	100, 200, 400, 800, 1500, 3000 m, 4 mal 100-m- und 3 mal 800-m-Staffel.
	Wald- und Crossläufe bis höchstens 5000 m.
	Straßenläufe 10, 15 km.
Hürdenlauf:	100 m.
Sprung:	Hoch- und Weitsprung.
Wurf:	Kugelstoß (4 kg), Diskus- (1 kg), Speer- (600 g) und Ballwurf (200 g).
Gehen:	3000, 5000, 10 000 m..

Schülerinnen A

Lauf:	100, 800, 1500 m.
	4 mal 100-m- und 3 mal 800-m-Staffel.
	Waldläufe bis höchstens 4000 m.
	Straßenläufe 5, 10 km.
Hürdenlauf:	80 m.
Sprung:	Hoch- und Weitsprung.
Wurf:	Kugelstoß (3,00 kg), Diskus- (1 kg), Speer- (600 g) und Ballwurf (200 g).
Gehen:	1000, 3000, 5000 m.

Schülerinnen B
Lauf: 75, 600, 1000 m,
               4 mal 75-m-, 3 mal 600-m-Staffel.
               Waldläufe bis höchstens 3000 m.
               Straßenläufe 5, 10 km.
Hürdenlauf: 60 m.
Sprung: Hoch- und Weitsprung.
Wurf: Schlagballwurf (80 g).
Gehen: 1000, 3000 m.

Schülerinnen C
Lauf: 50, 800 m, 4 mal 50-m-, 3 mal 600-m-Staffel.
               Waldläufe bis höchstens 2000 m.
               Straßenläufe 5 km.
Hürdenlauf: 60 m.
Sprung: Hoch- und Weitsprung. (Der Weitsprung wird aus einem 80-cm-Ab-
               sprungraum ausgeführt; Messen gemäß Regel 45, 4).
Wurf: Schlagballwurf (80 g).
Gehen   1000, 3000 m.

Schülerinnen D
Lauf: Waldläufe bis höchstens 1000 m.

F. Mehrkämpfe

Männer und Junioren
Fünfkampf: Weitsprung, Speerwurf, 200 m, Diskuswurf, 1500 m, an einem Tag in
               dieser verbindlichen Übungsfolge durchzuführen.
Zehnkampf: 1. Tag: 100 m, Weitsprung, Kugelstoß, Hochsprung, 400 m.
               2. Tag: 110 m Hürden, Diskuswurf, Stabhochsprung, Speerwurf,
                        1500 m
               An zwei aufeinanderfolgenden Tagen in dieser verbindlichen
               Übungsfolge durchzuführen.

Frauen und Juniorinnen
Fünfkampf: 1. Tag: 100 m Hürden, Kugelstoß, Hochsprung,
               2. Tag: Weitsprung, 800 m.
Siebenkampf: 1. Tag: 100 m Hürden, Kugelstoß, Hochsprung, 200 m,
(ab 1978)   2. Tag: Weitsprung, Speerwurf, 800 m.
Achtkampf: 1. Tag: 100 m, Diskuswurf, Weitsprung, Speerwurf,
(bis 1977)   2. Tag: 100 m Hürden, Kugelstoß, Hochsprung, 800 m.
               Die Übungsfolge ist bei den Mehrkämpfen verbindlich. Machen
               zwingende Gründe die Durchführung an einem Tag notwendig,
               dann sind die Wettbewerbe des 1. Tages am Vor- und die des
               2. Tages am Nachmittag auszutragen.

Männliche Jugend A
Fünfkampf: 100 m, Weitsprung, Kugelstoß, Hochsprung, 1000 m, an einem Tage
               durchzuführen.
Zehnkampf: 1. Tag: 100 m, Weitsprung, Kugelstoß, Hochsprung, 1000 m,
               2. Tag: 110 m Hürden, Diskuswurf, Stabhochsprung, Speerwurf,
                        400 m.
               An zwei aufeinanderfolgenden Tagen in dieser verbindlichen
               Übungsfolge durchzuführen.

Männliche Jugend B

Fünfkampf: 100 m, Weitsprung, Kugelstoß, Hochsprung, 1000 m. An einem
               Tage durchzuführen.
Achtkampf: 1. Tag: 100 m, Weitsprung, Kugelstoß, Hochsprung, 1000 m,
               2. Tag: 110 m Hürden, Diskuswurf, Stabhochsprung.
               An zwei aufeinanderfolgenden Tagen in dieser verbindlichen
               Übungsfolge durchzuführen.

Schüler A

Vierkampf: 100 m, Weitsprung, Hochsprung, Kugelstoß.
Dreikampf: 100 m, Weitsprung, Ballwurf (200 g).
               Beide Mehrkämpfe sind an einem Tage durchzuführen.

Schüler B

Vierkampf: 75 m, Weitsprung, Hochsprung, Ballwurf (200 g).
Dreikampf: 75 m, Weitsprung, Ballwurf (200 g).
               Beide Mehrkämpfe sind an einem Tage durchzuführen.

Schüler C

Vierkampf: 50 m, Weitsprung, Hochsprung, Schlagballwurf.
Dreikampf: 50 m, Weitsprung, Schlagballwurf.
               Beide Mehrkämpfe sind an einem Tage durchzuführen.

Schüler D

Dreikampf: 50 m, Weitsprung, Schlagballwurf.

Weibliche Jugend A und B

Fünfkampf: 100 m Hürden, Kugelstoß, Hochsprung, Weitsprung, 800 m.
               Diese Übungsfolge ist möglichst einzuhalten, eine Verteilung auf
               zwei Tage ist in Anlehnung an die Einteilung des Frauen-Fünf-
               kampfes zulässig.

Schülerinnen A

Vierkampf: 100 m, Weitsprung, Hochsprung, Kugelstoß.
Dreikampf: 100 m, Weitsprung, Ballwurf (200 g).
               Beide Mehrkämpfe sind an einem Tage durchzuführen.

Schülerinnen B

Vierkampf: 75 m, Weitsprung, Hochsprung, Schlagballwurf.
Dreikampf: 75 m, Weitsprung, Schlagballwurf.
               Beide Mehrkämpfe sind an einem Tage durchzuführen.

Schülerinnen C

Vierkampf: 50 m, Weitsprung, Hochsprung, Schlagballwurf.
Dreikampf: 50 m, Weitsprung, Schlagballwurf.
               Beide Mehrkämpfe sind an einem Tage durchzuführen.

Schülerinnen D

Dreikampf: 50 m, Weitsprung, Schlagballwurf.

Weitere Mehrkämpfe können für alle Klassen aus den jeweiligen Einzelwettbewer-
ben (A bis E) beliebig zusammengestellt werden.

Wo betreibe ich Leichtathletik?

Laufen, Springen, Stoßen und *Werfen* bestimmen die Leichtathletik als Wettkampf-, Breiten- oder Lifetime-Sport, als Einzel-, Mannschafts- und Familiensport im Vorschulalter, als Sport für Schüler und Jugendliche, für Junioren und Senioren. Leichtathleten üben und trainieren im Wald und im Gelände, in der Halle, auf dem Sportplatz, im Stadion. Sie werden unterstützt von Eltern, Kampfrichtern, Betreuern, Übungsleitern und Trainern, organisiert von Funktionären und Lehrern in Schule, Verein, im Deutschen Sportbund, auf Kreis-, Landes-, Bezirks- und Landesebene des Deutschen Leichtathletik-Verbandes (DLV).

Talent und *Training* sind die Voraussetzungen für gute Leistungen und eine mögliche Leichtathletikkarriere. Talentsuche und -förderung in Schule und Verein, die Aus- und Fortbildung der Übungsleiter und Trainer sowie die Zusammenarbeit der privaten und staatlichen Organisationen ermöglichen jedem Leichtathletik-Interessierten ein vielfältiges Betätigungsfeld. Das breite Spektrum zeigt die Übersicht auf «Organisations- und Funktionsebenen» der bundesdeutschen Leichtathletik. Den langen Weg vom ersten Wettkampferfolg in einem Schulwettbewerb bis zur Berufung in die Nationalmanschaft verdeutlicht der schwarze Pfeil →:

Ausrüstung und Kosten

Die Grundausstattung eines Leichtathleten kann wie folgt aussehen:

1 Trikot, 1 Turnhose	ca. 22,– DM
1 Trainingsanzug	ca. 60 bis 80,– DM
1 Paar Turnschuhe	ca. 30 bis 50,– DM
1 Sporttasche	ca. 20 bis 30,– DM

Für einen Wettkampfsportler sollten folgende Ausrüstungsgegenstände nicht fehlen:
1 Wettkampftrikot, 1 Wettkampfhose in den Vereinsfarben, 1 weiterer Trainingsanzug, 1 weiteres Paar fester Turnschuhe für das Hallentraining, 1 Paar Spikes (Dornenschuhe)
Spezialausrüstungsgegenstände wie Regenanzug, Langlauf- oder Speerwurfschuhe werden nur bei Bedarf angeschafft. Nützlich sind Handtücher, trockene Wäsche zum Wechseln, warme Mützen und Handschuhe für das Wintertraining, mehrere Socken und lange, bis über das Gesäß reichende Unter- oder Sporthemden sowie eine elastische Binde. Sie erleichtern die Trainingsarbeit und verhindern Krankheiten und Verletzungen. Die Ausrüstung eines Leichtathleten sollte zweckmäßig, muß aber nicht teuer sein.

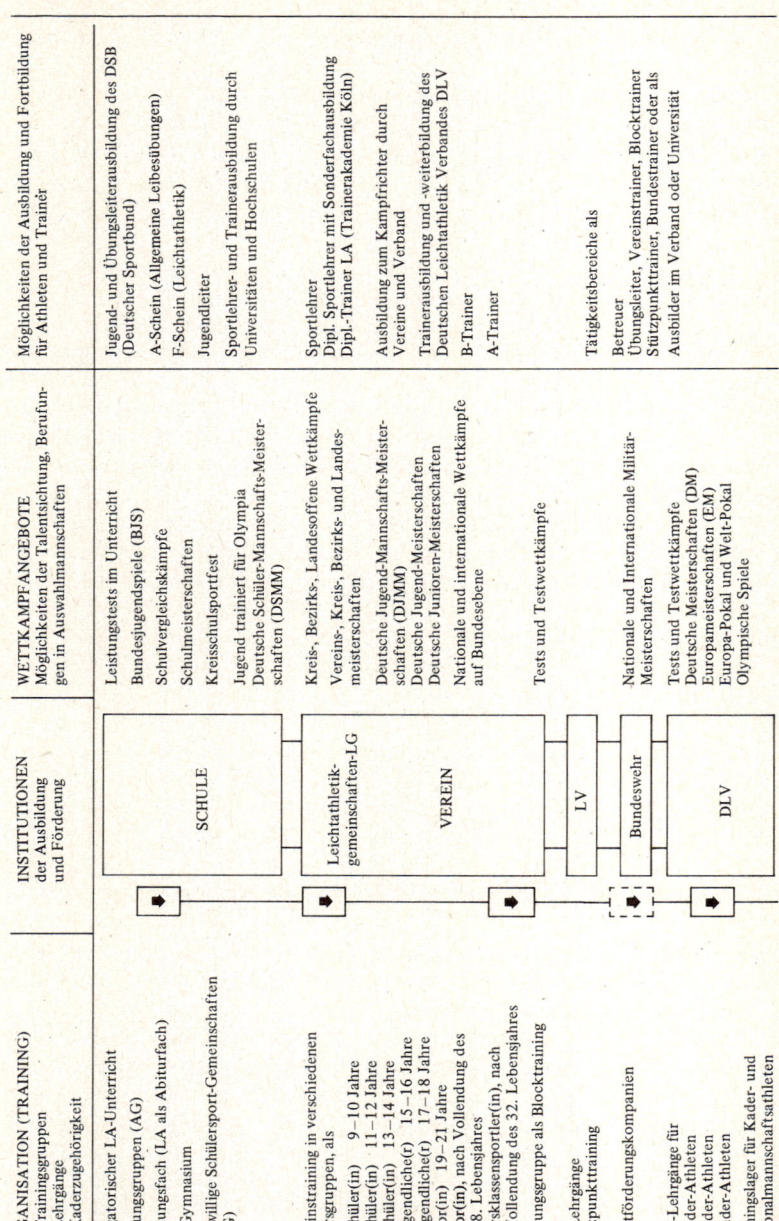

ORGANISATION (TRAINING) – Trainingsgruppen – Lehrgänge – Kaderzugehörigkeit	INSTITUTIONEN der Ausbildung und Förderung	WETTKAMPFANGEBOTE Möglichkeiten der Talentsichtung, Berufungen in Auswahlmannschaften	Möglichkeiten der Ausbildung und Fortbildung für Athleten und Trainer
obligatorischer LA-Unterricht Neigungsgruppen (AG) Leistungsfach (LA als Abiturfach) LA-Gymnasium Freiwillige Schülersport-Gemeinschaften (FSG)	SCHULE	Leistungstests im Unterricht Bundesjugendspiele (BJS) Schulvergleichskämpfe Schulmeisterschaften Kreisschulsportfest Jugend trainiert für Olympia Deutsche Schüler-Mannschafts-Meisterschaften (DSMM)	Jugend- und Übungsleiterausbildung des DSB (Deutscher Sportbund) A-Schein (Allgemeine Leibesübungen) F-Schein (Leichtathletik) Jugendleiter Sportlehrer- und Trainerausbildung durch Universitäten und Hochschulen
Vereinstraining in verschiedenen Altersgruppen, als C-Schüler(in) 9–10 Jahre B-Schüler(in) 11–12 Jahre A-Schüler(in) 13–14 Jahre B-Jugendliche(r) 15–16 Jahre A-Jugendliche(r) 17–18 Jahre Junior(in) 19–21 Jahre Senior(in), nach Vollendung des 18. Lebensjahres Altersklassensportler(in), nach Vollendung des 32. Lebensjahres	Leichtathletikgemeinschaften-LG	Kreis-, Bezirks-, Landesoffene Wettkämpfe Vereins-, Kreis-, Bezirks- und Landesmeisterschaften	Sportlehrer Dipl. Sportlehrer mit Sonderfachausbildung Dipl.-Trainer LA (Trainerakademie Köln)
Leistungsgruppe als Blocktraining	VEREIN	Deutsche Jugend-Mannschafts-Meisterschaften (DJMM) Deutsche Jugend-Meisterschaften Deutsche Junioren-Meisterschaften Nationale und internationale Wettkämpfe auf Bundesebene	Ausbildung zum Kampfrichter durch Vereine und Verband Trainerausbildung und -weiterbildung des Deutschen Leichtathletik Verbandes DLV B-Trainer A-Trainer
LV-Lehrgänge Stützpunkttraining	LV	Tests und Testwettkämpfe	Tätigkeitsbereiche als
Sportförderungskompanien	Bundeswehr	Nationale und Internationale Militär-Meisterschaften	
DLV-Lehrgänge für C-Kader-Athleten B-Kader-Athleten A-Kader-Athleten Trainingslager für Kader- und Nationalmannschaftsathleten	DLV	Tests und Testwettkämpfe Deutsche Meisterschaften (DM) Europameisterschaften (EM) Europa-Pokal und Welt-Pokal Olympische Spiele	Betreuer Übungsleiter, Vereinstrainer, Blocktrainer Stützpunkttrainer, Bundestrainer oder als Ausbilder im Verband oder Universität

Wettkampfgebühren (Startgelder) und -kosten (Fahrt, Unterkunft oder Verpflegung) werden in den meisten Fällen von den Vereinen getragen. Voraussetzung ist natürlich die Mitgliedschaft in einem eingetragenen Verein. Sie beträgt etwa 45 DM im Jahr und ermäßigt sich bei Familienbeitritten. – Wettkampf- und Rekordanerkennung sind von einer Mitgliedschaft in einem Verein abhängig, ebenso die Ausbildung zum Übungsleiter oder Trainer.

Leichtathletische Bestleistungen

Nach jeder Wettkampfsaison werden von den Statistikern in den Landesverbänden und den Leichtathletikverbänden des Internationalen Leichtathletik-Verbandes (IAAF) Rekordlisten veröffentlicht. Als Rekord- und Bestleistungen werden dabei nur solche Leistungen anerkannt, die auf offiziellen, von den jeweiligen Verbänden genehmigten und beaufsichtigten Wettkämpfen unter Einhaltung der Amtlichen Leichtathletikbestimmungen (ALB) aufgestellt werden.

Die folgenden Rekorde für Schüler, Jugendliche und Senioren gelten für den Bereich des Deutschen Leichtathletik-Verbandes (DLV). Die Aufstellung reicht bis zu den offiziellen Europa- und Weltrekorden nach Abschluß des Wettkampfjahrs 1978; sie wurde dem «Jahrbuch der Leichtathletik», herausgegeben vom DLV, entnommen.

Stoßen, Werfen und Mehrkampf (Stand: 1. Januar 1979)

Inoffizielle deutsche Schülerrekorde

Schüler

Stoßen und Werfen

Kugel	17,70	Karsten Stolz (SG Osterfeld)	Köln	15.10.78
Diskus	55,04	Thomas Gebauer (LG Kassel-Baunatal).	Mergentheim	19.9.76
Hammer	57,92	Askold Meyer (TuS Kirchdorf)	Bremen	26.10.74
Speer	62,62	Werner Kalb (LAG Lauf-Eschenau)	Lauf	5.10.74

Vierkampf

	5051 Punkte	Florian Hahnel (SV Donaueschingen)	Singen	11.6.77
		(12,1 − 6,12 − 1,96 − 13,50)		

Mannschafts-Vierkampf

	21 023 Punkte	LG Osterfeld	Lübeck	9.7.78

Schülerinnen

Stoßen und Werfen

Kugel (3 kg)	16,11	Susanne Demuth (TSV Trostberg)	Nürnberg	22.7.73
Diskus	43,98	Karin Eilers (LG Friesland-Süd)	Varel	11.8.72
Speer	49,44	Monika Welzel (LG Kerken)	Goch	3.6.78

Vierkampf

	4362 Punkte	Iris Künstner (STV Singen)	Reichenau	19.5.74
		(12,8 − 5,63 − 13,13 − 1,66)		

Mannschafts-Vierkampf

	18 815 Punkte	Düsseldorfer LC 99	Lübeck	9.7.78

Inoffizielle deutsche B-Jugend-Rekorde

Männliche Jugend B

Stoßen und Werfen

Kugel (5 kg)	18,02	Michael Neumann (LG ESV/PSV Essen)	Mülheim	29.5.71
Diskus (1,5 kg)	53,86	Bernhard Fischer (LG Staufen)	Heidenheim	4.10.75
Hammer (5 kg)	71,84	Karl-Heinz Müller (LG Frankfurt)	Frankfurt	13.8.75
Speer (600 g)	76,76	Werner Kalb (LAG Lauf-Eschenau)	Würzburg	26.9.76
Speer (800 g)	70,46	Werner Kalb (LAG Lauf-Eschenau)	Waiblingen	18.9.76

Fünfkampf

	6782 Punkte	Michael Manke-Reimers (MTG Mannheim) . . .	Mannheim	25.9.76
		(10,9 − 6,94 − 12,90 − 1,92 − 2:39,3)		

Achtkampf

	10 759 Punkte	Michael Manke-Reimers (MTG Mannheim) . . .	Mannheim	25./26.9.76
		(10,9 − 6,94 − 12,90 − 1,92 − 2:39,3 −		
		15,6 − 43,14 − 3,40)		

Weibliche Jugend B

Stoßen und Werfen

Kugel	14,39	Birgit Salzer (TV Neuhausen)	Neckargemünd	13.9.75
Diskus	51,58	Dagmar Galler (BLK Bersenbrück)	Berlin	23.7.77
Speer	56,96	Heide Adametz (LG Eckental)	Göttingen	29.7.78

Fünfkampf

	5673 Punkte	Astrid Beiersdorf (TSV RW Niebüll)	Lübeck	9./10.7.77
		(14,6 − 11,82 − 1,68 − 5,92 − 12,0)		

Inoffizielle deutsche Jugendrekorde

Männliche Jugend

Stoßen und Werfen

Kugel (6,25 kg)	18,53	Wolfgang Barthel (KSV Holstein Kiel)	Kiel	24.7.69
Diskus (1,75 kg)	60,82	Werner Hartmann (VfL Buchloe)	Sindelfingen	30.7.77
Hammer (6,25 kg)	71,76	K. Ploghaus (ASC Wella Darmstadt)	Gelsenkirchen	20.7.74
Speer	82,12	Klaus Tafelmeier (Bayer Leverkusen)	Ludwigshafen	28.8.76

Fünfkampf

3941 Punkte   Jürgen Hingsen (Bayer Uerdingen) . . . .   Bonn   19.6.76
(11,4 – 7,29 – 14,42 – 2,05 – 2:40,1)

Zehnkampf

7977 Punkte   Siegfried Wentz (LG Staufen) . . . .   Gelsenkirchen 7./8.10.78
(Jugendgeräte)   (10,9 – 7,08 – 14,76 – 1,92 – 2:46,4 –
13,9w – 45,58 – 4,00 – 59,12 – 50,0)

7541 Punkte   Siegfried Wentz (LG Staufen) . . . .   Hannover   17./18.6.78
(Männergeräte)   (11,1 – 7,05w – 13,80 – 1,93 – 50,2 –
15,0 – 40,58 – 3,90 – 63,10 – 4:44,5)

Weibliche Jugend (gleichzeitig Juniorinnen-Rekorde)

Stoßen und Werfen

Kugel	16,56	Birgit Palzkill (LG PSV/WSV Wuppertal)	Paris	12.9.70
Diskus	56,12	Barbara Beuge (Berliner SC)	Innsbruck	5.8.78
Speer	61,96	Heidi Repser (LAG Lauf/Eschenau)	Donezk	20.8.77

Fünfkampf (Jugendbedingungen)

5827 Punkte   Brigitte Holzapfel (Preußen Krefeld) . . . .   Hannover   13./14.9.75
(14,1w – 10,14 – 1,80 – 6,12 – 11,8)

Fünfkampf (Frauenbedingungen)

4366 Punkte   Sabine Everts (Düsseldorfer SC 99) . . . .   Weinheim   27.8.78
(13,71 – 10,85 – 1,81 – 6,14 – 2:16,1)

Deutsche Rekorde

Männer

Stoßen und Werfen

Kugel	20,82	Ralf Reichenbach (OSC Berlin)	Hamburg	7.8.77
Diskus	68,08	Hein-Direck Neu (Bayer 04 Leverkusen)	Bremerhaven	27.5.77
Hammer	80,32	Karl-Hans Riehm (TV Wattenscheid)	Heidenheim	6.8.78
Speer	94,22	Michael Wessing (TV Wattenscheid)	Oslo	3.8.78

Internationaler Fünfkampf

4059 Punkte   Kurt Bendlin (LC Bonn) . . . .   Bonn   31.10.70
(7,31 – 72,10 –21,3 – 45,16 – 4:33,4)

Mannschafts-Fünfkampf

10 943 Punkte   USC Mainz . . . .   Bonn   16.5.71
(Walde 3819, Stroot 3616, Hägele 3508)

Zehnkampf

8498 Punkte   Guido Kratschmer (USC Mainz) . . . .   Bernhausen   30./31.7.78
(10,60 – 7,84 – 16,56 – 1,91 – 47,64 –
14,01 – 45,46 – 4,50 – 58,80 – 4:28,3)

Mannschafts-Zehnkampf

24 283 Punkte   USC Mainz . . . .   Bernhausen   30./31.7.78
(Kratschmer 8498, Schulze 7929, Brumund 7856)

Frauen

Stoßen und Werfen

Kugel	21,43	Eva Wilms (LAC Quelle Fürth)	München	17.6.77

Diskus	64,96	Liesel Westermann (TuS 04 Leverkusen)	Zürich	12.8.72
Speer	65,14	Marion Becker (USC München)	Montreal	23.7.76

Fünfkampf

4823 Punkte	Eva Wilms (LAC Quelle Fürth)	Bernhausen	19.6.77
	(13,83 − 20,95 − 1,74 − 6,29 − 2:19,66)		

Mannschafts-Fünfkampf

12 566 Punkte	LAC Quelle Fürth	Hannover	28.8.77
	(Wilms 4465, Philipp 4193, Jacob 3908)		

Die Europa-Rekorde der EAA

Männer

Stoßen und Werfen

Kugel	22,15	Udo Beyer (DDR)	Göteborg	6.7.78
Diskus	71,16	Wolfgang Schmidt (DDR)	Berlin-O	9.8.78
Hammer	80,32	Karl-Hans Riehm (BRD)	Heidenheim	6.8.78
Speer	94,58	Miklos Nemeth (Ungarn) .. .·.	Montreal	26.7.76

Zehnkampf

8498 Punkte	Guido Kratschmer (USC Mainz)	Bernhausen	30./31.7.78
	(10,60 − 7,84 − 16,56 − 1,91 − 47,64 −		
	14,01 − 45,46 − 4,50 − 58,80 − 4:28,3)		

Frauen

Stoßen und Werfen

Kugel	22,32	Helena Fibingerova (ČSSR)	Nitra	20.8.77
Diskus	70,72	Evelin Jahl (DDR)	Dresden	12.8.78
Speer	69,16	Ruth Fuchs (DDR)	Prag	1.9.77

Fünfkampf

4839 Punkte	Nadeshda Tkatschenko (UdSSR)	Lille	18.9.77
	(13,49 − 15,93 − 1,80 − 6,49 − 2:10,62)		

Die Weltrekorde der IAAF

Männer

Stoßen und Werfen

Kugel	22,15	Udo Beyer (DDR)	Göteborg	6.7.78
Diskus	71,16	Wolfgang Schmidt (DDR).	Berlin-O	9.8.78
Hammer	80,32	Karl-Hans Riehm (BRD)	Heidenheim	6.8.78
Speer	94,58	Miklos Nemeth (Ungarn)	Montreal	26.7.76

Zehnkampf

8618 Punkte	Bruce Jenner (USA)	Montreal	29./30.7.76
	(10,94 − 7,22 − 15,35 − 2,03 − 47,51 −		
	14,84 − 50,04 − 4,80 − 68,52 − 4:12,61)		

Frauen

Stoßen und Werfen

Kugel	22,32	Helena Fibingerova (ČSSR)	Nitra	20.8.77
Diskus	70,72	Evelin Jahl (DDR)	Dresden	12.8.78
Speer	69,32	Kathy Schmidt (USA)	Fürth	11.9.77

Fünfkampf

4839 Punkte	Nadeshda Tkatschenko (UdSSR)	Lille	18.9.77
	(13,49 − 15,93 − 1,80 − 6,49 − 2:10,62)		

w = mit Rückenwindunterstützung

Anschriften

Öffentliche Sportverwaltung:
- Bundesministerium des Innern, Rheindorferstraße 198, 5300 Bonn
- Deutscher Bundestag, Sportausschuß, Görrestr. 15, 5300 Bonn
- Bundesinstitut für Sportwissenschaft, Hertzstr. 1, 5023 Lövenich, sowie die Kultusministerien und Senatoren der Bundesländer

Sportselbstverwaltung:
- Deutscher Sportbund (DSB), Otto-Fleck-Schneise 12, 6000 Frankfurt/M., Tel.: 06 11/6 69 31
- Landessportbünde der einzelnen Bundesländer
- Deutscher Leichtathletik-Verband, Rheinstraße 20 a, 6100 Darmstadt, Tel.: 0 61 51/2 61 47
- Allgemeiner Deutscher Hochschulsportverband (ADH), Havelstraße 7, 6100 Darmstadt, Tel.: 0 61 51/89 19 07
- Deutsche Sporthilfe, Otto-Fleck-Schneise 12, 6000 Frankfurt/M., Tel.: 06 11/6 69 31

Bundesleistungszentren
- Westfalenhalle, 4600 Dortmund
- Niedersachsenstadion, 3000 Hannover
- Saarstraße 21, 6500 Mainz
- Am Neckarstadion, 7000 Stuttgart
- 3000 Hannover, Maschstraße

Weitere Anschriften
- Sportinternat Bad Sooden-Allendorf, 3437 Bad Sooden-Allendorf, Tel.: 0 56 52/23 60–29 09
- Bundeswehr-Sportförderungskompanien

Informations-, Lehr- und Lernmaterialien können unter anderem angefordert werden vom:
- Bundesinstitut für Sportwissenschaft, Herztstr. 1, 5023 Lövenich
- Deutscher Sportbund, Otto-Fleck-Schneise 12, 6000 Frankfurt/M.
- Sportämter der Städte

Über die Verfasser

Ulrich Jonath (Foto Mitte), Jahrgang 1926, ist Dozent und Fachleiter für Leichtathletik an der Deutschen Sporthochschule Köln, Lehrbeauftragter an der dortigen Trainerakademie sowie Bundestrainer im Deutschen Leichtathletik-Verband. Seine mehrjährige Trainertätigkeit im Ausland führte ihn in eine Reihe von südamerikanischen Staaten und nach Ostasien; so betreute er unter anderem die Leichtathletik-Nationalmannschaften von Island, Argentinien, Peru, Venezuela und Chile. Als Verfasser mehrerer Lehrbücher und -filme, die in mehrere Sprachen übersetzt wurden, zählt er zu den international renommierten Leichtathletik-Experten.

Eduard Haag (Foto links), Jahrgang 1940, ist Diplom-Sportlehrer und Sonderschullehrer an einer Schule für Körperbehinderte. Daneben Trainertätigkeit im Verein und seit 1973 Lehrbeauftragter für Leichtathletik an der DSHS Köln.

Rolf Krempel (Foto rechts), Jahrgang 1946, ist wissenschaftlicher Assistent und Lehrbeauftragter im Fachgebiet Leichtathletik an der DSHS Köln sowie Leichtathletiktrainer. Als aktiver Stabhochspringer wurde er Hessischer Juniorenmeister in dieser Disziplin.

Literaturhinweise

Adam, Karl/Werschoshanskij, Juri v.: Modernes Krafttraining im Sport. – Berlin 1975.

Ahsbahs, Heimke (Red.): Leichtathletik – für Jugend und Schüler. – Berlin 1974.

Berhard, Günter: Das Training des jugendlichen Leichtathleten. Teil I: Sprungtraining. – Schorndorf 1973.

Harre, Dietrich (u. a.): Trainingslehre. – Berlin (Ost) 1975.

Jonath, Ulrich (Hrsg.): Praxis der Leichtathletik. – Berlin 1973.

Jonath, Ulrich: Circuit-Training. – Berlin 1972.

Jonath/Kirsch/Schmidt: Das Training des jugendlichen Leichtathleten, Teil III: Lauftraining. – Schorndorf 1976.

Kirsch, August: Jugend – Leichtathletik. – Berlin 1974.

Kirsch, August/Koch, Karl: Methodische Übungsreihen in der Leichtathletik. Band 2. – Schorndorf 1974.

Knebel, Karl-Peter (Red.): Zehnkampf und Fünfkampf Frauen. – Berlin 1971.

Koch, Karl: Methodische Übungsreihen in der Leichtathletik. Band 1. – Schorndorf 1976.

Kruber, Dieter: Leichtathletik in der Halle. – Schorndorf 1975.

Letzelter, Manfred: Trainingsgrundlagen. Training, Technik, Taktik. – Reinbek bei Hamburg 1978 (= rororo sachbuch 7024).

Lohmann, Wolfgang: Lauf, Sprung, Wurf. – Berlin (Ost) 1973.

Matwejew, L. P.: Periodisierung des sportlichen Trainings. – Berlin 1972.

Nett, Toni: Leichtathletisches Muskeltraining, Kraft- und Dehnübungen. – Berlin 1970.

Oberbeck, Heinz: Das Training des jugendlichen Leichtathleten. Teil IV: Mehrkampftraining. – Schorndorf 1972.

Salomon, Hermann: Der Speerwurf. – Berlin 1971.

Schirmer, Friedel: Zehnkämpfer, Training und Wettkampf. – Frankfurt 1965.

Schmolinsky, Gerhardt (Hrsg.): Leichtathletik. – Berlin (Ost) 1974.

Tschiene, Peter: Das Training des jugendlichen Leichtathleten. Teil II: Stoß- und Wurftraining. – Schorndorf 1975.

Tschiene, Peter: Moderne Tendenzen im Krafttraining des Hochleistungssports. Beiheft zu «Leistungssport», Heft 1. – Frankfurt 1975.

Zaciorskij, V. M.: Die körperlichen Eigenschaften des Sportlers. – Berlin 1972.

Sachregister

Bildquellennachweis

Fotos:
Bildreihen: Helmar und Gabriele Hommel
Seite 52/53, 54/55, 82/83, 112/113, 136/137, 138/139

Wettkampffotos: Pressefoto Horst Müller
Seite 42, 72, 102, 126, 158, 164/165, 196, 200/201, 210

Alle weiteren Bildreihen, Einzelfotos und Kinemategramme:
Sepp Schönmetzler

Abbildungen:
Piktogramme: Horst Jonath, Grafik-Design

1977 erschienen

Skisport
Training
Technik
Taktik
rororo sport
Walter Brehm

Schwimmen
Training
Technik
Taktik
rororo sport
Werner Freitag

Segeln
Training
Technik
Taktik
rororo sport
Horst Schlichting

Handball
Training
Technik
Taktik
rororo sport
Hans-Dieter Trosse

Skilanglauf
Training
Technik
Taktik
rororo sport
Manfred Vorderwülbecke

Leichtathletik 1
Laufen und Springen
Training
Technik
Taktik
rororo sport
U. Jonath/E. Haag/R. Krempel

Leichtathletik 2
Werfen und Mehrkampf
Training
Technik
Taktik
rororo sport
J. Jonath/E. Haag/R. Krempel

Trablaufen
Training
Technik
Taktik
rororo sport
Manfred Blödorn
Paul Schmidt

Volleyball
Training
Technik
Taktik
rororo sport
Günter Blume

Tischtennis
Training
Technik
Taktik
rororo sport
Harst/Giesecke/Schlaf

Tennis
Training
Technik
Taktik
rororo sport
Klaas Bohlens

Judo
Training
Technik
Taktik
rororo sport
Claus Beissner
Manfred Birod

rororo
Sportbücher
Training · Technik · Taktik

rororo sachbuch

903/3 – 1977 b

rororo
Sportbücher

sachbuch rororo

Beissner, Claus / Birod, Mantred
Judo
Training, Technik, Taktik (7012)

Beissner, Claus / Blödorn, Manfred
Sportabzeichen
Training, Technik, Taktik (7019)

Blödorn, Manfred / Schmidt, Paul
Trablaufen
Ein Ausdauersport für Herz und Kreislauf.
Training, Technik, Taktik (7007)

Blume, Günter
Volleyball
Training, Technik, Taktik (7011)

Bohlens, Klaas
Tennis
Training, Technik, Taktik (7006)

Bohlens, Klaas / Hamann, Rainer
Tenniskurs
Training, Technik, Taktik (7022)

Brehm, Walter
Skifahren für Kinder und Jugendliche
Training, Technik, Taktik (7026)
Skigymnastik
Training, Technik, Taktik (7014)
Skisport
Training, Technik, Taktik (7001)

Brunner, Inge
Jazztanz
Training, Technik, Taktik (7025)

Freitag, Werner
Schwimmen
Training, Technik, Taktik (7003)

Friedrich, Eduard / Nilsson, Manfred
Gerätturnen 1: Grundlagen
Training, Technik, Taktik (7028)
Mai 79
Gerätturnen 2: Wettkampf
Training, Technik, Taktik (7029)
Juni 79

Gebhardt, Eugen / Holzwarth, Walter / Nohe, Hans-Josef / Wagner, Wolfgang / Stanciu, Ulrich
Trickskifahren
Für Anfänger und Fortgeschrittene (7027)

Hanstein, Fritz Huschke von
Automobilsport
Training, Technik, Taktik (7015)

Harst, Heinz / Giesecke, Hans / Schlaf, Jupp
Tischtennis
Training, Technik, Taktik (7013)

Ihle, Siegfried
Sportfischen
Training, Technik, Taktik (7017)

Jonath / Haag / Krempel
Leichtathletik 1
Laufen und Springen
Training, Technik, Taktik (7008)
Leichtathletik 2
Werfen und Mehrkampf
Training, Technik, Taktik (7009)

Kauth, Hans Georg
Fahrtensegeln
Training, Technik, Taktik (7021)

Letzelter, Manfred
Trainingsgrundlagen
Training, Technik, Taktik (7024)

Obstoj, Horst / Knap, Karel / Suchotzki, Hans-Georg
Kajak und Canadier
Training, Technik, Taktik (7018)

Schlichting, Horst
Segeln
Training, Technik, Taktik (7005)

Schröder, Walter
Rudern
Training, Technik, Taktik (7010)

Schulz, Erhard
Tauchen und Schnorcheln
Training, Technik, Taktik (7020)

Schumann, Walter
Sportschießen
Training, Technik, Taktik (7016)

Trosse, Hans-Dieter
Handball
Training, Technik, Taktik (7004)

Vorderwülbecke, Manfred
Skilanglauf
Training, Technik, Taktik (7002)

Waldowski, Lothar
Basketball
Training, Technik, Taktik (7023)

1978 erschienen

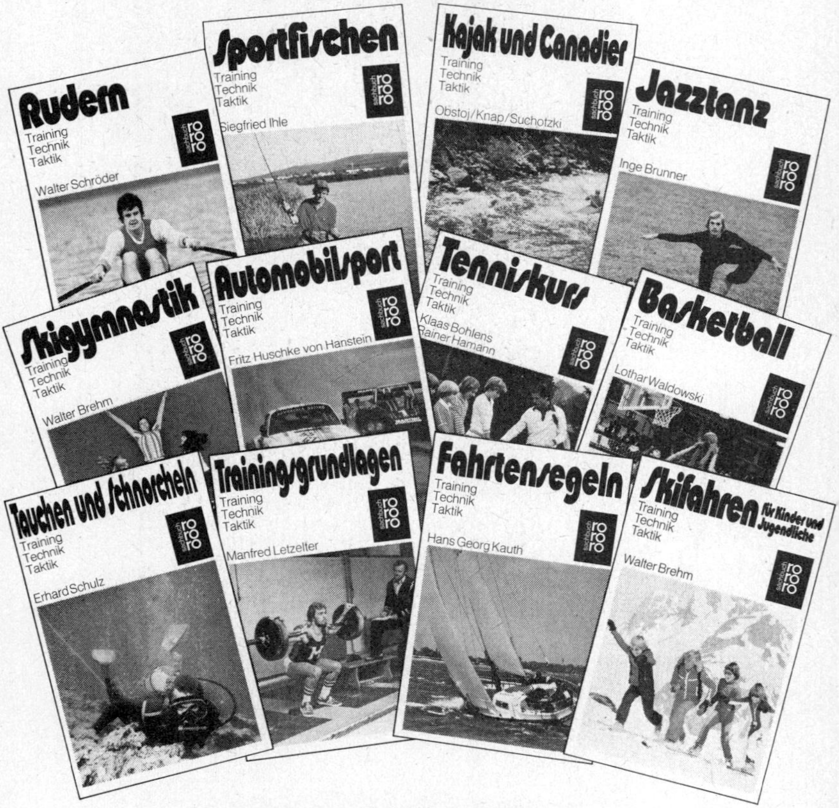

Rudern — Training Technik Taktik — Walter Schröder

Sportfischen — Training Technik Taktik — Siegfried Ihle

Kajak und Canadier — Training Technik Taktik — Obstoj/Knap/Suchotzki

Jazztanz — Training Technik Taktik — Inge Brunner

Skigymnastik — Training Technik Taktik — Walter Brehm

Automobilsport — Training Technik Taktik — Fritz Huschke von Hanstein

Tenniskurs — Training Technik Taktik — Klaas Bohlens Rainer Hamann

Basketball — Training Technik Taktik — Lothar Waldowski

Tauchen und Schnorcheln — Training Technik Taktik — Erhard Schulz

Trainingsgrundlagen — Training Technik Taktik — Manfred Letzelter

Fahrtensegeln — Training Technik Taktik — Hans Georg Kauth

Skifahren für Kinder und Jugendliche — Training Technik Taktik — Walter Brehm

903/3 – 1978 a